서서울에
가면
우리는

서서울에
가면
우리는

한종수 · 김미경 **지음**

프시케의숲

프롤로그

    2017년 어느 날 몇 명의 시민들과 함께 동교동의 김대중 자택에서부터 연세대 언더우드관까지 신촌 일대의 역사적 장소들을 걸었다. 김대중, 기형도, 이한열, 윤동주, 언더우드, 에비슨, 이윤재, 최현배…, 그저 젊음의 거리라고 생각한 신촌 일대는 수많은 역사적 인물들의 일상적 공간이었다. 이렇게 깨달자 기자촌, 진관사, 홍대 앞, 서대문형무소 등 주변 지역으로도 관심이 확대되었다. 서서울에는 한강과 북한산으로 둘러싸인 아름다운 공간이 있을 뿐 아니라 사대문 안의 주류 문화와는 달리 천대받던 뱃꾼이나 광대, 상인 그리고 토정 이지함으로 대표되는 비주류 문화가 있었다는 사실을 알게 되었다.

    이 책에서 다루는 서서울의 공간은 은평, 서대문, 마포의 서서울 3구뿐만 아니라 지금은 종로구와 중구지만 사대문 밖의 일부 지역도 포함한다. 예로부터 서서울은 중요한 지리적 조건을 지닌다. 조선왕조가 한양을 수도로 삼고 도성을 쌓은 뒤부터 이 지역은 서울의 서쪽 관문 역할을 맡게 되었다. 그당시 압도적인 영향력을 행사하던 중국으로 가는 길이 바로 이곳에서 시작되기 때문이었다. 이 길은 한반도의 두 번째 도시 평양으로 가는 길이기도 했다. 말하자면 가장 중요한 간선도로였다. 그렇기에 이 지역에는 영은문과 모화관, 홍제원, 구파발 같은 중요한 국가시설이 들어섰다. 육로뿐 아니라 행주나루, 양화나루, 마포나루를 통해 강화도와 서해로 연결되면서 물류의 중심지 역할도 수행했다.

진관사는 집현전 학자들의 '안가' 역할을 하면서 한글 창제에 숨은 주역이 되기도 했다. 이런 요충지였기에 조선의 양대 전란인 임진왜란과 병자호란, 그 사이에 벌어진 이괄의 난의 주무대가 되기도 했다. 벽제관전투와 행주대첩 그리고 안산전투가 대표적인 사건들이다.

이런 흐름은 조선 말기에도 예외가 아니었다. 양화진에서 수많은 천주교인들이 학살되었으며, 선교사들은 연세대와 이화여대를 이곳에 만들었다. 양화진에 외국인 묘역이 있는 것도 우연이 아니다. 경의선이 서울에서 평양과 대륙을 이었다.

하지만 이것은 우리의 손으로 이루어진 것이 아니었다. 곧 일제 강점기가 시작되었다. 서대문과 공덕동에 형무소가 들어섰고 수많은 독립투사와 지사들이 쓰러져갔다. 그런 한편 마포까지 전차가 놓이고 수색에 변전소가 들어서는 등 근대화의 바람이 예외 없이 이 지역을 휩쓸었다. 경성부에 편입되면서 인구도 크게 늘어났다.

해방의 기쁨도 잠깐이었고 이어지는 남북 분단과 전쟁은 이곳을 피해가지 않았다. 사실 가장 큰 피해를 입은 지역이 되었는데, 인천상륙작전 이후 이어진 서울탈환전에서 연희고지 전투가 가장 치열했을 정도였다.

전쟁은 끝났지만 분단은 계속되었고 이 지역이 전통적으로 맡았던 서울의 관문이자 변혁의 무대라는 역할은 끝나는 듯 보였다. 재건이 이루어지는 시기, 한강대교 이후 첫 번째로 들어선 다리는 지금의 양화대교인 제2한강교였지만 군사적 목적이 강했다. 개발은 주로 강남 지역에 집중되었고 서부 지역은 상대적으로 낙후되었다.

서서울은 또 다른 의미에서 서울뿐만 아니라 한국 전체에 새로운 바람을 일으키는 역할을 맡게 된다. 기자촌이 구파발 일대에 자리 잡고 홍제동에 문화촌이 들어서고 이미 일제 강점기에 자리 잡은 연세대와 이화여대 외에도 명지대, 홍익대, 서강대, 경기대 등 대학들이 계속해서 들어오면서 젊음의 거리가 형성된다. 또한 김대중을 위시하여 백기완, 한승헌, 송건호, 김정남 등 쟁쟁한 재야인사들이 이곳에 터를 잡으면서 대한민국 역사를 움직이는 장소가 된다. 아이러니하게도 정반대의 입장에 서 있던 최규하, 전두환, 노태우도 이곳에 자리를 잡았다. 김대중의 동교동 자택과 대학들이 모여 있는 신촌 일대는 6월 항쟁의 주무대로, 이한열 열사가 쓰러진 곳도 이곳이었다.

　강남 정도의 천지개벽은 아니지만 이곳에서도 급속한 경제개발로 많은 변화가 일어났다. 1979년 행정구역 개편으로 은평구가 탄생하면서 지금의 서부3구가 형성되었다. 여의도 개발로 마포대교가 놓였고, 마포 일대가 대통령과 외빈들이 지나가는 길, 즉 '귀빈로'가 되면서 대개발이 이루어졌다. 20세기 말, 2002년 월드컵 유치와 함께 쓰레기 처리장이었던 난지도 일대에 월드컵경기장이 들어서고, 그 주변이 여의도의 뒤를 이어 방송단지로 변모하면서 천지개벽을 이룬다. 오랫동안 미개발 상태로 있던 은평구 외곽은 뉴타운으로 변신했다.

　이렇게 서울의 서쪽을 이루는 서부3구는 600년 동안 비극도 많았지만 우리나라에 새로운 공기를 불어넣고, 현대 한국사를 움직인 인물들의 보금자리로서 역할을 해왔으며, 앞으로도 그러할 것이다. 혁신의 시작점에는 반드시 서서울이 있었다. 이 책에 그 이야기를 담았다.

2018년 1월
한종수와 김미경

1장

흥성거리는
한양의 입구

이 책의 주인공이자 무대인 서서울의 이야기는 하륜河崙의 '무악 천도론'에서 시작된다. 〈용의 눈물〉〈정도전〉〈육룡이 나르샤〉 등 인기 사극에서 태종 이방원의 가장 중요한 책사로 등장하는 하륜은 사극 마니아들에게 "인생은 하륜처럼"이라는 찬사를 들을 정도로 태종의 신임을 받으며 자신이 뜻하는 바를 대부분 이루었다. 하지만 공교롭게도 무악 천도론만은 그 집요함에도 불구하고 이루지 못했다.

하륜의 무악 천도론은 태조 이성계 시절부터 시작되었다. 태조는 건국 후 새 나라의 도읍을 정하는 일로 고심했다. 이때 무학대사가 추천한 공주 계룡산 일대와 하륜이 추천한 무악(현 서대문구 연희동 일대)이 유력한 후보지로 거론되었다. 계룡산 천도론은 이 글의 주제와 거리가 멀어 다루지 않겠지만,* 하륜이 무악을 수도로 삼으려 했던 이유는 무엇이었을까?

---

* 계룡산 도읍은 착공까지 했지만, 국토의 중앙부에서 멀고 풍수상 좋지 않다는 이유로 취소되었다.

구한말 마포나루터. 배들이 빼곡하게 들어서 있다.

 그는 무엇보다도 무악의 조운漕運, 즉 물류에 주목했다. 강화도를 통과한
세곡선稅穀船이 인접한 양화진에 접안할 수 있기 때문이었다. 좀 더 시야를
넓히면 중국과의 교류도 큰 이유였다. 당시 세계의 중심으로 여겼던 중국과
더욱 활발히 교류를 하기 위해서는 교통이 편한 곳에 자리 잡아야 한다고
본 것이다. 의주에서 국경무역이 이루어지긴 했지만 말 같은 전략물자나 비
단이나 수달피 같은 극소수를 위한 사치품만 들여왔을 뿐 민생이나 국부를
증진시키는 경제활동과는 거리가 멀었다.
 유력한 도읍 후보로 떠오른 무악은 터가 좁다는 이유로 반대에 부딪혔다.
북쪽 '무악산 – 안산'에서 남쪽 '노고산 – 와우산'까지의 땅, 즉 지금의 연세
대와 이화여대가 입지한 신촌 일대는 도성이 들어서기에 다소 좁다고 느껴
지기는 한다. 1394년 8월, 태조 이성계가 직접 무악을 시찰하고 마음에 들어
하기는 했지만 결국 정도전이 주장한 한양, 즉 지금의 사대문 안이 새 도읍
으로 결정되었다. 이렇게 하륜은 정도전에게 주도권을 빼앗기고 말았다. 지

금 보면 한양이나 무악이나 거기서 거기지만 당시에는 엄연히 다른 땅, 다른 고장이었다.

하륜의 무악 천도 의지는 여기서 꺾이지 않았다. 1차 왕자의 난 이후 정안대군 이방원에게 정국의 주도권이 넘어온 다음, 어부지리로 잠시 왕이 된 2대 정종은 1399년에 개경으로 환도한다. 1차 왕자의 난으로 정국이 어수선한 데다 경복궁 위에서 까마귀 떼가 빙빙 돌며 울어대는 등 여러 가지 불길한 징조가 잇따랐기 때문이다. 상왕 이성계도 "한양 천도 이후에 아내와 아들을 잃었다"며 환도에 반대하지 않았고, 이방원도 경복궁 터에 문제가 있다는 데 공감했기 때문에 찬성했다.

얼마 후 정종이 퇴위하고 태종으로 즉위한 이방원은 개경을 왕기가 쇠한 땅으로 인식하여, 대신들의 반대에도 불구하고 새로이 도읍을 옮기고자 했다. 하륜은 이 기회를 놓치지 않고 무악 천도를 다시 주장하고 나섰다. 태종의 뜻은 천도였으므로, 문제는 어디로 천도할 것인지로 옮겨졌다. 한양의 경복궁으로 돌아갈 것인가, 아니면 하륜의 주장대로 무악으로 옮길 것인가?

태종은 처음에는 하륜의 의견을 따라 새 도읍지를 무악으로 정했지만 재정난과 대신들의 반대로 이틀 후에 다시 한양으로 바꾸었다. 태종은 미련이 남았는지 다음과 같이 말했다고 한다. "나는 무악에 도읍을 정하지 못했지만 후세에 반드시 도읍으로 정하는 자가 있을 것이다."

태종은 한양 천도 후에 창덕궁을 새로 지어 주로 그곳에 기거하여 경복궁을 싫어하는 감정을 실제로 보여주었다. 도성을 새로 지을 만큼의 여유는 없었어도, 궁궐 하나 더 지을 여유는 있었던 모양이다.

무악은 태종의 바람에도 불구하고 조선의 도읍이 되지는 못했지만, 이 지역은 현대에 와서 많은 대통령을 배출했다. 또 조선시대 내내 특히 말기에 큰 역할을 했는데 이는 당시 가장 중요한 수륙의 두 간선 물류망을 끼고 있었기 때문이다. 무악은 한강 수운과 더불어, 조선에서 두 번째로 큰 도시인 평양과 의주를 통해 도로상으로 중국과 연결되었다. 이 지역은 현대에 들어와 서울에 편입된 이후에도 교통의 편리함이 그대로 이어져, 외부의 새로운 공기가 들어오는 창문으로서 한국사에 큰 영향을 미쳤다.

수려한 산세를 자랑하는 서서울의 산들

서서울은 한강변을 제외하면 북한산과 인왕산, 안산, 봉산 등 여러 산으로 둘러싸인 분지 형태의 땅이다. 그중 가장 높은 산은 북한산이다.

북한산은 오랜 세월 동안 화강암이 맞은 풍화가 빚어낸 바위산의 절경과 곳곳에 맑은 계곡이 흐르는 수려한 산세를 자랑한다. 1983년에 국립공원으로 지정되었고, 단위면적 당 가장 많은 사람이 찾는 산으로 기네스북에 올랐다. 날씨 좋은 주말에는 엄청난 등산객으로 발 디딜 곳이 없을 정도로 수도권 시민들에게 사랑받고 있다.

우이, 평창, 정릉, 수유동 쪽에서도 등반 코스가 많지만, 서서울 쪽에서도 불광탐방지원센터-불광사-향로봉, 진관사-진관사계곡-작은노적봉-비봉, 삼천사-삼천사계곡-부왕동 암문 또는 비봉능선, 독바위역-족두리봉(수리봉), 진관사-응봉능선-사모바위 등 다양한 코스가 있다.

또한 서오릉에서 수색, 고양시 화전까지 이어지는 봉산, 무악재를 굽어보는 인왕산, 마포의 안산과 와우산, 성미산, 매봉산도 조선시대부터 오늘날까지 나름의 역할을 해왔다. 이 산들은 서서울에서 일어난 모든 사건들을 지켜보았고, 그 무대가 되기도 했다.

지긋한 세월을 품은 사찰들

서서울의 역사는 하륜의 무악 천도론 이전부터 시작되었다. 그중 몇 가지를 살펴보자. 우선 삼천사三千寺가 있다. 신라시대 원효대사가 흥국사 등과 함께 창건한 절이라고 하는데, 그 후의 중창 및 중수 역사는 전해지지 않고 있다. 다만 고려 현종 때 이 절의 승려들이 쌀로 술을 빚어 처벌받았다는 기록이 《고려사》에 전한다. 한국전쟁 때 불탄 뒤 1960년에 중건되었는데, 삼각산을 등진 풍경이 일품이다. 대웅전 위쪽 30미터에 있는 바위에는 보물 제657호인 높이 3미터의 석가여래입상이 새겨져 있다.

삼천사와 인접한 진관사津寬寺도 유서 깊은 유명한 절이다. 이 절은 고려의 전성기를 이끌었던 현종과 관련이 깊다. 경종이 죽자 천추태후가 된 젊은 왕비는 파계승 김치양과 정을 나누어 사생아를 낳았다. 그때 목종에게는 아들이 없어서, 태조의 아들 왕욱(안종, 추존왕)의 직손인 열두 살의 대량원군이 왕위 계승자로 정해져 있었다. 천추태후는 대량원군을 없애고 자신의 사생아를 옹립하기 위해 아들인 목종에게 참소한다. 대량원군이 기거하던 신혈사는 진관대사가 혼자 수도하는 곳이었기 때문에 죽이기 쉽겠다고 생각했던 것이다. 하지만 음모를 눈치 챈 진관대사가 본존불을 안치한 수미단 밑에 굴을 파서 대량원군을 숨겨 태후가 보낸 자객의 공격을 피할 수 있었다. 3년 뒤 목종이 죽자 대량원군은 개경으로 돌아가 현종이 되었다. 현종은 1011년(현종 2) 진관대사의 은혜에 보답하고자 신혈사 자리에 큰 절을 세우고 대사의 이름을 따서 진관사라고 했다.

진관사는 임금을 살린 은혜로운 곳이라 하여 그 뒤로도 여러 왕에게 각별한 보호와 지원을 받았다. 조선시대에는 태조 이성계가 이 절에 수륙사水陸社를 설치하고 여러 번 행차해 수륙재를 지냈다. 수륙재는 물과 육지에 떠도는 외로운 영혼과 아귀 등 혼령들에게 불법을 강설하고 음식을 평등하게 베

삼천사 초입. 뒤편으로 삼각산이 멋지게 솟아 있다.

풀어 그들을 구제하기 위한 불교의식으로, 조선시대에 와서 널리 알려져 오래도록 봉행되었다. 진관사는 그 중심 역할을 했다. 2013년, 진관사 수륙재는 국가무형문화재(제126호)로 지정되었다.

신촌에 위치한 봉원사奉元寺는 현재 태고종의 총본산으로, 신라 51대 진성여왕 3년(889)에 도선국사가 처음으로 지은 절이다. 이후 고려 말 공민왕 대에 활약한 태고 보우 스님이 화려하고 아름답게 중건해 당시 사람들로부터 찬탄을 받았다고 한다. 진관사에 수륙재가 있다면 봉원사에는 영산재靈山齋가 있다. 이는 부처가 인도의 영취산에서 법화경을 설법하던 모습을 재현한 것이다. 하늘과 땅의 영가靈駕와 모든 성인聖人을 맞아들이는 의식에서 시작하여 봉송奉送 의례로 마무리된다. 봉송 의례에는 노래, 의식적 장식, 바라춤, 법고춤, 나비춤과 같은 불교 의식과 무용이 거행된다. 태고종에서 보존해온 영산재는 한국 전역의 사찰에서 열리며 1973년 국가무형문화재(제50호)로 지정되었다. 진관사와 봉원사 두 대찰은 진관동과 봉원동 두 동명에 이름을 남길 정도로 서서울의 터줏대감으로 인정받고 있다.

은평구 구산동에는 수국사守國寺가 있다. 1457년 장남 의경세자(훗날 덕종으로 추존)가 죽자, 이듬해 세조는 절을 지어 넋을 위로해주라고 명했다. 왕명을 받들어 1년 만에 완공해 1459년 절을 창건하니, 이를 정인사正因寺라 했다. 서오릉이 가까워 훗날 수국사로 이름이 바뀌었다. 이 절에는 국내에서 유일하게 금으로 칠한 황금법당이 있다. 황금보전 법당은 108평 규모에 청기와로 된 전통 목조법당이며, 법당 안팎을 기와 외에는 100퍼센트 순금으로 칠했다고 한다.

훈민정음은 어디서 만들어졌을까

조선시대에 진관사에는 '독서당'이라는 혁신적인 연구센터가 자리하고 있었다. 이에 대해 좀 더 자세히 살펴보기로 하자.

세종은 평소 국가 전략을 수립하는 싱크탱크 격인 집현전 학사들에게 많은 과제를 내주었다고 한다. 이를 해결하기 위해 그들은 퇴근 후 과외공부까지 해야 했다. 최고 엘리트인 집현전 학사들이었지만 그들도 사람인지라 불만이 있는 게 당연했다. 이에 1426년 변계량의 건의에 따라, 방해받지 않고 집중적으로 과제를 수행하거나 공부해야 할 학사들을 선발해 특별히 집에서 공부하도록 허가해주었다. 이를 '사가독서賜暇讀書'라고 했는데, 일종의 특별 유급휴가로 몇 개월에서 길게는 2년 이상까지 주어졌다. 지금으로 치면 안식년인 셈이다.

첫 수혜자로 권채, 신석견, 남수문 등 젊은 학사들이 뽑혔고, 이후에는 너무나 유명한 성삼문, 신숙주, 박팽년, 이개 등 '훈민정음 비밀 창제조'가 혜택을 받았다.《세종실록》에 따르면 세종은 휴가를 떠나는 학사들에게 "너희 젊은 학사들은 장래가 창창하므로 지금부터 그 직책을 잊고 각자 집에서 전심전력으로 독서하라"고 당부했다고 한다.

하지만 집에서는 여러 모로 신경쓸 일이 많아서인지 공부가 생각대로 잘되지 않았다. 그래서 학사들은 한양에서 가까운 진관사를 찾았다. 성삼문, 박팽년 등이 이 기간에 진관사에 머물며 공부했다는 기록이 여럿 있다. 이를 바탕으로 퓨전사극 〈뿌리 깊은 나무〉에서 이곳은 성삼문이 몸을 숨기는 장소로 등장한다. 학사들은 시문을 주고받고, 산책도 하며, 학술 토론까지 벌였다. 세종은 아예 1442년에 진관사에 집현전 학사들을 위한 독서당을 세우고 학사들에게 학업에 몰두하도록 배려했다. 사가독서가 '상사독서上寺 讀書'로 바뀐 것이다. 독서당 건립 후 진관사에서는 학사들과의 교류가 더욱 빈번해졌다. 진관사는 왕실과 사대부, 서민들의 불교 신행을 담당하는 사찰로 격이 올라갔다.●

수백 년 전 집현전 학사들이 머물던 독서당 터는 이제 알 길이 없어져버렸다. 한국전쟁으로 진관사가 불타버려 각종 기록이 사라져서 정확한 위치 정보가 유실되었기 때문이다. 위대한 유산에 얽힌 장소라기에는 불운한 결말이 아닐 수 없다. 진관사 측은 절 맞은편, 즉 두 갈래 계곡이 흐르는 곳에 독서당이 있었을 것이라고 추정한다. 외빈용 주차장으로 쓰이는 자리 바로 위쪽인데, 솔밭과 계곡으로 둘러싸여 외부에서 드러나지 않아 공부와 사색에 적당한 장소이기는 하다. 진관사 정문에서 50미터 거리밖에 되지 않는다.

● 참고로 진관동에는 세종의 아들로 단종 복위운동에 앞장섰다가 희생된 금성대군을 모시는 금성당도 있다.

진관사 주차장. 이 근처에 집현전 학사들을 위한 독서당이 있었을 것으로 추정된다.

　한글 창제는 어디서 어떻게 이뤄졌을까? 이는 한국사에서 영원한 미스터리 중 하나다. 실록에도 전혀 나타나지 않기 때문이다. 이런 엄청난 국가 프로젝트가 사전에는 물론 사후에조차 철저히 비밀로 유지됐다는 점에 놀라지 않을 수 없다. 정통한 학자들은 한글 창제 장소를 세종의 집무실인 경복궁 강녕전으로 보는 것이 옳다고 정리한다. 일부에서는 세종의 둘째딸인 정의공주가 한글 창제에 큰 역할을 했다고 주장하기도 한다. 이 때문에 정의공주의 자택이 있던 도봉구에서는 이와 관련하여 한글 축제를 열고 있다.

　기적적인 발굴이 있지 않는 이상 결론을 낼 수는 없지만 진관사가 한글 창제에 상당히 기여했다는 사실 자체는 의심할 여지가 없다. 진관사의 신미대사가 첫 한글서적 중 하나인《석보상절》을 만들었는데, 그는 집현전 학사들과 연관이 깊었다. 또한 성삼문과 신숙주는 요동에 유배와 있던 중국의 어문학자 황찬을 열세 번이나 방문했는데, 진관사는 그 길목에 있다.

진관사가 한글 창제의 비밀 본부였을 것이라는 설에 대해서는 전문가들의 의견이 엇갈리지만, 이 절이 여러 면에서 한글 창제에 기여한 공간이라는 사실은 인정하고 있다. 묘하게도 인근 봉원사에서 1908년 현 한글학회의 전신인 국어연구학회가 설립되었다. 봉원사 미륵전 앞에는 한글학회 창립 100돌을 기념한 표지석이 서 있다.

연산군의 무모한 몽상

태종은 생전에 왕위를 세종에게 양위했다. 셋째 아들인 세종으로서는 자신에게 왕위를 물려준 태종에 대한 감사의 마음이 컸을 것이다. 세종은 태종이 무악에 미련이 남아 있음을 알았는지, 즉위 다음 해인 1420년에 정종이 머물렀던 연희궁을 중건하도록 했다.* 세종은 비록 잠시 동안이기는 했지만 1426년(세종 8)에 연희궁에 머무르는 등 자주 이곳에 들렀다. 그러나 당시 이 궁에는 해충과 독사가 많아 신하들이 행차를 만류했다고 한다. 또 세종은 연희궁에 국립양잠소 격인 '잠실도회蠶室都會'를 설치했다. 그 뒤 세조도 이곳을 '서西잠실'이라 하고 상의원 소속의 정5품 별좌 2명을 배치해 관리하게 했다.

1505년(연산군 11)에 연산군은 연희궁을 개축해 연회장으로 꾸며놓고 질펀하게 놀았다. 백성들은 이를 두고 '연희궁 까마귀골 수박 파먹듯 한다'라고

---

* 《궁궐지》에 "연희궁衍禧宮은 도성 밖 서쪽 15리 양주에 있는데, 정종이 왕위를 선양하고 나서 이 궁에 머물렀다"라고 기록되어 있다. 후일 연희궁延禧宮으로 한자명이 바뀌어 오늘날 연희동의 동명이 되었다.

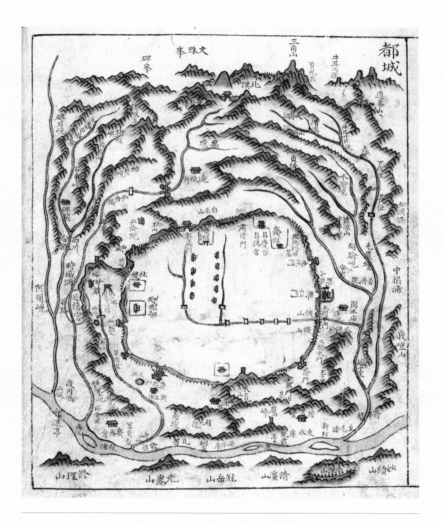

조선시대의 서울지도 가운데 제일 작고 오래된 도성도로, 1720년 전후에 제작된 것으로 추정된다.
그림 왼쪽에 '연희궁'이라고 쓰여 있다(빨강 동그라미 부분).

쑥덕거렸다고 한다. 연희궁 연회가 마음에 들었던 연산군은 재위 말기에 엄청난 사업을 계획한다. 그가 어좌에서 쫓겨나던 해인 1506년(연산군 12) 2월 2일,《조선왕조실록》은 이렇게 기록하고 있다.

> 수리도감에게 명하여 창의문[북소문] 밖으로부터 양화진 어귀까지 땅을 파서 도랑을 만들고 강물을 끌어서 이궁離宮[연희궁] 앞으로 흘러오게 하려 했다.

연산군은 조선시대를 통틀어 가장 거대한 역사役事를 계획했던 것이다. 그는 궁극적으로 이 운하를 연희궁과 창의문을 넘어 창덕궁 후원과 경북궁 경회루에까지 끌어들이고, 임시 건물 3,000여 칸을 잇달아 지을 계획이었다. 당시에는 밀물 때면 바닷물이 양화진까지 들어왔는데, 이를 경복궁과 창덕궁까지 끌어들여 흥취를 더하려 한 것이다. 그는 이에 관해 시까지 한 수 지었다.

> 놀이만을 위해 백성에게 수고를 끼친 게 아니라
> 우리나라가 길이 풍요롭게 살려고 한 것이라네

하지만 연산군의 행동은 민생과는 거리가 멀었다. 어림잡아 50만 명이 동원된 이 대규모 토목공사는, 감독하는 벼슬아치들의 독촉이 가혹하여 조금만 일정에 미치지 못해도 반드시 물자를 공출해 백성들의 원성이 자자했다고 한다.《중종실록》의 원년 기록은 당시 도탄에 빠졌던 민중의 삶을 다음과 같이 전한다.

온 고을이 거의 비게 되었으며, 서울에서 역사하는 자는 주리고 헐벗고 병들어 죽는 경우가 태반이었다. 마을과 거리에 시체가 쌓여 악취를 감당할 수 없는데, 더러는 굶주리고 지친 나머지 길가에 병들어 쓰러진 자가 아직 숨이 붙어 있지만, 그 근방에 사는 사람들이 시체를 버려두었다는 죄를 입을까 겁내어 서로 끌어다 버리므로 죽지 않는 자가 없었다.

불행 중 다행으로 연산군이 폐위되자, 이처럼 황당하고 무모한 계획은 즉시 중단되었다. 이 때문인지 연희궁은 이후에는 이궁으로서의 지위를 상실했다. 또한 전각들도 사라졌는데, 사라진 시기조차 알 수 없다.[*]

조선시대 제1로, 의주로

한양을 중심으로 뻗어나간 조선시대 도로망 중에서 가장 중요한 길은 돈의문에서 의주까지 이르는 1,080리의 제1로, 즉 의주로였다. 상업을 천시하고 외침을 두려워한 조선왕조는 도로 건설과 정비에 아주 소극적이었다. 중국 사신이 오가는 국가적으로 가장 중요한 길인데도 평균 너비는 장정 네 사람이 옆으로 나란히 섰을 때의 어깨 폭 정도에 불과했다. 그조차 노반이 단단하지 않았고, 조그만 개천을 통과해도 연결 지점을 찾기 어려웠다고 한다. 구한말 러시아 정부의 기록을 보면, 당시의 도로 상황을 짐작해볼 수 있다.

• 이와 별개로 《영조실록》에는 영조의 후궁이자 사도세자의 생모인 영빈 이씨의 묘(수경원)를 그 자리에 조성했다고 기록되어 있다.

코리아는 도로에 관해서는 가장 형편없는 나라다. 개성과 평양 사이는 평탄하지만 노폭이 좁다. 가끔 널찍한 구간이 있기는 하지만 예외 없이 큼직한 바윗돌이 놓여 있거나 빨래판처럼 홈이 파여 있다.•

이 기록에는 길에 있는 바위와 홈이 기병을 저지하기 위한 장치라는 주석이 달려 있다. 그 정도로 조선왕조는 외침에 대한 노이로제가 있었던 것이다.

1592년 4월 30일, 왜란을 맞은 선조는 의주로를 이용해 개성으로 피난을 떠났고 결국 의주까지 가야만 했다. 새벽에 돈의문을 나설 때 따라 나선 수행원이 100여 명에 불과했는데, 놀랍게도 이는 중국으로 떠나는 사신단보다도 훨씬 적은 규모였다. 물론 고니시 유키나가가 이끄는 일본군도 같은 길을 따라 평양까지 진출했다.

서서울은 의주로 인근과 나루터 부근에 인구가 집중되어 있었고, 나머지 지역은 무덤 등으로 사용되었을 뿐 거의 방치되어 있었다. 이는 조선판 그린벨트인 성저십리•• 정책 때문이기도 했다. 즉 도성으로부터 십리가 되는 지역은 벌채나 개발 행위를 엄격하게 제한하고 있었던 것이다.

의주로에 얽힌 속담 가운데 "평양감사도 자기가 싫으면 그만"이라는 말이 있다. 하고 많은 벼슬 중에서 왜 하필이면 '평양감사'가 좋다고 했을까? 평양은 한양 다음가는 도시로서 진주와 더불어 기생들이 유명하고 풍류를 즐기기 좋았다. 사신들이 의주로를 따라 행차 길에 반드시 들르는 곳이기도 했다. 조공무역 과정에서 떨어지는 떡고물을 만질 수 있었기 때문이다.

• 남인희, 《남인희의 길 이야기》, 삶과꿈, 2006, 27쪽에서 재인용.
•• 城底十里. 서울의 도성 밖 십리 안에 해당하는 지역. 서울의 행정구역으로 편입시켜 한성부에서 통치했다.

또한 이 길은 일반 백성의 왕래도 활발했기에 주막이 많고 음식업이 번성했다. 홍제동 주막촌, 불광동 떡전거리 등이 유명했으며, 특히 '홍제원 인절미'라는 말처럼 그 부근에서는 인절미를 잘 만들었다고 한다. 이 길의 기점인 영천동, 현저동 일대에도 주막촌이 형성되어 있었다.

남북 분단이 된 현재는 '돈의문 터 → 무악재 → 홍제원 → 박석고개 → 구파발 → 삼송리 → 숯돌고개(탄현) → 고양 벽제관 터 → 혜음령과 혜음원지 → 분수원 → 새숯막 → 파주목 관아 터 → 화석정 → 임진나루 → 동파나루 → 민통선 지역(장단) → 판문점' 구간만을 가볼 수 있다.

강화도 가는 길

서서울에는 의주로 외에도 중요한 간선도로가 하나 더 있었다. 바로 한양과 강화를 오가는 길이었다. 이 도로를 《증보문헌비고》에서는 제9로라 했고, 《도로고》와 《대동지지》에서는 제6로로 꼽았다. 강화는 섬이어서, 외침시에 난을 피하기 좋은 전략적 요충지였다. 고려시대에는 몽골과 싸우면서 이곳으로 천도한 바 있고, 조선시대에도 위정자들이 청군의 침략을 피해 피신한 적이 있다. 그리하여 피난로가 개발되었고, 만일에 대비해 그 관리에 노력을 기울였다.

노선을 보면 남대문을 나와 약현을 넘고, 다시 아현을 넘은 다음 노고산 북쪽으로 해서 창천을 건너 와우산 북쪽을 돌아 양화진 나루터에 이르고, 여기에서 배를 타고 한강을 건너 양천에서 가양동, 김포, 통진을 경유해 강화에 이른다. 당시 이 노선 주변에도 주막이 생기고 촌락이 형성되었지만, 의주로 일대처럼 번성하지는 않았다. 주변은 거의 삼림과 전답이었다.

이 길은 피난 목적으로 개발되었지만, 특이하게도 조선시대의 대표적인

양화진 일대를 그린 겸재 정선의 그림. 간송미술관 소장. 누에를 닮았다고 해서 잠두봉蠶頭峰이라
고 불렀다.

관광 도로이기도 했다. 한강변 중에서도 양화진 일대는 마포, 서강에서 흘러오는 물이 맑고 잔잔해 뱃놀이하기에 좋았다. 또한 강변에 우뚝 솟은 잠두봉, 즉 절두산에 오르면 강물이 절벽 아래를 스치고 지나가는 풍경이 일품이었다. 북한산에서 안산·노고산·와우산으로 이어지는 능선과 망원동·성산동에 펼쳐진 평원이 어우러지며 평화로운 정경을 보여주었고, 강 건너 맞은편에 선유봉이 자리하고 있어 강과 산, 평야가 잘 조화를 이루었다.

누각과 정자가 곳곳에 세워졌고, 왕족들과 양반들의 발걸음이 수시로 이곳으로 향했다. 중국에서 사절이 오면 접대 차 안내되는 곳이 이 일대였다. 여러 정자 중에서도 효령대군의 망원정, 양령대군의 영복정, 안평대군의 담담정, 박필성의 창랑정, 박세채의 소동루, 흥선대원군의 복파정 등이 특히 이름이 높았다. 특히 망원정에는 세종·중종 등 국왕도 자주 거동했다. 일반 백성의 왕래도 잦아, 창천동 남쪽 신촌로터리 부근에는 강화 방면으로 가는 여행객들이 쉬어가는 주막거리가 형성되었다.

영은문과 모화관

영은문은 중국 명나라 사신을 맞이하는 모화관 앞에 세웠던 문이다. 현재의 독립문 바로 앞에 있었고, 지금은 기둥이 그 흔적으로 남아 있다(사적 제33호).* 새 임금이 즉위해 중국 사신이 조칙을 가지고 오면 임금이 친히 모화관까지 나오는 것이 상례였다. 떠날 때도 백관들이 이곳으로 나와 사신들을 전송했다.

1407년(태종 7)에 개경의 영빈관을 모방해 서대문, 즉 돈의문 밖에 모화루

• 영은문과 모화관은 청일전쟁 직후에 헐린다.

영은문, 1896년 이전 촬영. 주변이 횡해 황량해 보인다. 독립협회는 영은문을 철거하고 그 앞에 독립문을 세웠다(1898).

를 세웠다가 1430년(세종 12)에 증축한 다음 모화관으로 개칭했다. 모화慕華란 말 그대로 중화를 사모한다는 뜻이다. 1537년(중종 32), 김안로 등이 모화관 남쪽에 세워져 있던 홍살문을 개축해 청기와를 입히고 영조문이라는 액자를 걸었다. 1539년(중종 34) 명나라 사신 설정총이 왔을 때 건의하길, "사신이 조칙과 상사(상으로 가져온 선물)를 가지고 오는데, 조칙詔勅만을 맞이한다는 영조문迎詔門은 그 이름이 적절하지 않으니 영은문迎恩門이라고 하면 어떻겠느냐"고 하여 이름을 고치게 되었다.•

이곳에 얽힌 재미있는 이야기를 하나 소개하면, "모화관 동냥아치 떼쓰듯"이라는 속담이 있다. 사전에서는 이를 "경위에 어그러진 언사로 시끄럽게 떠드는 경우를 비유적으로 이르는 말"이라고 풀이하는데, 아마도 이곳의

• 임진왜란 후인 1606년(선조 39), 영은문을 재건한 뒤 명나라 사신 주지번이 와서 액자를 다시 써서 걸었다(현재 국립중앙박물관 소장).

동냥 수입이 다른 곳보다 좋았기 때문인지 모화관에 거지 떼가 많이 몰려들었던 모양이다. 당연히 조선 고관들은 중국 사신들이 이 거지 떼를 보면 국격이 깎인다고 싫어했고, 거지들을 쫓아내기 위해 포졸의 몽둥이질도 뒤따랐을 것이다. 사실 거지들이 계속 버틸수록 급한 쪽은 관리들이고, 그런 만큼 '돈 달라, 밥 달라'는 요구를 들어줄 가능성이 커졌다. 아무리 말리고 쫓아내고 때려도, 죽어라 버텨서 음식이나 재물을 일부나마 얻어냈기에 이런 속담이 생겨났을 것이다.

사신들로 흥성대던 홍제원

조선시대에는 공무 여행을 하는 이들을 위해 음식과 숙소를 제공하는 '원院'이 전국에 1,310개소나 있었는데, 서울 도성 밖에는 4개소가 있었다. 남쪽에는 지금도 동명으로 남아 있는 이태원, 동대문 밖에는 보제원, 광희문 밖 살곶이다리 인근에는 전관원이 있었고, 서대문 밖 무악재를 넘어서면 동쪽에 홍제원이 있었다. 홍제원은 다른 세 곳과는 달리 중국으로 가는 길목에 위치한 데다 경치도 좋아서, 규모가 크고 여러 채의 건물이 있었다. 중국 사신들은 도성에 들어오기 전에 이곳에서 예복으로 갈아입었다고 한다.

어느 쪽 사절단이든 규모가 대단했다. 등급별 정식 사절은 물론 역관과 가마꾼, 마부, 군졸까지 합치면 수백 명에 이르렀다고 한다. 그래서 사절단이 머물 때는 홍제원 벌판 여기저기에 천막을 치고 잔치판을 벌였다. 자연스레 주위에 술집과 색주가가 형성되었다.

병자호란으로 조선을 제압한 청나라는 홍제원의 확장을 요구했다. 조정은 백성들을 동원해 인경궁과 태평관을 헐어 증축을 했다. 홍제원 건물은 적어도 청일전쟁까지는 확실하게 존재했지만 그 후 훼손되어 지금은 흔적조차 사라지고 말았다. 다만 지하철 3호선 홍제역과 무악재역 사이에 표지석이 남아 있을 뿐이다.

참고로 서서울에는 원과 비슷한 기능을 수행하지만 사신들이 묵지는 않는 '역驛'도 있었다. 연서역이 대표적인데, 이 때문에 역말 즉 역촌동이라는 지명이 생겨났다.

돈의문과 대호 김종서의 비극

조선을 세운 태조 이성계는 고려의 터전이자 정적들의 원한이 배어 있는 개경을 최대한 빨리 떠나고자 했다. 처음에 계획한 계룡산 도읍지와 유력했던 무악을 포기한 그는 한양 천도를 위해 궁궐과 종묘를 먼저 지은 다음, 1395년(태조 4) 9월 도성축조도감을 설치하고 정도전에게 명해 성터를 측정, 조사하게 했다. 정도전은 백악산·인왕산·남산·낙산(내사산이라고 한다)에 올라 실측을 하고, 이 네 산을 연결하는 도성 축조를 결정했다.

이듬해 정월부터 공사가 시작되었다. 공사는 구역마다 책임자를 두고 각자 책임진 부분에 해당하는 성벽에 관직과 축성한 고을의 이름을 새겨 넣어 책임을 분명히 하는, 일종의 실명제를 실시했다고 한다. 그 흔적이 지금도 남아 있다. 자연석을 약간씩 다듬어 쌓았는데, 기초석으로는 길고 큰 돌을 수직으로 쌓아올렸다. 성벽의 길이는 약 18킬로미터였다. 동대문 부근 청계천에 놓인 수구에는 아치형 홍예를 쌓고 좌우로 석성을 축조했다.

또 이해 가을에는 8만 명을 동원해 평지의 토성 부분을 석축으로 고치고, 목수와 석수들을 대거 동원해 사대문과 사소문을 완성했다. 동쪽에는 낙산이 끝나는 지점에 흥인지문(동대문)을, 서쪽에는 인왕산 줄기가 시작되는 지점에 돈의문(서대문)을, 남쪽에는 남산이 끝나는 지점에 숭례문(남대문)을, 북쪽에는 백악산 정상을 넘어 동쪽으로 조금 내려간 지점에 숙정문(북대문)을 세웠다. 4소문은 동북의 홍화문(혜화문), 동남의 광희문, 서북의 창의문, 서남의 소덕문(서소문)이다.

돈의문은 중국 사신들이 통과했기에 남대문이나 동대문 못지않게 중요한 문이었지만 일제 강점기에 헐리면서 안타깝게도 사라졌다. 지금은 강북삼성병원 옆에 그 터였음을 알려주는 기념시설이 있을 뿐이다. 그런데 이 돈의문 밖에서 조선 역사를 완전히 바꾸어버리는 엄청난 사건이 벌어진다.

바로 수양대군의 쿠데타, 자칭 계유정난이다. 이 사건은 좌의정 김종서의 암살에서부터 시작되었다. 당시 김종서는 나이 어린 단종을 보살피도록 고명을 받은 대신들 가운데 한 명이었다. 영의정 황보인도 있었지만, 수양대군은 그보다는 '대호大虎'라는 별명처럼 문무를 겸비한 김종서가 가장 큰 장애가 되리라고 판단했다. 김종서만 제거하면 조정은 서까래 빠진 집이나 마찬가지라고 본 것이다. 수양대군은 이 작업에 직접 나섰다.

김종서의 집은 사대문 밖, 즉 서대문인 돈의문 뒤에 있었다. 정승의 집이 도성 밖에 있었다는 사실 하나만으로도 김종서의 성품을 짐작해볼 수 있다. 정확한 위치는 지금의 농협중앙회와 농업박물관 사이였다.* 1453년 10월 10일 밤, 수양은 힘센 종 넷을 거느리고 돈의문 밖을 나섰다. 만약에 대비해 권람에게 돈의문 다락에 복병을 두도록 했다.

김종서의 집 앞에 이르니 아들 김승규가 두 친구와 문전에서 이야기를 나누고 있었다. 김승규를 통해 방문을 알리자 김종서가 나왔다. 안에 들기를 권했으나 수양은 성문이 닫히기 전에 돌아가야 한다며 사양했다. 그러고는 찾아온 이유를 말했다. 종실의 허물을 살피는 종부시에서 중전 송씨가 동래

---

* 지금은 종로구에 속해 있지만 과거에는 도성 밖이었다.

온천에 가서 목욕한 일을 두고 그릇된 일이라 하여 탄핵안이 올라왔으니, 이 사건을 잘 처리해달라는 것이었다. 그러면서 수양은 모자의 뿔을 떨어뜨리고, 어두워서 못 찾겠으니 모자뿔을 하나 빌려달라고 했다. 김종서는 아들에게 가지고 오라고 시키고는, 남아 있던 아들의 두 친구에게도 논의할 게 있으니 그만 물러가라고 했다.

그렇게 주변을 물린 다음, 수양은 청탁 편지가 있다며 건네주었다. 김종서가 그것을 받아 달빛에 비춰보려 하자, 수양이 종 임운에게 눈짓을 해 철퇴를 치게 했다. 김종서는 바닥에 쓰러졌다. 모자뿔을 들고 나오던 김승규가 이 광경에 놀라서 쓰러진 아버지 위에 엎드렸다. 수양은 종 양정에게 이들을 칼로 찌르게 했다. 일이 계산한 대로 척척 맞아떨어졌다. 수양은 그 길로 궁에 들어가 미리 내통한 봉석주로 하여금 궁전의 병사들을 도열시켜놓고는 단종에게 고했다.

"김종서가 안평대군을 왕으로 삼으려 반역을 꾀했기에 일이 급해 주상께 전하지 못한 채 죽였음을 아뢰나이다."

그런 후 대신들을 불러들여 '살생부' 중에서 '살殺' 자리에 든 고명대신 황보인, 조극관 등을 철퇴로 쳐 죽여 쿠데타를 성공시켰다. 하지만 이때 고희의 김종서는 아직 죽지 않았다. 사실 수양은 그의 죽음을 완전히 확인하지 않은 채 서둘러 성안으로 돌아갔던 것이다. 살아난 김종서는 사람을 시켜 돈의문 문지기에게 알렸다.

"좌상이 밤새 맞아 죽게 되었으니 빨리 임금께 아뢰어 구하도록 고하라."

그런데 아무런 대꾸가 없었다. 성문에 수양의 하수인이 매복하고 있었기 때문이다. 이는 오히려 김종서가 아직 죽지 않았음을 수양에게 알리는 꼴이 되고 말았다. 만약 그의 집이 도성 안에 있었다면 피할 수 있는 비극이었다. 어찌 보면 집의 위치 하나로 인해 조선의 운명이 갈려버린 셈이었다.

김종서는 상처를 싸맨 다음 부인의 가마를 타고 성안으로 들어가려 했지만, 돈의문은 닫혀 있었다. 그래서 소덕문(서소문), 숭례문으로 돌아가려 시도했다. 하지만 수양의 모사 한명회가 이미 군사를 풀어 각 문을 지키고 있어, 역시 들어갈 수가 없었다. 김종서가 살아 있다는 보고를 들은 수양은 새벽녘에 자객 이홍상을 보내 아들의 방 안에 있던 그를 끌어냈다.* 그렇게 태종·세종·문종·단종 4대를 모셨던 칠십의 노장이 최후를 맞았다.

충신의 피가 스민 김종서의 집터는 오랫동안 민심을 자극했던 것으로 보인다. 이후 세조가 된 수양은 이를 걱정한 나머지 이곳에다 지방을 여행하는 사람이나 성안에 드는 사람에게 말을 빌려주는 고마청, 지금으로 치면 택시정류장을 만들었다(한때 이 일대가 고마청동으로 불린 것은 그 때문이다). 그렇게라도 민심 속에 서린 한을 희석시키려 한 것이다. 수양의 할아버지 이방원이 정도전의 집터를 사복시(말을 다루는 관청)로 바꾼 것과 같은 이유인 셈이다. 집터의 일부에는 조그만 연못을 만들었다. 역적으로 죽으면 그 집터를 파서 연못으로 만드는 전통 때문이다. 이 연못은 영조 때 김종서가 복권된 이후 메워졌는데, 일부는 남겨졌다가 세월이 흐르면서 전부 메워지게 되었다.

세종 대에 여진족을 몰아내고 함경도 땅에 육진을 회복해 국토를 넓혔으며,《고려사》를 편찬해 문무 양면에서 큰 업적을 남긴 김종서의 최후에서 보듯이, 우리 역사에는 악덕이 주도하는 시간이 길었다.

수상교통의 요지, 마포

삼개나루라고도 불렸던 마포는 조선 초기부터 수상교통의 요지였다. 삼

---

* 일설에는 둘째아들 김승벽의 처가에 숨어 있었는데 끌어내어 죽였다고도 한다.

남*과 경기, 서북 지방에서 세금으로 바치는 공미**는 서해를 거쳐 한강으로 거슬러 올라와서 마포, 서강, 용산 등의 창고에 보관했다. 마포는 전국 농수산물과 목재의 집산지였으며, 생선과 소금을 실은 수백 척의 장삿배와 목재로 쓰일 뗏목으로 항상 붐볐다. 그래서 늘 활기를 띠었고, 포구 문화가 번성했다.

토정동 한강공원 진입통로 부근에는 마포의 포구 문화를 기념하기 위한 표석이 세워져 있다. 사극 〈공주의 남자〉에서 김종서의 아들 김승유(박시후 분)가 반 세조 운동의 거점으로 삼은 곳이 가상의 공간인 마포 빙옥관이었다. 대성공을 거둔 사극 〈대장금〉에서 장금이의 스승 한상궁이 귀한 생선과 전복을 구했던 곳도 마포나루였다.

한강은 서울을 동서로 가르며 서해로 흐른다. 이러한 한강을 옛날에는 지역에 따라 한수5강(뚝섬강, 노량강, 용산강, 마포강, 서강)이라고도 했다. 그중 용산, 마포, 서강 지역은 고려시대까지 호수였다.

서강은 지형이 배가 닿기에 알맞아 중요한 나루터였다. 지금의 신정동, 하중동, 상수동 연안이다. 신촌 부근 봉원사계곡에서 봉원천이 흘러 서강과 만나는 하구 부근에 서강나루가 있었다. 인천으로 가는 길목이자 서해안 방면에서 들어오는 조운의 종착역이었다. 서강나루는 민간의 공간이 아니라 공미를 검사하던 점검청, 선박세를 거두어들이던 공세청, 관리의 봉록미를 관장하던 광흥창이 있었던 공적 공간이었다. 이를 기념하기 위한 표석이 신정동 봉원빗물펌프장 부근에 세워져 있다.

한편 마포구 용강동 일대를 예전에는 옹리라고 했다. 이곳에 집하되는 젓갈류와 소금 등을 보관하는 데 필요한 옹기를 굽던 곳이 있어서였다. 옹막,

---

* 충청도, 전라도, 경상도 세 지방을 통틀어 이르는 말.
** 貢米. 국가나 공공기관이 사용하는 쌀.

서강나루공원의 조형물. 나루터의 흔적은 이제 이런 식으로만 남아 있다.

독막, 동막으로도 불렸다. 인근의 공덕동과 함께 소주의 일종인 삼해주를 해마다 100여 항아리나 빚어내 조선 후기 이래 명성이 자자했다.

양화나루는 지금의 양화대교 입구에서 하류로 약간 내려간 지점에 있었다. 근처에 조개우물蛤井이 있었는데, 여기서 지금의 합정동이라는 이름이 유래했다고 한다. 양화나루, 즉 양화진津은 마포와 서강과는 달리 양화진鎭이기도 했다. '진鎭'은 군사기지라는 의미인데, 송파진, 한강진과 함께 삼진으로 불리면서 상비군이 주둔했다. 양화진은 절경으로도 이름이 높았다. 세종 말기 방문한 중국 사신들이 적벽에 못지않다고 감탄했다는 기록이 남아 있을 정도였다.

조선 말기에는 이곳 잠두봉에서 큰 비극이 일어난다. 잠두봉에 자리 잡고 있는 절두산 순교성지에 대해서는 나중에 더 자세히 설명하겠다.

서강에는 조선소가 있었다

서강에는 전함사(典艦司, 사재감 또는 사수감이라고도 한다)가 자리하고 있었다. 이곳에서 군선, 조운선(漕運船, 각 지방의 세곡을 옮기는 배) 등 국가에 필요한 선박을 건조했다. 전함사는 전국의 선박을 관리하던 관청으로서, 행정 사무를 보던 '내사'와 선박의 건조를 맡던 '외사'로 구분되었다. 내사는 도성 안에 위치했고 외사는 서강에 있었다. 조선 작업은 수시로 이루어졌다. 최초로 이루어진 대규모 조선 작업은 1401년(태종 1)에 있었는데, 세곡을 운송하기 위해 251척의 선박을 건조했다고 한다.

그 후 1410년(태종 10)에는 병선 185척을, 1413년(태종 13)에는 평저선 80척을, 1460년(세조 6)에는 조선 100여 척을 건조했다. 1465년(세조 11)에는 세곡 운송과 외적 방어에 모두 쓸 수 있는 병조선을 이곳에서 처음으로 만들기도 했다. 이때 건조된 선박은 한 척에 큰 소나무 18주가 사용될 정도로 규모가 컸다. 이 선박은 매우 경쾌하게 움직였고 전투에도 편리했다고 한다. 지금의 서강 일대를 보면 믿기 어렵겠지만, 이곳은 조선시대 최대의 조선소로서 그 위용을 자랑하던 곳이었다.

시인묵객이 노닐던 정자들[•]

한강변의 정자들은 서부 서울이 우리나라 문화의 중심이 되는 데 선구적인 역할을 한 장소라고 해도 무리가 없다. 여기서는 그중 대표적인 두 곳의 정자를 살펴보려 한다.

• 서울특별시사편찬위원회 편, 《서울의 누정》, 서울특별시사편찬위원회, 2012, 338~342쪽 참조.

먼저 양녕대군이 만년에 지은 정자인 영복정이다. 마포구 상수동 일대에 있던 정자다. 현재 정확한 위치는 알 수 없으나 대략 상수동 주민센터 북쪽 언덕에 있었던 것으로 보인다. 《세조실록》에는 영복정에 대한 기록이 비교적 상세하게 남아 있다.

1459년(세조 5) 6월, 세조가 서쪽 교외에 나가 백성들이 농사짓는 상황을 살펴보다가 마포에 백부 양녕대군이 말년에 새로 지은 정자가 있다고 하여 안부 차 들렀다. 때마침 정자 이름을 아직 짓지 않고 있던 양녕대군은 세조에게 작명을 부탁했다. 세조는 즉석에서 '영복정'이라 짓고 직접 글씨를 써주었다. 또한 정자 이름 아래에 그 의미를 풀어서 "한평생 영화롭게 살며 한평생 복을 누리라"고 주를 달았다. 백부의 자유분방함을 잘 알고 있던 세조는 그가 복을 누리며 여생을 편안하게 보냈으면 하는 생각에서 정자 이름을 그렇게 지어준 것이다. 이어서 세조는 좌의정 강맹경에게 서문을 짓게 하고, 병조참판 김순과 도승지 윤자운, 좌승지 김질, 우부승지 이교연 등에게 시를 짓도록 했다. 양녕대군에게는 쌀 50석을 내렸고, 호위하는 군사에게도 술과 고기를 내려주었다.●

이렇게 시작된 영복정에는 조운선 관련 기록이 여럿 남아 있어, 이 일대가 조선 초기에 중요한 물류항이었음을 명확히 알 수 있다. 1468년(세조 14) 6월, 신숙주, 한명회 등의 대신들이 영복정에 나가 조운선을 점검했다. 이때 세조가 우승지를 파견해 이들에게 특별히 음식을 하사하며 노고를 치하했다. 이에 신숙주는 영복정 앞에서 물고기를 잡아 세조에게 올렸다고 한다. 1475년(성종 6), 성종은 서쪽 교외에 행차해 농작물의 작황을 살펴보고 농민들을 불

● 《동국여지승람》에도 유사한 기록이 있으며, 다만 그 위치에 대해서는 서강 북쪽에 있다고 기록했다.

러 노고를 치하하며 술을 하사했다. 이어 영복정으로 이동해 한강에 정박해 있던 조운선들을 점검하고 이를 관리하는 관원들에게 술을 하사했다. 이때 조운선이 모두 70척 있었다고 한다.

사람으로 붐볐을 영복정은 풍류의 공간이기도 했다. 성종 때 사림 세력으로서 중앙 정치에 발을 디딘 점필재 김종직은 원화중, 권불기, 김희우, 신중거, 조평 등의 선비들과 함께 한강 일대를 노닐다가 비가 와서 영복정에 들러 하룻밤을 묵었다. 그들은 이곳이 양녕대군의 별장이었던 사실을 알고 기생 둘을 불러 시를 지으면서 시간을 보냈다. 그 시가 김종직의《점필재집》제1권에 이렇게 전한다.

> 강변에서 말 타고 향기로운 꽃밭을 거니노니
> 강가의 화려한 정자 낚시터 굽어보네
> 소나기는 어지러이 붉은 꽃 따라 떨어지고
> 멀리 돛단배 앞뒤로 이어져 돌아오네
> 미인은 비취 털 주우며 난저에서 노래를 하고
> 장사꾼은 고기 나눠 사립짝을 두드리네
> 내일 술 깨면 다시 작은 일에 구애받으리니
> 덧없는 인생 이 모임 바로 드물겠네
>
> 팔방의 창문 비바람에 밤은 서늘한데
> 등불은 몽롱하고 취한 눈 희미하네
> 가득한 술상 앞 미인들이 죽 늘어앉았고
> 떠들썩한 노랫소리는 둥지의 새를 놀라게 하네
> 조수 이는 물가에는 노 젓는 소리 들려오고

달 넘어간 인가에는 닭들이 울어대누나

봄날의 즐거운 한때 마련하기 어려우니

가는 길에 말의 가슴에 진흙 튈 걱정을 마소•

이 시는 영복정에서 즐기는 풍류를 잘 묘사한다. 낚시터에서 사람들이 고기를 잡고 있고 배들은 잇따라 한강으로 들어오는 봄날, 밤 깊어가는 줄 모르고 쏟아지는 빗소리를 들으며 미인들과 술 마시고 노래하며 즐기고 있다. 그러면서도 술이 깨고 나면 선비로서 세상을 위한 근심을 해야 하니, 자주 이러한 풍류를 즐길 수 없음을 안타까워한다. 예나 지금이나 마포가 노래를 불러일으키는 낭만의 장소라는 점은 변함없는 것 같다.

다음으로 알아볼 정자는 담담정이다. 마포 북쪽 언덕, 지금 용산과 마포의 경계를 이루는 장소에 있었다. 담담정은 조선 왕실 출신의 대표적인 예술가였던 안평대군의 비극적인 운명과 진하게 얽혀 있는 공간이다. 기록을 살펴보자.

담담정은 마포 북쪽 기슭에 있다. 안평대군이 지은 것인데, 서적 만 권을 저장했고, 선비들을 불러 모아서 십이경시문을 짓고 사십팔영을 지었다. 신숙주의 별장이다.

__《동국여지비고》

• 江邊誇馬踏芳非 / 江上華亭俯釣磯 / 百雨亂隨紅雨落 / 前帆搖帶後帆歸 / 佳人拾翠歌蘭渚 / 賈客分魚叩板扉 / 明日酒醒還醒酲 / 浮生此會定應稀 // 八窓風雨夜凄凄 / 燈火朦朧醉眼迷 / 簇簇盃盤梨釘坐 / 喧喧歌吹鳥驚捿 / 潮生鷺渚嘔啞艣 / 月黑人家呃喔鷄 / 行樂一春難繼此 / 幕穗歸鞴濺於泥

담담정 옛터는 마포 북쪽 언덕에 있었는데, 영의정 신숙주의 별장이 되었다고 한다. 《열조통기》에 의하면 안평대군 이용은 담담정을 짓고, 글을 하는 선비들을 모아 밤새도록 등불을 밝히고 담화를 나누었다고 한다. 이들은 가끔 달밤에 배를 띄우고 놀기도 했다.

_《한경지략》

기록들을 종합해보면 담담정을 처음 지은 사람은 안평대군이다. 그는 세종의 셋째 아들로, 호는 비해당, 낭건거사, 매죽헌 등이다. 한때 북방에서 야인을 토벌하다가 문종이 즉위한 후에는 막강한 권력을 행사했다. 안평대군은 이곳 담담정에 가끔 머무르면서 책을 읽기도 하고, 선비들을 정자로 불러 시를 지으면서 국정을 논의하기도 했다.

하지만 계유정난이 발생한 이후, 안평대군과 담담정의 운명은 큰 변화를 맞게 된다. 안평대군은 강화도로 유배되었다가 교동도로 옮겨져 사약을 받고 세상을 떠났다. 담담정이 후에 어떤 과정을 거쳐 신숙주의 별장이 되었는지는 알 수 없다. 하지만 신숙주가 계유정난의 중심인물이고, 영의정까지 올랐던 시대 상황을 고려하면, 안평대군의 유배 이후 정자를 하사받은 것으로 짐작된다. 훗날 세조는 이곳에 행차하여 배를 구경하고 각종 화포를 쏘는 군사훈련 모습을 관람하기도 했다.

담담정을 제목으로 삼은 시로는 강희맹의 운치 있는 이 시가 전한다.

> 찬 구름 막막하고 강물은 유유한데
> 양쪽 언덕 푸른 단풍 끝없는 수심일세
> 외로운 등잔 마주 앉아 한밤중 지샜는데
> 강에 가득한 비바람으로 푸른 물가 어두워지네●

현대에 이르러 이 정자 터에는 마포장이 지어져, 광복 직후 이승만 초대 대통령이 잠시 머물기도 했다. 지금은 그 위치에 표지석이 설치되어 있다.

만리동고개의 투석전

서울역에서 마포로 넘어가려면 만리동고개를 지나야 한다. 옛날에는 큰 고개라고 불렀는데, 이 고개에는 공식적이고 무서운 패싸움 풍습이 있었다.

정월보름날 서울의 3대문, 곧 동대문, 남대문, 서대문 바깥에 사는 사람들과 애오개(현 마포구 아현동)에 사는 사람들이 두 패로 나뉘어 돌을 던지며 접근한다. 그러다 이 고갯마루에서 몽둥이를 휘두르고 싸우는 위험한 놀이가 벌어진다. 이 패싸움에서 3대문 바깥쪽이 이기면 경기도에 풍년이 들고, 애오개 쪽이 이기면 그 밖의 지방에 풍년이 든다고 해서 이 싸움의 결과를 팔도 농민들이 지켜보았다고 한다.

머리에 수건을 두르고 벌이는 이 패싸움에서 이마가 깨지고 어깨가 부러지는 것은 물론, 여러 명이 죽기도 하는 등 필사적인 전투에 가까웠다고 한다. 이때 죽으면 어느 누구도 원망할 수 없다. 이런 투석전은 만리동 큰고개 패싸움이 가장 유명했지만, 지방에서도 이와 유사한 패싸움이 김해, 안동, 평양 등에서 이루어졌다.

패싸움의 기원에 대해서는 여러 설이 있다. 옛날에는 마을마다 청소년 결사가 있었고, 그 결사마다 화랑 같은 미소년이 마스코트처럼 한 명씩 있었다고 한다. 관습에 따라 미소년을 상대편에서 약탈해가곤 했는데, 이 약탈당한 미소년을 찾기 위해 패싸움이 벌어졌다는 것이다.

● 寒雲漠漠水悠悠/ 兩岸靑楓無盡穗/ 座對孤燈過夜半/ 一江風雨暗蒼洲

이 설도 그럴싸하지만, 군대의 한 축을 이루던 투석군의 전통으로 보는 쪽이 더 타당해 보인다. 옛날에는 마을 단위로 외적에 대한 방위수단이 필요했고, 이에 패싸움을 익히고 조직화해두었다. 그것이 반은 훈련, 반은 유희 삼아 전해오다가 놀이의 형태로 풍속화된 것이다. 즉 원시적인 전투수단이 놀이로 변한 것이다. 만리동 고개의 패싸움은 이러한 풍습이 서울 일대에서 가장 늦게까지 남아 있던 형태라고 볼 수 있다.

고려 군제의 병종兵種 가운데 '투석'이 있었는데, 이성계는 이 투석군 가운데 용기 있는 자를 뽑아 특공대를 만들곤 했다. 그러다가 어떤 이유에서인지 투석군이 공식적인 편제에서 사라지게 되었다. 이후 세종은 사라진 투석군을 부활해 다른 병종과 같은 대우를 해주려 했으나, 새로운 군부 세력이 형성될까 하는 우려로 보류되었다. 그럼에도 민간에서는 패싸움의 관습이 계속되었다. 세종 9년, 명 사신들이 이 패싸움을 구경하고 싶다고 해서 종루에 올라 이틀 동안 열심히 관전했는데, 이들의 저의는 조선 민중의 전투 능력을 염탐하기 위해서였다고 한다.

투석병이 공식적이지는 않았지만, 그 군사적인 영향력은 상당했을 것으로 짐작된다. 1436년(세종 18), 세종이 평안도 절도사에 내린 글에 북방의 오랑캐를 막는 데 화공법과 투석전법을 병용하라는 작전지시가 있었을 정도니 말이다. 《중종실록》의 기록도 주목할 만하다. 당시 일본 거류민들이 대마도의 병력과 합류해 삼포(부산포, 내이포, 염포)를 점령하는 삼포왜란이 일어났다. 이때 조선에서는 토벌군을 선발했는데, 투석전의 전통이 깊은 안동과 김해에서 싸움을 잘하는 장정 수백 명을 뽑아 선봉으로 삼았다고 한다. 하지만 투석병은 조선 중기 이후로는 힘이 많이 약해진 듯싶다. 《지봉유설》에 따르면, 임진왜란 때 조총을 가진 왜군 앞에서는 투석군이 아무런 효과를 보지못했기 때문이다.

조선 후기 평양감사가 부임하는 날에 벌어진 투석 민속놀이. 작자미상의 10폭 병풍 그림 중에서. 서울대학교박물관 소장.

사족이지만, 만리동에서 역사의 아이러니를 하나 엿볼 수 있다. 만리동이라는 명칭은 최만리가 이곳에 살았던 데서 유래했다고 한다. 그는 훈민정음 창제를 극구 반대했던 인물로 유명하다. 그런데 공교롭게도 최초의 한글 전용 신문인 〈한겨레신문〉의 사옥이 이 고개에 들어섰으니* 참으로 땅 팔자란 알 수 없는 노릇이다.

아이들의 공동묘지, 애오개

마포에 있는 아현阿峴이라는 지명은 '애우개' 또는 '애오개'의 한자어다. 애오개라는 이름은 이화여대 쪽 대현(큰고개)과 만리동고개 사이의 작은(아이)고개라는 뜻에서 붙여졌다는 설이 있다. 또 다른 설로는, 유아 사망률이 높았던 당시에 도성 안에서 생긴 아이 시체가 이 고개를 넘어서 나가도록 되어 있다는 뜻에서 붙은 이름이라고도 한다. 여기에는 설명이 좀 더 필요하다.

조선시대에는 성안에서 생긴 시체를 주로 서소문(소의문)과 광희문을 통해 성 밖으로 내보냈다. 서소문의 경우, 문을 나서자마자 아현고개가 있었다. 이 고개에 시체가 집단적으로 매장된 까닭이다. 실제로 해방 이후 아현동 일대에 사람들이 집을 짓고 살기 시작하면서 수많은 무덤이 발견되었다. 특히 어린이들의 집단 무덤인 아총兒塚이 많이 발견되었다는 사실이 흥미롭다. 다만 이 아총의 연대는 정확히 알 수 없고, 언제부터 아총을 묻기 시작했는지에 대해서도 기록으로 남아 있지 않다.

서소문 밖에 시체를 매장한 곳은 아현고개만이 아니었다. 만리동고개와

• 행정구역상으로는 마포구 공덕동이다.

와우산에도 많이 매장했으며, 아현동 일대에도 곳곳에 집단 매장지가 형성되었다. 이곳과는 조금 거리가 떨어져 있지만, 은평구 지역도 대표적인 묘지였다. 은평 뉴타운 개발 당시에 무려 5,000여 기의 묘가 발굴되어 조사되었을 정도였다.

병든 이는 서활인서로

홍제원, 모화관 외에 서서울에 있었던 주목할 만한 국가기관으로 서활인서西活人署를 들 수 있다. 이곳은 빈민구제기관으로서, 고려의 동서대비원東西大悲院을 이어받은 동서활인원 중 한 곳이었다. 활인서의 기능에 대해《세종실록지리지》(1454)에는 다음과 같이 기록되어 있다.

> 동활인원은 동소문 밖에 있고, 서활인원은 서소문 밖에 있다. 옛 이름은 대비원이었다. 관리들 상주시키고 의원은 물론 무당까지 두었다. 성안의 병들고 의지할 곳 없는 사람을 모두 이곳에 모아, 죽과 밥, 국, 약을 제공했다. 옷과 이불을 주어 편하게 보호해주고, 만일 죽는 이가 있으면 잘 묻어주었다고 한다.●

말하자면 활인서는 서민의 구료救療를 담당했던 기관으로서, 전염병과 함께 배고픈 백성에 대한 구휼까지 담당했다. 이는 의약을 통해 서민의 질병을 치료했던 혜민서와는 다른 기능이었다. 활인서의 활약에 대한 기록은《조선왕조실록》곳곳에서 찾아볼 수 있다.

● 이상협, 〈조선시대 동·서 활인서에 대한 고찰〉,《향토서울》 제56호, 1996, 69쪽 참조.

훗날 활인서는 이런저런 사정으로 철거와 재설치가 반복되었다. 1882년 (고종 19) 혜민서와 활인서가 혁파되어 전의감에 소속되었고, 1885년(고종 22) 광혜원(후에 제중원으로 개칭)이 설치되면서 활인서에 배당된 예산이 제중원으로 옮겨져 그 기능을 완전히 상실했다. 대한제국 정부는 1905년 근대적 빈민의료기관인 대한적십자병원을 세우면서 혜민서와 활인서의 기능을 완전히 이양했다.

가상 사극이긴 하지만 드라마 〈해를 품은 달〉에 활인서가 등장한다. 서활인서의 표지석은 아현중학교 앞에 서 있다.

마포 강변의 토정 이지함

이지함(1517~1578)은 생애 대부분을 마포에서 지냈다. 그는 무소유를 실천한 자유인이자 매월당 김시습, 정북창과 함께 조선 3대 기인으로 일컬어진다. 특히 《토정비결》의 저자로 유명하다.

이지함은 고려 말의 대학자인 목은 이색의 7대손이며, 현령을 지낸 이치의 아들이다. 어려서 아버지를 여의고 맏형 이지번에게 글을 배우다가 화담 서경덕의 문하에서 다양한 학문을 익혔다. 천문, 지리, 의학, 음양에 통달했다고 한다. 박학다식한 그에게 신수를 봐달라는 사람이 하도 많다 보니 그 분야를 정리해 《토정비결》을 남겼다.

상업을 천시하는 당시의 풍조와는 달리, 이지함은 농업과 상업의 상호보완에 관심이 많았고 광산개발과 해외무역을 주장하기도 했다. 실제 그는 상업에 뛰어들어 수천 섬의 양곡을 모았고 그것으로 빈민들을 구제하기도 했다. 이후 마포 강변에 흙으로 움집을 짓고 자연을 벗 삼아 살았다고 하는데, 포구 인근에 살았던 이유는 그의 소신과 무관하지 않았을 것이다. 그가 살던

이지함 동상. 현재 마포구 토정로 31길에 위치해 있다.

움집을 한자로 토정土亭이라 했는데 이는 그의 호이자 지금 토정동 동명의
유래가 되었다. 그의 조카가 임진왜란 당시 영의정에 오르는 이산해이고, 이
산해의 사위가 이덕형이다. 이들도 이지함의 영향을 받아서인지 소금 굽기
등 산업 진흥을 추진했다.

1573년(선조 6), 이지함은 나이 56세에 조정에 천거되어 포천현감이 되었
다. 이때 임진강의 범람을 미리 알아내 백성들의 생명을 구한 일이 유명하
다. 이 시절 광산과 어장, 염전의 개발을 강력하게 주장하는 상소를 올리기
도 했지만, 받아들여지지 않았다. 그는 이듬해 사직했다가 1578년(선조 11)
아산현감에 다시 등용되었는데 부임 즉시 걸인청을 만들었다. 경작지가 없
는 백성들에게 직접 장사를 가르치는 파격적인 행동을 보이며 그들을 구제
했다. 즉 근대적인 재활기관이었던 셈이다. 그러나 부임 석 달 만에 이질에

걸려 62세를 일기로 세상을 떠나고 말았다. 이에 백성들이 크게 슬퍼했다고 한다. 토정 이지함은 서서울의 기풍에 어울리는 인물이었고, 실학의 선구자였던 셈이다.

연희동에 뽕나무가 무성했던 까닭

연희동은 양잠의 고장이었다. 조선왕조는 양잠을 장려하고 궁궐에서 소비되는 옷감을 짜기 위해 국가적 차원에서 자양동에 동잠실을, 연희동에는 서잠실을 설치했다. 잠실에서는 뽕나무를 기르고 그 잎으로 누에를 키워 고치를 생산했다.

양잠은 이미 고조선시대부터 시작되었는데, 삼국시대에 매우 성행해 중국에까지 우리나라 비단의 우수함이 알려졌다. 기본적으로 기후가 대륙성이고 봄과 가을에 비교적 건조한 날씨가 계속되어 누에치기에 적합했고, 또 양잠에 절대적으로 필요한 뽕나무가 전국에서 자생하고 있었기 때문이다. 신라의 시조 박혁거세는 왕비와 함께 관할 구역을 순찰하면서 농업과 더불어 양잠을 권장한 바 있다. 통일신라 때는 양잠과 직조 기술이 더 발달했는데, 뽕나무의 관리가 철저히 이루어지고 있다는 기록도 있다. 신라의 비단은 중국에까지 수출되었다. 그 후에도 정책적으로 양잠이 장려되었다.

누에는 비단실을 얻고자 뽕잎을 먹여 기르는 곤충이다. 알에서 갓 나온 누에는 개미처럼 검기 때문에 개미누에라고 하는데, 뽕잎을 먹으며 네 번 잠을 잔다. 그 후 먹기를 중단하고 고치를 짓는데, 2~3일에 걸쳐서 자루 모양의 집을 완성한다. 이 누에의 집이 고치이며, 비단실의 원료가 된다. 고치 한 개에서 1,200~1,500미터 내외의 실을 뽑는데, 이를 장기간 보존하기 위해 건조시켜 비단실을 만든다. 좋은 누에고치를 생산하려면 누에를 잘 키워야 하고,

그러기 위해서는 방에 가마니를 깔고 선반을 설치한 잠실을 만들어야 한다.

조선왕조는 양잠을 권장하기 위해 중국의 예에 따라 대궐 안에 잠실을 설치했다. 이를 친잠실이라 한다. 대궐 안에 잠실을 설치한 이유는 왕비와 궁녀들이 직접 뽕잎을 따서 누에를 치게 하여 백성들에게 본보기를 보여주기 위해서였다. 또한 경기도 가평, 충청도 청풍, 경상도 의성, 황해도 수안, 전라도 태인 등 다섯 곳에 잠실을 설치하고, 양잠에 식견과 재능이 있는 중앙관리들을 이곳에 파견해 기술을 지도했다. 말하자면 국영 양잠 기술 양성소라 하겠다.

조선왕조의 군주들은 농업과 양잠을 매우 중요하게 여겼는데, 특히 세조가 양잠에 관심이 컸다. 그는 규정까지 만들어 각 지방관에게 뽕나무 심기와 누에치기를 강력히 권장했고 그 실적을 수령의 업무평가 기준으로 삼기까지 했다. 각 민가에는 가호의 크기에 따라 대호는 300주, 중호는 200주, 소호는 100주씩의 뽕나무를 심도록 했다. 이에 따라 잠실이 전국 각 고을에 모두 설치되기에 이르렀다.

연희동에 잠실이 설치된 것은 이보다 조금 앞선 때였다. 세종 초 경복궁, 창덕궁 안에는 뽕나무가 무성했다(당시 경복궁에 3,590그루, 창덕궁에는 1,000여 그루의 뽕나무가 자라고 있었다). 그곳에서 딴 뽕잎은 궁궐의 잠실에서 소비하기에는 과다했다. 그리하여 잉여 뽕잎을 사용하기 위해 도성 주변 한적한 곳을 택해 잠실을 설치했다. 그것이 동잠실(자양동)과 서잠실(연희동)이었다. 그 후 아차산 아래, 즉 오늘의 송파구 잠실동에도 잠실을 설치했고, 서초구 잠원동에도 설치했다.

이들 잠실은 국가가 직접 운영해 민간으로 양잠 기술을 보급하는 것이 근본 의도였다. 그런데 점차 각 관아에서 누에고치의 공납에 치중해 민원을 야기했다. 관아에서 심은 뽕나무뿐 아니라 민간에서 심은 뽕나무 잎까지도 채

취했기 때문이다. 어쨌든 민간에서도 양잠 기술을 습득, 농한기에 부업으로 양잠을 하는 경우가 많았다. 더구나 누에고치의 값이 비싸지면서 서울의 거의 모든 여염집에서 누에를 치기에 이르렀다.

16세기에 이르러 양잠이 널리 보급된 것은 국가의 정책적 권장과 배려가 있었기 때문이다. 또한 사치 풍조가 성행해 비단의 수요가 크게 늘었기 때문이기도 하다. 이 시기에는 직조 공업도 상당한 수준에 이르러 비단의 생산력이 증대되었지만, 누에고치의 수요는 공급을 초과하기에 이르렀다. 그리하여 민간에서도 양잠은 농가의 경제를 윤택하게 하는 소득 사업으로 널리 인식되었다. 이러한 분위기 속에서 연희동 일대는 양잠의 고장으로 자리 잡혀갔다.

연희동 일대에 뽕나무가 무성해진 시기는 성종 때부터였다. 성종은 뽕나무를 배양하는 데 대한 절목節目을 반포해 뽕나무 심기에 힘을 기울였다. 특히 연희궁 주변에 많이 심도록 하여 궁 뒤편에 뽕나무가 무성했다고 한다. 이것이 영향을 미쳐서일까? 연희동과 인접한 은평구 증산동의 명칭이 양잠과 관련 있을 가능성이 있다. 원래 이 마을의 산은 시루처럼 생긴 시루봉甑山 아래 있어 시루메(뫼)라고 했는데, 그것이 한자화되어 동네 이름이 증산동이 되었다. 하지만 시루는 밑이 뚫려 물이 새므로 뜻이 좋지 않다 하여, 시루 증甑 자를 발음은 같으면서도 아름다운 비단을 뜻하는 증繒 자로 변경했다는 설이 있다. 확실하지는 않지만 그럼직한 흥미로운 이야기다.

한편 1960년대 말까지만 해도 증산동 인구의 대부분인 100가구 정도가 나주 나씨 사람들이었지만, 지금은 거의 외지로 나가 10여 가구 정도만 남아 있다. 경주 최씨도 200여 년 전부터 증산동에 집성촌을 이루고 살았지만, 역시 거의 떠나고 몇 가구 남아 있지 않다.

서서울 지역에는 뽕나무 외에도 온갖 나무들로 무성했다. 연희동에서 남가좌동으로 넘어가는 고개를 밤고개라 했는데, 부근에 밤나무가 많았기 때문이라고 한다. 은평구 대조동은 대추나무가 많으므로 대추말이라 불렀으며 한자로 대조동大棗洞이라 했다. 조선시대에는 사산금표제*에 의해 도성 주변의 산악 출입을 금지하고 수목의 벌채를 엄격하게 규제했기 때문에 나무가 무성했다. 그리하여 현저동에서 통일로를 따라 홍제동으로 넘어가는 무악재 주변은 밤나무, 참나무, 소나무 등과 커다란 바위들이 얽혀 험준한 곳으로 알려졌고, 실제로 호랑이가 자주 출몰해 통행이 쉽지 않았다. 홍은동 사거리에서 녹번동으로 넘어가는 녹번고개 주변도 숲이 우거져, 소름 끼칠 만큼 무서운 곳으로 알려졌다.

좋은 기운이 서린 땅, 서오릉

서오릉은 행정구역상으로 경기도 고양시 덕양구 신도동에 있지만, 은평구 학생들의 단골 소풍 코스로서 은평구민이 즐겨 찾는 곳이다. 조선시대의 능 다섯 개가 있어 서오릉이라고 부르고, 총면적 55만 3,616평에 달해 경기도 구리시에 있는 동구릉 다음으로 큰 조선 왕실의 족분族墳을 이루고 있다 (사적 제198호).

서오릉이 능지陵址로 선택된 것은 세조 때부터였다. 1457년(세조 3), 세조의 세자였던 장璋(덕종으로 추존됨)이 사망하자 풍수지리설에 따라 좋은 능지를 찾기 시작했다. 그때 이곳이 추천되어 경릉 터로 최종 결정되었다. 세조 자

---

* 四山禁標制. 나무를 베거나 돌을 캐거나 무덤을 쓰거나 사찰을 짓는 행위를 금했던 제도다. 지맥과 수맥을 보호하기 위해 법제화한 강력한 통제책이었다. 현대적 시각에서는 그린벨트 (개발제한구역)라고 볼 수 있지만, 그보다 훨씬 적극적인 개념이었다. 금지에 그치지 않고 철거하기도 했다.

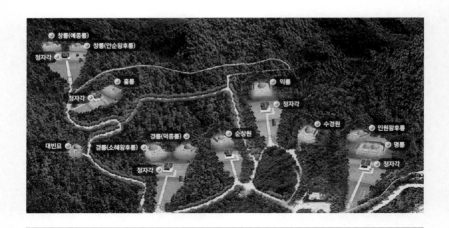

서오릉 지도. 문화재청 제공.

신도 이곳에 묻히려 했지만 이루어지지 않았고, 그 뒤 1470년(성종 1)에 덕종의 아우 예종과 계비 안순왕후 한씨의 창릉이 들어섰다. 또한 덕종의 부인이자 성종의 모후인 인수대비 한씨도 덕종의 능 곁에 묻혔다.

그 후 200년간 능이 더 이상 들어서지 않다가 숙종 이후 대거 들어섰다. 1681년(숙종 7) 숙종의 비 인경왕후 김씨의 익릉, 1721년(경종 1) 숙종과 계비 인현왕후 민씨의 쌍릉, 제2계비 인원왕후 김씨의 단릉의 합칭인 명릉, 1757년(영조 33) 영조의 비인 정성왕후 서씨의 단릉인 홍릉이 조성되었다. 이렇게 왕과 왕비들의 능이 무리를 이루어 '서오릉'이라는 이름을 얻게 되었다. 그 밖에도 이곳에는 명종의 맏아들인 순회세자의 순창원이 경내에 있다. 또한 숙종의 후궁으로 많은 역사적 일화를 남긴 장희빈의 묘가 성남 도시개발 관계로 1970년 광주군 오포면 문형리에서 이곳으로 이장되었다.

묘하게도 은평구와 고양시 일대는 5선의 이미경 전 국회의원, 심상정 전 정의당 대표, 김현미 국토교통부 장관, 3선의 유은혜 국회의원 등이 배출될 정도로 여성의 힘이 강하다. 사극에 숱하게 등장할 정도로 유명한 인수대비와 인현왕후, 장희빈의 능과 묘가 있기 때문이라고 하면 지나친 상상일까?

조선 전기의 서서울 땅은 기본적으로 벼농사 위주의 농업지대였다. 그렇지만 의주와 강화로 가는 두 간선도로가 지났으며, 서오릉, 홍제원, 모화관, 구파발 등의 국가시설이 위치해 있었다. 또한 중요한 나루터가 세 곳이나 자리 잡고 있었다. 이 활력과 잠재력 넘치는 땅은 조선 후기에 접어들면서 우리 역사에서 더 중요한 역할을 하게 된다.

2장

전란의 위기에
휩싸이다

행주대첩을 추억하다

서서울의 대표적인 명소인 행주산성은 임진왜란 당시 큰 변곡점이 된 대전투의 현장이었다. 그 자세한 이야기를 한 토막 풀어놓으려 한다.

명나라는 선조가 한양을 떠나 평양에 머물 때 파병을 요청하자 1593년 1월, 조선계 중국인 장군 이여송李如松이 이끄는 5만 명의 지원군을 보냈다. 일본이 정명가도*를 명분으로 침공한 만큼, 조선이 정복당하면 명나라도 위태로울 수 있다는 판단에 따른 것이었다. 이여송이 지휘하는 조·명 연합군은 평양과 개성을 수복하고 고양 일대까지 남하했다.

권율은 전쟁 초기에 광주목사로 있으면서 진산의 배고개에서 왜군을 물리쳐 전라도 순찰사로 승진했다. 그 뒤 "한양을 먼저 수복해야 한다"며 병력을 이끌고 북상해 한강 남쪽의 독산성에 거점을 확보했다. 하지만 왜군은 고양의 벽제관에서 반격을 가해 명군을 물리쳤기에 사기가 올라 있었다. 권율은 남하하는 명나라 군대와 합세해 한양을 탈환하려 했으나 벽제관 전투의

• 征明假道. 명나라를 치기 위해 길을 빌림.

패배로 명나라 군대가 후퇴하는 바람에 고립될 위기에 빠지고 말았다.

독산성에 주둔할 당시 권율은 한양 서쪽에 거점을 확보하기 위해 조방장 조경趙儆에게 진지를 물색하게 했다. 조경은 한강을 건너 한쪽은 한강, 나머지는 평야에 둘러싸인 이름 없는 고지를 발견했다. 그는 며칠 뒤 권율과 함께 이곳으로 군대를 이동시키고 울타리를 치는 등 진지를 구축했다. 이곳이 바로 그 유명한 행주산성이다.

이어서 권율은 병마절도사 선거이에게 병사 4,000명을 주어 금천(시흥)에 주둔하게 하고, 창의사 김천일에게는 강화 지역 해안에 진지를 구축하게 했다. 그리고 충청감사 허욱을 통진(김포)에 주둔하게 해 행주산성을 지원하도록 했다. 권율 휘하 병력은 승장僧將 처영이 지휘하는 승의병僧義兵 1,000명을 포함해 1만 명이 못 되었다.

권율이 행주산성에 자리를 잡자 귀공자 우키타 히데이에가 이끄는 왜군 지휘부는 이를 의식하고 다음과 같이 말했다.

> 권율은 지략이 뛰어난 장군이라 잠시라도 마음을 놓을 수 없다. 빨리 쳐부수지 않으면 우리가 언제 당할지 모른다.

그들은 총력을 기울여 행주산성에 대한 공격을 감행하기로 결정했다. 2월 12일 새벽, 왜군 3만여 명은 징과 북을 쳐대며 기세를 올렸다. 군사들이 동요하기 시작하자 권율은 다음과 같은 말로 전의를 북돋웠다.

> 수만의 왜적을 목전에 두고 조국의 운명을 이 일전으로 타개하려 한다. 모든 사람이 한마음으로 같이 죽기를 맹세하자!

왜군은 새벽부터 황혼이 질 때까지 교대로 성을 공격했다. 행주산성의 배후는 강벽江壁에 막혀 있었다. 이러한 배수진의 상황에서 조선군은 사력을 다해 왜군의 공격을 막았다.

병사들은 왜군이 성 쪽으로 접근하길 기다렸다가 화차火車와 수차석포石砲, 비격진천뢰飛擊震天雷, 총통 등을 일제히 발사해 공격을 막아냈다. 왜군은 산 아래쪽에서 올려다보고 총탄을 쏘아야 했기 때문에 고전했고, 조선 군사들은 위에서 아래쪽으로 활을 집중적으로 퍼부어 왜군의 기세를 꺾어놓곤 했다. 왜군이 짚단을 쌓고 불을 놓아 화공 전법으로 나오면 물을 길어 불을 껐다. 수사 이빈이 화살 수만 개를 배로 실어 날랐다. 왜군이 서북쪽의 방어망을 뚫고 성안으로 들어오려 하자 권율이 직접 나서서 군을 독려하며 쫓아내고 방어망을 재정비했다.

열두 시간 이상 공방을 주고받은 끝에 왜군은 산성의 방어를 뚫지 못하고 결국 패퇴했다. 왜군은 후퇴하면서 시체를 네 무더기로 쌓아 풀로 덮고 태웠는데 10리 바깥까지 냄새가 났다고 한다. 조선군은 달아나는 적병을 뒤쫓아 130여 명의 목을 베었다. 조선군의 완승이었다.

이튿날 명나라 부총병 사대수가 현장을 둘러보고는 "조선에 진짜 장군이 있다"며 감탄했다. 이여송은 벽제관에서 너무 멀리 후퇴하지 않고 호응했으면 좋았을 것이라며 후회했다. 권율이 전투 직후 파주의 대흥산성으로 이동해 진지를 구축하자 왜군은 권율군의 주둔을 알고 모두 물러났다.

당인동의 당나라 사람

지금은 가동을 중지했지만 마포구 당인동에는 발전소가 하나 있다. 당인唐人은 당나라 사람 즉 중국인을 뜻하는데, 이 지명의 어원에 대해서는 두 가지 설이 있다.

하나는 왜란에 맞서 명나라에서 파병한 장군 이여송의 군대가 이 부근에 주둔했기 때문에 '댕말'(댕마을)이라고 불렀을 것이라는 설이다. 다른 하나는, 이여송의 병사 중 하나가 조선 처녀를 사모해 결국 결혼에 이르게 되었고 다섯 아이를 낳아 이곳에서 살았다는 설이다. 명나라 병사는 부모를 뵙기 위해 귀국했다가 병으로 죽고 금덩어리 두 개를 유산으로 보냈다고 한다. 어느 쪽이건 이 일대에 명나라 군대가 주둔했던 것은 사실로 보인다.

은평구의 상징이 말인 이유

'파발'이란 조선시대 후반, 변방으로 가는 공문서를 신속하게 전달하기 위해 설치한 통신수단이다. 임진왜란을 계기로 명나라 군대의 신속한 군사 통신을 우리나라에서도 충분히 인식하게 되어 도입한 제도였다. 역이나 원과는 달리 숙박기능이 없고 통신에만 집중했다는 데 큰 차이가 있다. 또한 한 곳이라도 근무에 태만하면 무력할 수밖에 없는 봉수제의 대안으로 도입된 것이기도 했다.

1597년(선조 30) 무렵에 파발제 도입의 필요성이 제기되었고, 시행된 시기는 적어도 1601년(선조 34) 이후로 보인다. 파발제는 기발騎撥(25리)과 보발步撥(30리)로 구성되어 운영되었다. 서울에서 의주까지는 서발西撥이라 하고 (1,050리, 파발참 40여 개), 서울에서 경흥까지는 북발北撥(2,300리, 파발참 60여 개), 서울에서 동래까지는 남발南撥(920리, 파발참 30여 개)이라 했다. 그중 가장 중요한 서발은 기발이었고, 나머지는 대부분 보발이었다.

서울 은평구 구파발은 서발의 첫 역참으로, 현재 지하철 3호선 구파발역 4번 출구에 해당 터의 표석이 설치되어 있다. 지명도 여기서 유래된 것이다.

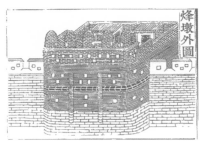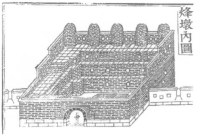

화성 봉돈의 바깥쪽과 안쪽 도면. 화성 봉돈은 현존하는 가장 완전한 형태의 봉수대로, 현재 안산에 있는 봉수대는 이를 모방해 복원한 것이다. 《화성성역의궤》 중에서.

이런 이유로 은평구의 상징은 말이며, 매년 파발제라는 이름의 축제를 열고 있다.

파발 이야기가 나온 김에 양천리兩千里 표지석 이야기를 하지 않을 수 없다. 예전에 파발이 지나가는 녹번역에서 불광역으로 넘어가는 언덕길을 양천리고개라 했다. 이 고개를 경계로 윗동네는 독박리, 아랫동네는 양천리로 불렀는데, 양천리는 말 그대로 한반도의 중앙에 위치하고 있어 북으로 의주까지, 남으로는 부산 동래까지 각각 1,000여 리라는 의미다.

옛날에는 양천리라는 표석이 있었지만 유실되었고, 서울혁신파크 옆에 새로운 표지석을 세웠다. 언젠가 통일이 된다면 양천리는 그 이름을 되찾고 한반도의 새로운 중심이 될 지도 모를 일이다.

홍제원의 반정 세력들

임진왜란과 병자호란 양란 사이에 가장 중요한 사건이라면 역시 인조반정이다. 서대문 밖에 있었던 홍제원은 이 역사적 사건의 중요한 무대였다.

1623년(광해군 15) 3월 12일 밤, 북병사 이괄은 홍제원에서 군관 스무 명을 거느리고 반정 거사를 약속한 이귀, 김류, 김자점 등을 기다리고 있었다. 그러나 김류도, 이귀도 보이지 않았다. 이귀의 말로는 창덕궁에는 궁인 김씨를 통해서 손을 써놓았으며, 훈련대장 이흥립의 내응도 약속받았다고 했다.

이때 광해군은 이러한 모의가 진행 중인지도 모르고 연회를 즐기고 있었다. 그런데 정변의 실패를 두려워한 이이반이 승정원에 고변을 했다. 고변을 접수한 승정원에서 이 사실을 광해군에게 알렸으나 그는 이를 묵살해버리고 말았다.

한편 홍제원에 있던 이괄은 창의문 밖에서 빛이 켜졌다 꺼졌다 하는 것을 보고 신호라 여기고 병사들을 이끌고 달려갔다. 그곳에 이귀, 김자점, 송영중, 한교 등이 수백 명의 군사를 거느리고 모여 있었다. 이때 누군가가 말을 타고 달려왔다.

"큰일 났소. 어떤 자가 승정원에 고변을 했다 합니다. 대궐에서 곧 국청을 설치하고 모의자를 색출한다 하오."

이런 소식이 전해지자 반정군이 동요했다. 겁을 먹고 흩어지려는 순간, 이귀가 이괄의 손을 잡고 설득했다.

"북병사! 이제는 더 이상 지체할 수 없게 되었소. 김류를 보냈으니 곧 올 것이오. 그러나 지금 그를 기다리느라 지체하면 도감의 포수들이 창의문 등 여러 성문을 굳게 지킬 것이니 그들이 가기 전에 우리가 먼저 쳐들어가야 하오! 그대가 총대장을 맡아야 사람들의 마음을 잡을 수가 있을 것이오. 군율을 어기면 나부터 목을 베시오."

분위기가 이렇게 흘러가자 그가 직접 나설 수밖에 없었다. 그는 군관들을 불러 '의義' 자가 쓰인 천을 수백 조각으로 나누어 모든 사람의 옷 뒤에 달아 표시로 삼고 공격을 개시했다.

한편 김류는 고변 소식을 듣고 아예 거사를 포기하고 있었다. 원두표와 심기원이 이렇게 설득했다.

"거사의 마지막 순간에 금부도사가 두렵겠습니까! 어서 일어나십시오!"

그러자 김류는 군복을 입고 모화관에서 다시 합류했다. 이괄은 그에게 총대장 자리를 내어주고 함께 창덕궁으로 진격하여 거사를 성공시켰다.

거사 당시 홍제원에 제시간에 와야 할 이서의 지원군이 늦게 도착하여 사람들이 '지각한 이서'라고 놀렸다고 한다. 그를 만난 곳을 '신하를 늦게 만난 개천'이라 하여 '연신내延臣川'라고 했다는 설이 있다.

서서울에 들이닥친 이괄의 반란군[*]

서서울은 인조반정 이후 이어진 이괄의 난에서도 주요 무대가 되었다. 1624년 1월 17일, 이괄은 자신이 만든 인조 정권을 뒤엎기로 결심하고 거병하고 말았다. 당시 부원수로서 서북 국경을 지키고 있었던 그는 반정공신 2등에 올라 불만에 차 있었다. 이때 평안도 병력의 대부분이 이괄 휘하에 있었는데 그 수가 1만이 넘었다. 이괄은 상관인 도원수 장만이 주둔하는 평안도 안주를 우회해 부하인 한명련의 부대와 합세했다. 허를 찔린 장만은 반란군을 정면에서 막지 못하고 뒤에서 추격하는 형세가 되고 말았다.

황해도 황주에서는 정충신과 남이흥이 이끄는 관군이 막아섰다. 두 장수가 역순逆順의 도리를 내세워 반란군을 선무했다. 그러자 이괄 진영이 동요하는 듯했지만, 선봉을 맡은 '항왜'[**]들이 칼을 휘두르며 무섭게 돌격하자 관

---

[*]   한명기,《병자호란 1》, 푸른역사, 52~71쪽 참조.
[**] 降倭. 임진왜란 때 항복한 일본군과 그들의 자손.

군은 제대로 싸우지도 못하고 흩어져버렸다. 항왜는 검술이 뛰어나고 조총을 잘 다루며 죽음을 무릅쓰고 돌격하는 용맹한 자들이었다. 이괄 휘하에는 수백 명의 항왜가 있었다. 정부군은 평산의 마탄(예성강 상류)에서 다시 막으려 했지만, 방어사 이중로가 전사하고 병사들은 항복하거나 도주했다. 이괄군은 거침없이 임진강까지 나아갔다.

2월 8일, 이괄군의 임진강 도강 보고가 날아들었다. 이괄은 관군이 개성에서 저지하려 한다는 사실을 알고 개성까지 우회하여 파주로 진격했다. 파주목사 박효립이 회유에 넘어갔고 병사들은 달아나버렸다. 이렇게 되자 수도에서 결전을 치를 자신이 없었던 인조는 그날 밤중에 궁궐을 나서 공주로 향했다.

10일, 이괄군이 마침내 한양에 입성했다. 반란군의 한양 점령은 조선 역사에서 처음 있는 일이었다. 이괄은 불타버린 경복궁 터에 사령부를 설치하고 흥안군을 왕으로 추대했다. 이괄이 승승장구하며 입성하자 많은 사람들이 그의 휘하로 몰려들었다. 그는 지인들을 끌어 모아 새 조정을 꾸렸는데, 자연스럽게 반정 이후 세력을 잃거나 소외된 사람들이 모여들었다. 여기까지는 일단 그의 거사가 성공을 거둔 셈이었다.

그 사이 도원수 장만은 관군을 이끌고 한양을 향했다. 반란군에게 도성을 내주고 국왕으로 하여금 파천 길에 오르게 만든 1차적 책임이 이유야 어쨌든 자신에게 있었기 때문이다. 잘 알려지지 않았지만 이괄은 장만을 높이 평가했으므로 안주를 우회했던 것이다. 장만은 의주로의 중요한 지점인 파주 혜음령에 이르러 부원수 이수일과 남이흥, 정충신 등 부하장수들과 작전회의를 열었다.

장만은 바로 한양으로 진군하여 결전을 벌이거나, 반군의 보급로를 차단하고 남쪽에서 올 원군을 기다려 공격하자는 두 가지 안을 내놓았다. 그는

1890년대 돈의문(왼쪽 중간)과 안산(오른쪽 상단). '이괄의 난' 때 도성을 배경으로 치열한 전투가
벌어졌다.

지구전을 염두에 두었지만 정충신은 바로 돈의문 밖 안산을 장악하자고 주장했다. 높은 고개를 차지해 진을 치면 도성을 내리누를 수 있고, 관망하는 한양 백성도 관군 편으로 붙을 것이며, 이괄군이 공격한다고 해도 지형의 이점 때문에 승리할 수 있다고 보았던 것이다. 장만도 생각을 바꾸어 이 안을 받아들였고, 관군은 안산을 향해 진격하기 시작했다.

정충신이 먼저 연서역(현 은평구 역촌동)을 지나 안산에 도착, 정상으로 달려가 봉수대 경비병을 생포했다. 그는 평상시의 봉화를 올리도록 하여 안산이 탈취된 사실을 이괄군이 모르도록 했다. 관군이 속속 안산으로 집결했지만 마침 동풍이 크게 불어 이괄 쪽에서는 관군의 집결을 눈치 채지 못했다. 이튿날 아침에야 이괄은 관군의 안산 점령을 알았지만 느긋했다. 관군을 가볍게 보았기 때문이다. 이괄은 항왜들을 이끌고 연서역으로 나아가 장만을 생포하려는 계획을 세웠다. 한명련은 한술 더 떠 도성의 백성들이 보는 앞에서 승리를 거둬 민심을 얻자고 건의하기까지 했다. 한명련은 지금의 서대문로터리 부근에서 군사를 좌우로 나누었다. 한 부대는 마포 쪽에서, 다른 부대는 오늘날의 금화초등학교 부근에서 안산을 향해 공격해 들어갔다. 한명련은 항왜 수십 명과 정예 포수를 이끌고 선봉에 섰고, 이괄은 중군이 되어 전투를 독려했다.

아침 6시부터 격전이 벌어졌다. 도성의 백성들은 서대문을 중심으로 남대문에서 인왕산까지 성벽 위에 가득 모여들어 구경을 했는데, 마치 백로 떼 같았다고 한다. 전황은 아래에서 위쪽으로 공격하는 이괄군에게 불리했다. 화살과 총탄이 제대로 맞지 않았다. 도성 함락에 대한 책임감 때문에 관군이 더 분전했기 때문이기도 했다. 오전 11시까지 이어지던 전투 도중에 바람의 방향이 바뀌면서 서북풍이 반란군 쪽으로 불었다. 일설에 따르면 이때 관군은 반란군을 향해 고춧가루를 뿌렸다고 한다.

이제 관군은 승기를 잡았고, 이괄군 진영에는 사상자가 속출했다. 많은 반군들이 성벽을 기어오르다가 떨어져 죽고 말았다. 한명련도 화살에 맞고 퇴각해야만 했다. 관망하던 민심의 향배도 정해졌다. 전투를 구경하던 도성의 백성들은 이괄군이 수세에 몰리자 돈의문과 서소문을 닫아버렸다. 퇴로가 막힌 이괄군은 숭례문과 마포 서강 쪽으로 도주했다. 민가로 몸을 숨긴 자도 있었다.

11일 밤 9시 무렵, 이괄과 한명련은 패잔병을 이끌고 광희문을 통해 한양을 탈출했고, 다음 날 새벽에는 광주까지 달아났다. 이괄은 광주목사 임회를 죽이고 병력을 수습하려 했지만 12일 아침, 정충신이 추격해 들어왔다. 반란군은 이미 기세가 꺾여서 소수에 불과한 관군의 공격에 저항도 해보지 못하고 무너졌다. 이괄은 고작 60여 명의 기병만 거느리고 다시 이천으로 달아나야만 했다. 흥안군은 광주 소천 쪽으로 도주했다. 관군 또한 지쳐서 추격을 멈추었는데, 이때 이괄 진영에서 포수 한 사람이 도망쳐왔다. 그는 반란군 내부에 이괄과 한명련을 죽이려는 자가 있다고 알려주었다.

이튿날 새벽 정충신이 관군을 이끌고 이천 묵방리에 당도했을 때는 기익헌 등이 이미 이괄과 한명련 등 지휘부 아홉 명을 살해한 뒤였다. 한명련의 아들과 조카는 간신히 달아났는데 이는 큰 후환이 되고 말았다. 흥안군은 신분을 숨기고 민가에 숨어들다가 체포되었다. 그는 한양으로 압송되어 돈화문 앞에서 죽음을 당했다. 이괄에 의해 추대된 지 고작 4일 만이었다.

인조 일행은 안산 전투의 승전보를 천안에서 들었지만, 도주하는 적의 습격을 우려해 일단 공주로 남하했다. 15일에는 참수된 이괄의 머리가 공주에 도착했다. 인조가 반정을 일으켜 힘들게 잡은 권력을 1년도 안 돼서 뺏길 뻔했다가 다시 잡는 순간이었다. 하지만 그 대가는 엄청났다.

인조는 사흘 후 공주를 출발해 22일에 한양으로 돌아왔다. 난민들이 불을 질러 창경궁이 불탔기 때문에 경덕궁(지금의 경희궁)으로 들어갈 수밖에 없었다. 도성은 엉망진창이었다. "모든 재물이 바닥나서 열흘 먹을 식량도 없는 상황"이라는 보고가 올라왔다. 물자 부족도 그렇지만 흉흉한 민심도 심각했다. 며칠 사이에 궁궐의 주인이 두 번이나 바뀌면서 처참한 살육전이 벌어졌다. 파천하기 직전이었던 7일, 인조 정권은 옥에 갇혀 있던 정치범들을 즉결 처분했다. 이런 격변의 와중에 무고하게 죽은 백성들도 적지 않았다.

가까스로 난은 진압했지만 인조 정권의 한계가 여실히 드러났다. 논공행상을 제대로 하지 못해 이괄이 거병하게 만든 데다가 잠시나마 도성을 내줌으로써 더 심각한 문제를 야기했다. 무엇보다 신흥국 후금의 위협에 노출되어 있는 와중에 말 그대로 백해무익한 내란이 일어나 정예병인 서북면 병사들이 사실상 사라져버리고 말았다. 이로써 국방력에 심각한 손실을 입은 것이다. 인조 정권은 숨 돌릴 겨를도 없이 민심을 수습하고 국방력을 재건해야하는 난제에 직면했지만, 어느 것 하나 제대로 해내지 못했다.

불광동의 청군을 피해 달아났지만

이괄의 난이 진압된 지 몇 년 되지 않은 1627년(인조 5) 1월, 청태종 황태극은 대패륵 아민에게 3만 군대를 주어 압록강을 넘게 했다. 정묘호란이 발발한 것이다. 이괄의 난에 가담했다가 청나라로 도주한 한명련의 아들 한윤이길잡이로 나섰다. 결국 '숭명 반후금'을 내걸고 인조반정을 함께 일으킨 세력의 일부가 청나라 군사의 길잡이를 한 셈이었다.

후금군이 압록강을 건넌 날은 1월 13일이지만 17일에야 그 보고가 한양에 도달했다. 힘들게 만든 파발제도가 큰 역할을 하지 못했다는 증거가 아닐수 없다. 대간에서 도성 결사 사수론을 제기했으나 인조는 그럴 생각이 없었다. 아마 이전에 도망쳤음에도 왕위에 복귀할 수 있었던 3년 전의 기억 때문이었을 것이다.

인조는 세자에게 분조(分朝, 본조정과 별도로 임시로 설치한 조정)를 주어 전주로 보낸 뒤 자신은 27일에 강화도로 들어갔다. 이번에도 다행인지 불행인지 한양이 전쟁터가 되지는 않았다. 하지만 한양 백성들은 무능한 조정을 원망하며 피난을 가거나 민가를 약탈했다. 공공건물에 불을 지른 자들도 있었다. 임진년의 난과 이괄의 난이 다시 재현된 셈이었다.

3월 3일, 인조는 별 수 없이 강화부 성문 밖에서 후금과 형제의 맹세를 했다. 후금군은 이 정도로 만족하고 철수했다. 하지만 정묘호란은 인조 정권의 무능을 만천하에 공개한 셈이어서 그에 반발하는 봉기가 잇따랐다. 반발이 거셀수록 인조 정권은 후금에 대한 적대 정책을 강화해야 하는 모순에 빠지고 말았다. 숭명 정책이 정권을 잡은 명분이었기 때문이다.

인조 정권의 모순을 비웃듯 후금은 빠른 속도로 성장했다. 청태종 황태극은 1635년 차하르를 정벌해 전 몽골 부족들을 병합하고 몽골의 칸을 겸하기에 이르렀다. 이듬해 4월에는 국호를 대청으로 고쳤다. 황제가 된 그는 조선을 '너의 나라'爾國라고 비하하는 국서를 보냈다. 격분한 문신들은 전쟁 불사론을 주장했다. 그러나 정묘호란 후 10년 가까이 지났는데도 국방력은 거의 나아지지 않았다.

1636년(인조 14) 9월 최명길이 "압록강이 얼면 화가 목전에 닥칠 것"이라고 경고했으나 인조는 묵묵부답이었다. 척화파는 최명길의 목을 베어야 한다고 목청을 높였다. 척화를 유지하자니 현실적인 힘이 없고 강화를 하자니 반정의 명분을 부인해야 하는 모순에 빠진 인조 정권이었다. 그해 10월, 청나라는 척화파 대신들과 왕자를 볼모로 보내지 않으면 응징하겠다는 최후통첩을 보냈다.

12월 8일, 응답이 없자 청태종은 12만 대군을 직접 거느리고 얼어붙은 압록강을 건넜다. 중국 본토 진출에 앞서 배후의 위협을 제거하기로 결심한 것이다. 정묘년보다 네 배나 되는 병력에 황제의 친정이라는 점에서 차원이 다른 공격이었다. 이렇게 조선왕조 최대 참사 중 하나인 병자호란, 정확하게 말하면 조청전쟁이 시작되었다.

조정은 임경업 장군이 버티고 있는 백마산성을 비롯한 여러 방어선에서 청군의 남진을 저지할 계획이었다. 하지만 청군은 조선의 허를 찔렀다. 예친왕 다탁은 선봉 마부대의 기병대에게 백마산성을 우회해 곧바로 서울로 남하하라고 지시했다. 기병대는 산성들을 우회하며 질풍같이 남하했다. 개성유수가 보낸 청군의 개성 통과 보고가 14일이었으니 겨우 6일 만에 한양 코앞까지 닥친 것이다. 정묘년과 마찬가지로 이번에도 청군은 조선인 길잡이의 도움을 받았다. 한양-의주 축은 조선에서 가장 중요한 교통선이자 방어선인데, 불과 15년 사이에 무려 세 번이나 돌파당하고 말았다. 더 큰 문제는 13일에야 조정이 이런 사태를 알았다는 점이다.

조정에서는 김유의 외아들 김경징에게 강화도를 지키게 하고 왕족들을 강화도로 대피시켰다. 차마 세 번씩이나 몽진*을 하기가 창피했기 때문일 것이다. 그러나 인조가 망설이는 사이에 청군은 도성 코앞인 불광동과 홍제원 일대까지 진출했다. 이때 전 철산부사 지여해가 청했다.

"적이 단시일에 한양으로 육박했으니 몹시 피로할 것입니다. 포병으로 무악재에서 적의 선봉을 공격해 일단 저지시키면 그 사이에 강화도로 들어가시옵소서. 신에게 500명의 군사만 주시옵소서."

---

* 蒙塵. 먼지를 뒤집어쓴다는 뜻으로, 임금이 급박한 상황에서 먼지를 쓰며 피난함을 비유하는 단어.

남한산성 성곽. 역사의 치욕이 묻어 있는 교훈적인 장소이다. 경기도 남한산성세계유산센터 제공.

  하지만 왕은 묵묵부답이었다. 이때 이조판서 최명길이 나서서 자청했다.
  "신이 혼자 적진에 들어가서 적장과 담판하겠으니 그 사이에 남한산성으로 피신하옵소서."
  그는 술과 고기를 싸가지고 청군 진영으로 떠났다. 홍제원은 이렇게 다시 역사의 무대에 등장한다. 최근에 개봉한 영화 〈남한산성〉에는 이 장면이 나오지 않았지만, 어쨌든 최명길이 홍제원에서 시간을 끄는 동안 인조는 세자와 함께 강화도로 피난하려 했다. 그러나 마부대의 선발부대가 이미 양화나루 등 강화도로 가는 서쪽 길을 차단한 상황이었다. 인조 정권의 역량으로는 방어는커녕 강화도 도주로 하나 제대로 확보하지 못했던 것이다.
  인조는 예정에 없던 남한산성으로 향했다. 시체가 나가던 수구문(광희문)으로 나와 뚝섬을 지나고 송파나루를 거쳐 한밤중에야 남한산성에 들어갔다. 대부분의 병사들이 도망쳐 세자가 직접 말을 몰아야 했다. 이렇게 해서 인조는 세 번이나 몽진을 하는 전무후무한 기록을 남겼다. 이번에는 몽진만으로 끝나지 않았다. 이이화 선생의 표현대로, 한 임금은 직접 군대를 지휘하는데 한 임금은 도망칠 궁리만 하니 힘의 균형을 따질 것도 없이 전쟁은 끝난 것이나 다름없었다. 결국 이 전쟁은 삼전도의 치욕으로 마무리되고 만다.

한편 홍제원 옆의 홍제천은 우리 여성 선조들의 애환을 적나라하게 드러내는 곳이기도 하다. 못난 남자들 때문에 정묘호란과 병자호란 때 청나라에 잡혀갔던 여자들이 돌아왔지만, 어디서도 반갑게 맞아주지 않았다. 조정에서는 궁여지책으로 홍제천에서 몸을 씻으면 깨끗한 몸으로 '인정'해주겠다는 명을 내렸다.

그러나 무엇이 더럽고 무엇이 깨끗하단 말인가. 여자들은 홍제천에서 몸을 씻었지만, 결국 도성 안으로 들어갈 수가 없어서 이곳 주변에 눌러 앉아 살게 된 경우가 많았다고 한다.

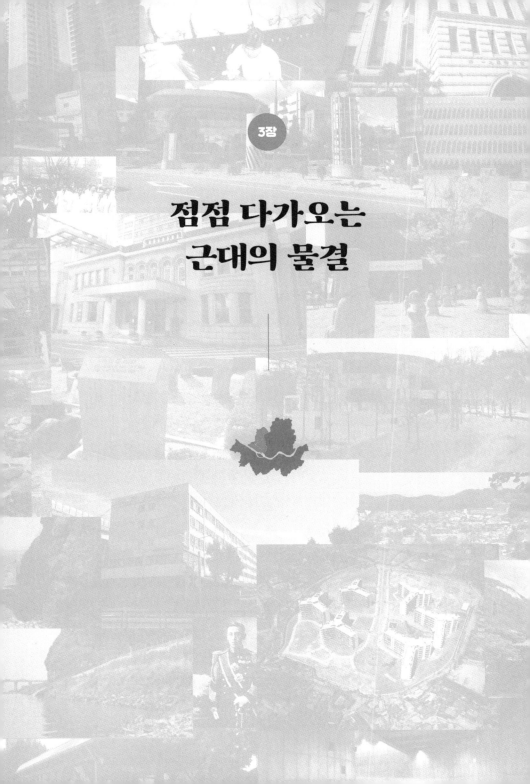

3장

점점 다가오는
근대의 물결

호랑이가 출몰하던 무악 고갯길

병자호란 때 청나라 군대가 진입했고 최명길이 그들을 방문했던 길, 즉 서대문 밖 독립문에서 홍제동으로 넘어가는 고개의 이름은 무악재다. 주로 고양에 사는 나무장수들이 넘어 다녔던 이 길은 무척 가팔라서 지금으로부터 100여 년 전만 해도 혼자서는 다니지 못했던 무서운 고갯길이었다.

지금의 서대문형무소역사관이 자리 잡은 곳에는 관청에서 관리하는 유인막이라는 막사가 있었다. 행인들을 일단 그곳에 모아두었다가 열 명이 되어야 넘어가게 했던 것이다. 화승총을 든 병사가 앞에 서서 이들을 호위했는데, 비 오는 날이면 화승총이 쓸모가 없어져 총 대신 활과 화살통을 메고 나섰다. 고개에 호랑이가 자주 나타났기 때문이다.

유인막이 생긴 직접적인 이유는 호환(虎患, 호랑이에게 당하는 화) 때문이었지만 그것이 오래 지속된 것은 비리 때문이기도 했다. 유인막 군사들이 행인을 호송한다는 명목으로 월치전越峙錢이라는 일종의 수수료를 받아 챙겼던 것이다. 이 통행료 갈취가 워낙 심해서 "군사면 유인막 군사냐"라는 말이 유행할 정도였고, "무악재 호랑이보다 유인막 호랑이가 더 무섭다"는 말까지 나

무악재, 1907년. 언뜻 보기에도 상당히 가파르다. 멀리 삼각산(북한산)이 보인다.

돌았다.

사실 개화기까지만 해도 군대의 가장 큰 임무는 호환을 막는 일이었다. 군대 복무규정인《경국대전》의 〈병전〉에도 호랑이 잡는 일이 적혀 있다. 인명을 많이 살상한 식인 호랑이를 잡으면 장교는 승진을 시키고, 부사관급에게는 면포 20필을 내렸다. 천민일 경우 부역을 면제했다. 또 호랑이의 가죽을 잡은 자에게 주었다. 식인 호랑이가 아니더라도 대호를 잡은 자에게는 면포 열 필을 주었고, 호랑이 크기에 따라 면포의 수도 달라졌다. 식인 호랑이가 아닌데 속인 경우에는 가중 처벌한다는 부칙도 있었다.

호랑이가 아예 사라진 지 오래인 지금으로서는 상상하기 힘든 얘기다. 무악재가 일제 강점기를 거치며 많이 깎여나가면서 완만해지고, 지하철 3호선이 통과하는 오늘날엔 당시의 흔적을 전혀 찾을 수 없다.

무악재 고개를 넘어가면 녹번리가 나온다. 이 마을 이름의 유래는 이렇다. 조선시대 청렴한 관리들이 설 추석 등 명절이 다가오면 이곳의 가난한 사람들을 위해 나라에서 받은 녹의 일부를 이 고개에다 남몰래 놓아두었다고 한다. 당시 사람들은 이를 관리가 녹을 버린 것이라 생각하고 '녹을 버린 고개'라 하여 '녹번이 고개'라 불렀다고 한다. 이렇게 무악재는 월치전과 녹번이 고개라는 대조적인 두 단어의 발상지가 되었다.

애오개의 반인들과 산대놀이

조선 후기에 들어서 애오개에서는 '애오개 탈춤놀이'라는 산대놀이가 성행했다. 산대놀이는 노래와 춤으로 구성된 전통가면극인데, 시대 변화에 따라 한양의 본산대놀이와 지방의 별산대놀이로 분화되었다. 산대놀이의 원류라 할 수 있는 한양의 본산대놀이는 조선 후기 반인泮人들에 의해 연출되었다.

반인은 고려의 학자인 안향이 기증한 사노비와 태종 이후 왕들이 성균관에 기증한 노비의 후손들이다. 이들이 살던 성균관 일대를 반촌이라고도 하며, 〈뿌리 깊은 나무〉〈동이〉〈육룡이 나르샤〉 등 사극에서는 비밀결사의 본거지로 자주 등장한다. 숙종 이후 이들 중 일부는 궁중으로 이관되었고, 또 일부는 17세기 후반 서울의 현방(푸줏간)을 운영하는 일에도 종사했다. 그 푸줏간 중 하나가 애오개(아현)에 있었다.

산대놀이는 주로 조정의 의식과 중국 사신의 접대에서 산악 혹은 백희*로 쓰였다. 이 놀이패들의 근거지 중 한 곳이 바로 애오개였다. 반인은 산대도감 또는 나례도감이라는 정부기관에 소속된 노비 신분으로, 공식적인 행사에 공연을 하며 쌀이나 콩 등을 지급받았다. 그러던 중 1634년(인조 12), 궁중에서 산대회가 폐지되면서 반인들은 자체적으로 공연을 하며 생계를 이어갔다. 공연을 하려면 사람들이 많이 모이는 곳이어야 했다. 애오개는 마포나루와 접해 있으면서 남대문 밖 칠패시장과 지리적으로 근접해 산대패들이 근거지로 삼기에 적합했던 것 같다.

애오개에서 산대놀이는 구한말에도 성행했으며, 〈황성신문〉도 이를 보도한 바 있다. 하지만 당시의 산대놀이가 정작 어떤 내용이었는지에 대해서는 기록으로 남아 있지 않다. 다만 이 본산대놀이가 양주와 송파의 별산대놀이로 전승되었다는 추정은 충분히 가능할 것이다. 현재 아현과 인접한 홍익대 일대가 '문화 특구'화된 것은 어쩌면 이 산대놀이의 기운 때문일지도 모르겠다.

• 산악散樂은 중국 고대의 악무樂舞를 지칭하는 용어다. 백희百戲는 고대의 악무잡기樂舞雜技에 대한 총칭이다. 산악과 백희는 오늘날의 서커스와 그 성격이 비슷하다고 보면 된다.

역관들의 활동 무대

중국과의 외교에는 통역이 필요했다. 조선 정부는 사역원이라는 전문기관을 만들어 역관을 양성했다. 역관에 대한 대우가 그리 후한 편은 아니었다. 역관들이 중국으로 떠날 때 여비를 지급하지 않을 정도였다. 그 대신 조정은 인삼 등 중국에서 인기 있는 조선 상품을 가져가서 팔 수 있도록 허용해주었다.

점차 역관들은 단순히 통역만이 아니라 해외 첩보원, 외교 전문가, 무역상, 외국어 교육자 등의 다양한 역할을 했다. 조선 후기에는 무역을 통해 부를 쌓았고, 천주학과 실학의 발흥에 도움이 된 서적들을 들여오기도 했다.

또한 이들은 조선 후기에 발달한 여항문학의 주역으로 활동했다. 여항문학은 '골목 문학'이란 의미로, 조선 후기 한양에서 역관이나 의원 등 중인층이 중심이 되어 주도했던 한문학을 뜻한다. 중인은 신분상 사대부 중심의 학계나 문단에서 배제되어 있었다. 여항문인들은 17세기 말의 이런 풍토에서 독자적으로 시사詩社를 만들어 18세기에 크게 융성했다. 개화기에는 신문화운동에 깊숙이 관여하기도 했다. 우리나라 최초로 세계일주를 한 역관 김득련은 이 여항문인으로 유명한 인물이었다.

이름난 역관 가문도 생겨났다. 인동 장씨, 연주 현씨, 남양 홍씨 등이다. 그중 우봉 김씨는 은평구 진관동 이말산을 가문의 묘지로 삼았다. 김득련도 이집안 출신이다. 우봉 김씨 가문이 이 산을 선산으로 삼은 이유는 아마도 이곳이 중국으로 가는 길목에 있기 때문이었을 것이다.

내시와 궁녀들의 무덤, 이말산

이말산에는 역관들뿐 아니라 내시와 궁녀들의 무덤도 많았다. 성저십리 정책으로 인해 도성 십리 안에는 무덤을 쓸 수 없었는데, 이말산은 성저십리가 끝나는 지점에 있기 때문에 권력에 가까운 내시와 궁녀들이 먼저 무덤터를 잡을 수 있었던 것으로 보인다.

이곳에는 이사문李似文을 시조로 모시는 이사문공파의 내시 분묘 45기가 모였다. 내시가 어떻게 후손이 있을 수 있느냐고 묻는 분들이 있을 텐데 그들도 양자는 둘 수 있었다. 《삼국연의》의 주인공 중 하나인 조조도 내시의 양자 가문 출신이다.

이 무덤들은 2003년 은평의 한 향토사학자에 의해 세상에 알려졌다. 그러나 문화재 구역으로 지정되기 직전, 조상이 내시임을 부끄러워 한 후손들은 서둘러 조경업자에게 땅을 팔아버리고 말았다. 그리하여 거의 파묘되었고, 현재는 상선 노윤천의 무덤 등 몇 기만이 남아 있다. 내시의 무덤 외에도 상궁 옥구 임씨, 임실 이씨의 무덤도 발견되어 깨끗이 정비하고 안내 간판도 설치되어 있다.

확장되는 서서울

서서울 지역은 구릉으로 점철되었다고는 해도, 의주로 향하는 길과 강화에 이르는 길이 지나가는 교통의 중요한 길목이었다. 따라서 일부 지역은 조선 초기에 이미 택지화되어 인구가 모였다. 특히 조선 후기에는 한양으로 인구 집중이 심화되었기에 당연히 거주 공간도 확대될 수밖에 없었다. 도성 안으로 진입할 수 없었던 유민들은 서대문 밖에 근거지를 마련하고 정착했다.

조선 초기 이 지역에 한성부의 성저십리로 설치되었던 반송방盤松坊의 범위는 그리 넓지 않았던 것 같다. 정확한 구역을 확인할 수는 없지만, 무악재와 아현을 경계로 그 이내 지역이 관할 구역이었던 것으로 보인다. 그 밖의

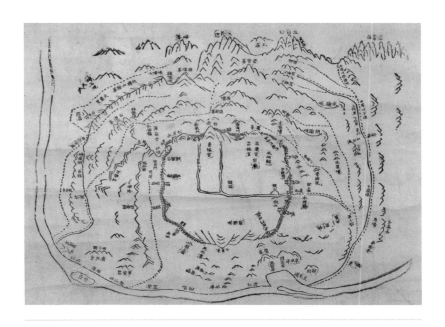

사산금표도. 이 지도는 조선시대 서울지도로서는 드물게, 제작된 해(을유乙酉)가 명확히 알려져 있다.

지역에는 지방에서와 같이 면을 두었는데 연희면과 연은면이 이 지역에 설치되었던 것으로 추정된다. 조선시대에 이들 면 지역은 한성부 구역에 속하면서도 사산금표제를 실시해 처음부터 개발을 제한했다. 즉 한양을 둘러싼 거의 모든 산에 출입을 금지하는 금표를 세워 건축, 경작, 벌목을 금했을 뿐 아니라 나무뿌리나 흙과 돌의 채취도 엄금했다. 지금으로 치면 그린벨트를 설정한 셈이다. 이 지역에는 숲이 무성하여 사람이 거의 거주하지 않았다.

이 같은 현상은 조선 후기에 와서 아주 달라졌다. 사산금표제 원칙이 잘 지켜지지 않았던 것이다. 17세기 후반 이래 흉년이 계속되고 농촌 사회가 붕괴되면서 전국의 유민들이 한양으로 몰려들었다. 정부의 귀향 조처에도

방 명	현재의 행정동
반송방	충정로동, 천연동, 냉천동, 현저동, 옥천동, 무악동, 행촌동, 홍파동, 송월동, 평동, 교남동, 교북동
연희방	북아현동, 대현동, 대신동, 봉원동, 신촌동, 창천동, 연희동, 북가좌동, 남가좌동, 성산동, 중동, 수색동, 노고산동, 망원동, 증산동, 합정동, 동교동, 서교동, 상암동
연은방	홍제동, 홍은동, 녹번동, 응암동, 신사동, 구산동, 역촌동, 대조동, 갈현동, 불광동, 진관동, 구파발동

표1 조선시대 반송방, 연희방, 연은방과 현재의 행정동 비교

불구하고 유민들의 서울 집중 현상은 19세기에도 계속되었다. 이들은 고향에 돌아가지 않고 대부분 한양 인근에 정착하고자 했다. 규모만 다를 뿐 이농 현상이 이때부터 시작되었던 것이다.

조선 초기에 벌써 도성 안에는 인구가 조밀해 택지의 여유가 없었다. 그래서 유민들은 반송방, 반석방 등지에 살 수밖에 없었다. 조선 후기에 이르자 반송방 같은 성저십리의 주거지도 한계에 이르렀다. 유민들은 금표 지역 안의 면 지역까지도 침입해 벌목을 하고 땅을 개간하여 집을 지었다. 1746년 (영조 22)에는 성저의 여러 산이 개간되었는데, 18세기 후반에 이르면 산허리 이상의 개간이 보편화되었을 정도였다.

당시 이 지역에 거주하던 인구는 얼마나 되었을까? 한성부는 수시로 인구 동태를 파악했다. 그러나 유동 인구도 적지 않았고, 호적에서 고의로 누락한 사람도 많았다. 관청의 공식 기록*은 18세기의 한성부 인구를 20만 명 이내로 파악하고 있지만, 실제로는 30만 명 정도 살았을 것으로 추정된다.

부방별로 조사된 인구수에 따르면, 서서울 지역에 해당하는 반송방에 1만

• 《실록》《증보문헌비고》《호구총수》 등.

2,971명, 반석방에는 1만 3,882명이 살았다.* 이 같은 인구수는 당시 도성의 중심인 서린방(현 종로1가) 1,216명, 수진방(현 종로구청 일대) 2,271명, 광통방(현 광교 일대) 2,176명과 비교해볼 때 높은 숫자라고 할 수 있다.

인구가 증가하면서 지역의 공간도 확대되어갔다. 그리하여 1727년(영조 3), 백련산의 능선까지였던 종래의 성저십리 경계가 주민들의 요청으로 모래내까지 확장되었다. 1788년(정조 12)에는 이 지역을 정식으로 한성부가 관할하도록 하기 위해 연희방, 연은방, 상평방을 설치했다. 행정편제가 정비된 당시 서대문구 지역의 범주는 오늘의 서대문구 전역과 은평구 전역을 포함했다.

이를 방별로 구분해서 촌락의 편제를 살펴보면 표1과 같다. 반송방의 일부는 지금의 종로구로 편입되었고, 연희방의 일부는 은평구와 마포구로, 연은방은 대부분 은평구로 편입되었다는 사실을 알 수 있다.

상품작물 재배의 최적지

조선 후기에도 서서울 지역의 주요 산업은 농업이었지만, 상품작물이 널리 재배되었다는 점에서는 조선 전기와 큰 차이를 보였다. 이 지역은 지형이 대부분 구릉으로 이루어져 농경이 부분적으로만 행해졌을 뿐 그리 활발하지는 않았다.

조선 후기에 이르러 한양으로 인구 집중이 심화되자 마침내 도성 주변 지대까지 인구가 크게 늘어났다. 그들 대부분이 소비 인구였다. 즉 농경과 거

• 반석방의 일부 지역은 지금의 중구에 속한다. 따라서 실제 인구수는 기록보다 많은 1만 5,000명 정도로 추정된다.

리가 먼 상인이나 임금노동자 또는 관청과 양반집의 하인 노릇을 하는 사람들이 대부분이었다. 그들에게는 식량과 부식이 별도로 공급되어야 했다. 육류가 귀하고 별다른 부식이 없던 당시에 채소는 매우 중요한 반찬거리였다. 생선 같은 수산물도 중요한 부식이었지만, 물량과 가격 때문에 공급이 한정적이었다.

채소 재배는 어렵지 않았기 때문에 땅만 있어도 가능했다. 도성 안의 큰 집에서는 가족의 부식을 해결하기 위해 집 밖이나 뒤뜰에 텃밭을 만들어 채소를 심었다. 그러나 이러한 방식의 공급은 제한적이었고, 대부분은 채소와 양념류를 사서 먹어야 했다. 일부 농가에서는 생산의 다각화와 전문화로 이익을 얻고자 했다. 채소와 양념류 같은 상품작물은 좁은 재배 면적에서도 많은 이익을 얻을 수 있어 상업성이 높았다.

더구나 도시 근교에서의 작물 재배는 많은 수요자에게 근거리에서 쉽게 공급할 수 있어 유리했다. 서서울 지역은 동대문 밖과 함께 상품작물 공급에 매우 유리한 입지 조건을 갖추고 있었다. 남대문 밖에 칠패시장이라는 큰 장터가 있었고, 서소문 밖에도 시전이 설치되어 생산물을 쉽게 처분할 수 있었기 때문이다. 그리하여 이 지역에 규모가 큰 채소밭들이 형성되었다.

조선 후기 연희동의 배추밭은 낙산 아래의 방아다리 배추밭과 함께 장안에 널리 알려진 곳이었다. 충정로 남쪽 지역은 미나릿골이라고 했는데, 경찰청 본청이 들어선 현재도 미근동迷芹洞이라는 이름이 전한다. 이곳은 안산, 인왕산에서 흘러온 개천물이 번지면서 저습지를 형성하고 있어 미나리가 자라기에 좋은 입지였다. 당시 이 일대에는 미나리밭이 굉장히 넓게 퍼져 있었다. 또한 홍은동의 호박밭은 호박넝쿨이 매우 무성해 사람들이 이 일대를 호박굴이라 부르기도 했다. 그 밖에 이 지역에서는 오이, 수박, 가지, 마늘, 파, 부추, 고추, 토란 등의 채소와 양념류가 재배되었다.

이들 상품작물의 이익이 상당했던지 다음과 같은 기록이 있다.

> 미나리 두 마지기를 심으면 벼 열 마지기를 심어 수확하는 것과 같은 이익
> 을 올릴 수 있다. 근년에 도성 주변의 농민들은 채소를 재배하여 시내를 돌
> 아다니면서 판매하는데, 그들의 무리가 길을 메웠다.●

또한 채소 재배로는 열 마지기만 있어도 대여섯 명의 생계를 충분히 유지
하고도 남는데, 벼농사 열 마지기로는 네댓 명의 생계도 꾸려가기가 어렵다
는 기록도 있다.

이것으로 미루어보면 이 시기에는 채소를 재배하면 가족의 생계는 물론
재산까지도 축적할 수 있었다. 물론 기록상의 표현에 다소 과장이 있을 수
있다. 그렇다고 해도 조선 후기에 이 지역에서 상업적 채소 재배가 매우 활
발했음을 알 수 있다.

채소와 더불어 홍화, 자초 같은 약초도 재배되었다. 독립문 주변에서는 홍
화가 주로 재배되었는데, 그래서 이 일대를 홍화동이라고도 했다. 또한 충정
로에서 만리동으로 넘어가는 약고개는 부근에 약초밭이 있어서 붙은 이름
이다(본래는 약전현이라 했다). 조선 후기 농업서들은 홍화, 자초, 지황, 천궁, 인
삼, 대청 등을 거론하며 그 재배의 유리함을 지적하고 있다. 약초도 채소처
럼 수익성이 높아 상품작물로 널리 재배되었다. 특히 홍화나 천궁 등은 오곡
의 재배보다 이익이 배나 된다고 했다.

● 최완기, 《한양, 그곳에 살고 싶다》, 교학사, 2006, 281쪽에서 재인용. 원저는 우하영, 《관수만
록觀水漫錄》.

빈농과 부농의 분화[*]

상품작물은 주로 경영형 부농에 의해 재배되었다. 자작농은 물론 소작농도 수익을 올리기 위해 이 같은 상품작물을 재배하면서 경영을 합리화했다. 상품작물 재배의 확산은 방대한 소비 시장 외에도 농민들의 높은 토지 이용률과 집약성이 바탕이 되었다. 최소의 노력과 비용으로 최대의 수익을 올리는 것이 상품작물 재배의 원리였다. 이를 위해서는 땅을 놀리지 않고 철에 맞추어 유리한 작물을 번갈아 잘 가꾸어야 한다. 이에 따라 비료와 영농법의 개선도 다각도로 모색되었다.

아울러 농민들은 토지 이용에도 관심을 기울여야 했다. 상품작물은 대개 규모가 작은 땅에서 재배되기 때문이다. 도시 주변의 토지 가격과 지대는 일반 농촌에 비해 엄청나게 높다. 따라서 토지 이용률을 높여 수익성을 보장하는 문제는 상품작물을 재배하는 농가로서는 사활에 관계된 것이었다. 비용을 적게 투자해 생산해야 할 뿐 아니라, 시세 변동에 유의해 시장에 출하해야 했다. 시장에 물량이 과다하면 시세가 폭락해 아무리 품질이 좋아도 손해를 봐야 했다. 더구나 채소는 신선해야 하기 때문에 오래 보관해둘 수도 없었다.

부농의 경우 자기 가족의 노동력만으로는 채소 재배를 다 감당할 수 없었다. 그들은 임금노동자를 고용해 이를 해결하려 했다. 이런 연유로 조선 후기에는 농민층이 분화되면서 농토가 없는 임금노동자가 많이 생겨났다. 그들은 살기 위해 자신의 노동력을 상품화해야 했다. 이 시기에는 신분제의 해체에 수반해 부역제가 거의 붕괴되었다. 관청의 작업장에서도 임금노동자를 고용하는 추세일 정도였다. 농촌을 떠나 도시 주변으로 몰려든 농민들이

---

[*] 최완기, 《한양, 그곳에 살고 싶다》, 교학사, 282~284쪽 참조.

평안북도 운산금광의 노동자. 얼굴 표정에 노곤함이 묻어 있는 듯하다.

임금노동자로 고용되었다.

사회적, 경제적 변동도 상업적 농업의 발달을 자극했다. 조선 후기, 즉 18세기에는 파종법, 시비법, 농기구 등의 혁신이 이루어지면서 농업 생산력도 급격히 발전했다. 이에 따른 잉여 생산물의 출현은 그것의 유통을 원활히 하는 상품화폐 경제의 진전을 촉진하는 동시에, 역으로 새로운 농업 경영의 형태를 유발했다. 그리하여 농민 일부는 시장 판매를 목적으로 한 상업적 농업을 행하게 되었다.

농민층의 분화 현상도 상업적 농업의 발달을 촉진했다. 빈농층의 대부분은 농촌에 그대로 머물러 임금노동자가 되었고, 일부는 도시나 포구로 가서 품팔이꾼이 되거나 광산을 찾아 임금노동자가 되었다. 이러한 임금노동자나 비농업 인구의 증가는 곡물뿐 아니라 채소의 시장 판매도 촉진했다. 이 시기에 실시된 대동법과 화폐의 유통, 장시의 증가도 농산물의 시장 판매를 원활하게 하는 요인이었다.

상품작물의 재배는 생산의 지역별, 부문별 전문화를 촉진했다. 대체로 초기에는 도시 주변과 교통 운수 조건이 편리한 지역, 그리고 자연적 조건이 특정한 작물의 재배에 적합한 지역에서 상품작물의 재배가 두드러졌다. 하지만 이는 점차 전국적으로 파급되었다. 부문별로는 채소나 약초의 재배가 전형적인 상업적 농업의 형태였으나, 점차 곡물이나 면화도 상품으로 재배되었다.

서서울 지역은 이러한 근교 농업의 중심이었다. 조선 후기에 이르러 한양은 조선 초기와는 완전히 다른 면모를 보인다. 서서울의 농업도 서울의 상품 화폐 경제에 편입되고 있었던 것이다.

이러한 상품작물 재배는 20세기 중반까지도 이어졌다. 1942년생으로 은평구 신사동에서 태어난 토박이 김희진 씨는 이렇게 회고한다.

> 부모님도 조상님들처럼 농사를 짓고 밭에서 나는 소작물을 우마차에 싣고 중앙시장 등에 나가서 팔았는데 말죽거리가 생기기 전 염천교나 영천시장, 동대문시장, 독립문 근처에 있는 영천시장 등이 그 당시 주요 매매 시장터였다. 서울이 가깝기 때문에 두세 시간이면 어디든 이고 짊어지고 물건을 배달해줄 수 있었기에 생업인 농사로 이어갈 수 있었다.
> 새벽에 짊어지고 나온 농산물이나 원예 화초 등은 물건의 질이 좋아 4대문 안에 사는 사람들이 아주 잘 사주었으며 판로가 좋아서 손쉽게 장사를 했다.●

● 김성운 외, 《토박이와 함께하는 은평 산책》, 은평향토사료집 15, 은평문화원, 2016, 136쪽.

그는 은평구가 사대문에 접근하기가 수월했다는 이점을 거듭 강조했다. 또 파고다, 신문로, 효자동, 금천시장, 옥인시장, 통인시장 등에서도 농산물이 인기가 좋고 잘 팔려 생활하는 데 큰 어려움이 없었고, 당시는 인심도 좋았다고 첨언했다.

서서울에 제조업이 있었을까

아현동 일대에는 놋그릇을 제조하는 작업장이 곳곳에 있었다. 그 주변에는 관련된 일에 종사하는 사람들이 많이 모여 살았다. 이 일대에서 놋그릇 제조가 성행한 것은 조선 후기에 이르러서였다.

조선왕조의 경제 정책은 중농 정책이 기본이어서 초기에는 상공업의 발달이 미약했다. 수공업 제품은 주로 관영 수공업장에서 제조해 조달했고, 민간에서는 거의 자급자족했다. 그러다가 조선 후기에 이르러 소비 인구가 늘고 상품화폐 경제가 진전되면서 수공업 제품의 수요도 늘었다. 관영 수공업장에서 일하던 기술자들도 점차 부역제에서 벗어나 상품 생산을 모색했다. 특히 대동법의 실시로 종래 관영 수공업장에서 조달하던 물품을 공인들이 시장에서 구입해 납품하게 되자 관영 수공업은 쇠퇴했고, 기술자들의 상품 생산이 활기를 띠게 되었다.

수공업 제품 가운데 주목되는 분야가 놋그릇이었다. 놋그릇은 처음에는 생산량이 적어 극소수의 부유한 양반만이 사용했다. 하지만 18세기 이후 동광의 개발이 활발해져 원료가 풍부해지고, 제조 기술도 개선되었을 뿐 아니라, 놋그릇 시장이 확대되면서 서민층도 이를 즐겨 사용하기 시작했다. 이 시기에는 농가에서도 보통 서너 개의 놋바리나 놋대접쯤은 쓰게 되었다.

이에 따라 놋그릇 제조업도 현저하게 발달했다. 공정이 분업화되어 기술자들은 자기가 맡은 공정만 부분적으로 작업하기만 하면 되었다. 흔히 서너 명이 작업했지만, 열 명 이상이 한 조가 되는 작업장을 49개나 갖고 있던 큰 공장도 있었다. 아현동의 놋그릇 제조업장은 그처럼 큰 규모는 아니었겠지만, 수요가 풍부한 시장이 인근에 있었으니 물품 제조가 상당히 활발했을 것이다.

한편 지하철 2호선 이대역과 경의·중앙선 신촌역 사이의 대현동에는 망건, 당줄, 감투를 만드는 집이 많았다. 이 때문에 마을 이름을 망건당굴이라 했고, 한자로 마근동麻根洞이라 표기했다. 조선 사회는 신분제 사회이자 유교 사회였다. 옷매무새는 그 사람의 신분을 나타내고 예절을 보여주는 것이었다. 망건은 조선 후기에 일반화되어 선비들이 필수적으로 머리에 썼다. 갓 쓰는 사람 수가 늘어나면서 망건이나 감투의 수요도 많아졌다. 그 밖에 서대문구 지역에서는 죽세공품 제조도 이루어졌고, 주변 야산에 많은 칡이나 등나무 줄기를 이용한 가공품도 제조되었다.

하지만 전반적으로 이 지역에서 수공업은 그리 두드러지지 않았다. 지금도 서서울에는 출판을 제외하면 별다른 제조업이 없는데, 어쩌면 이런 성격은 조선시대까지 거슬러 올라간다고 볼 수 있지 않을까.

갖가지 시전이 들어서다 •

조선시대에는 정책적으로 상품의 유통이 제약되고 있었다. 궁궐과 관아의 수요를 위한 시전이 개설되었을 뿐, 민간 차원의 상품 유통은 매우 부진했다. 자급자족 경제체제여서 상품의 유통 자체가 의미 없었다. 일반인이 특

• 최완기, 《한양, 그곳에 살고 싶다》, 교학사, 286~292쪽 참조.

별히 물건을 구입해야 할 때는 시전에 나가야 했는데, 그 성격상 시전은 중심가인 보신각 부근으로 한정했다. 따라서 서서울 지역 같은 외곽지대에서는 상품 유통이 거의 이루어지지 않았던 셈이다.

조선 후기에 상품화폐 경제가 발전하면서 시전만으로는 시장의 요구를 만족시킬 수 없게 되었다. 공급과 소비 모두 크게 늘어나는 현실 속에서 기존의 유통 구조는 변화가 불가피했다. 정부는 사람들의 내왕이 많은 곳에 시전을 증설하고, 민간 상인들도 시전의 중간상을 자처하면서 곳곳에 분점을 냈다. 서소문 밖에 이런 분점이 많이 설치되었고, 미전 외에도 어물전, 망건전, 초물전, 시저전 등이 들어섰다. 남대문 밖과 서대문 밖에도 시전이 설치되었다.

서대문 밖의 반송방에 있던 대표적인 시전은 갓을 파는 양대전이었다. 또 마을 이름이 유기전골인 것으로 보아, 충정로에는 유기전이 있었음을 짐작할 수 있다. 그러나 서대문 밖은 사신들이 오가는 곳이어서 전반적으로 시전의 설치가 제한된 듯하다.

난전의 상행위

어용 상점으로서 정부의 특별한 보호를 받던 시전은 조선 후기 상품화폐 경제가 진전되면서 사私상인의 도전을 받았다. 사상인들은 정부와 시전의 통제에도 불구하고 상거래를 활발히 하면서 시전상인을 압박했다. 시전상인은 이들을 난전이라 하여 제지하고자 했다.

하지만 조선 후기 사상인의 대두는 상권의 확대와 더불어 이루어진 자연스러운 현상이었다. 18세기 후반에는 상품 유통이 지역을 넘어 전국적으로 발돋움하고 있었다. 곳곳에 난전이 설립되었는데, 그들의 활동은 도성 주변

구한말 마포나루의 좌판 상인. 인두, 가위, 빗 등이 진열되어 있다.

에서 더욱 활발했다. 남대문 밖의 칠패시장은 그러한 난전의 대표적 근거지였다. 서대문구 지역에도 곳곳에 난전이 생겨났다. 이들 난전에서는 고양, 김포, 강화 등지의 산물이나 한강을 통해 운반되어 온 어물을 거래했다.

이 지역의 난전으로 알려진 곳은 천연동의 다리께 장터였다. 지금의 영천시장과도 이어지는 이곳에는 천연동과 교남동을 잇는 돌다리가 있었다. 주로 무악재 너머 홍제동과 홍은동 사람들이 직접 가꾼 채소 등을 펼쳐놓고 장사를 했다. 또 아현고개에서는 이곳을 지키는 군인들이 강화 등지에서 오는 길목을 차지하고 장사를 했다. 조선 후기에는 군인들에게 줄 봉록이 부족해서 화살이나 군화 같은 군수품을 내다 팔 수 있도록 허용했는데, 한말 구식군대가 해산된 후에는 아예 상업에 종사하기도 했다. 광장시장과 동대문시장도 따지고 보면 이 군인들이 시작했다. 충정로 일대는 합동, 봉래동과 인접해 생선, 조개 등을 취급하는 난전이 성행했다고 한다.

이 지역은 파주, 문산 방면의 건어물 상인이 내왕하는 길목이기도 해서 이를 손쉽게 장악할 수 있었다. 물론 어물의 거래는 서소문 밖에 있던 외어물전이 주도권을 쥐고 있었다. 이곳의 난전 상인들은 그들과의 협조 하에 어물을 유통시켰는데, 후에는 외어물전을 무시하고 독자적으로 상거래를 할 정도로 성장한 상인들도 있었다.

경강상인들의 무대

조선의 상업은 양란 전까지는 관의 허가가 필요했다. 금난전권을 가진 시전의 어용상인들이 상업을 주도했기에 민간 부문은 그다지 발달하지 못했다. 하지만 양란 이후에는 사정이 달라졌다. 어용상인들의 힘이 약화된 데다가 국가가 주도하는 조운 제도가 붕괴되면서 운송 용역을 맡은 선주들의 역할이 강화되었다. 이들은 처음에는 영세 선주에 불과했지만 점차 운송뿐 아니라 유통에도 개입했다. 여기서 경강京江상인이라 불리는 상인 집단이 생겨났고, 상품도 미곡, 소금, 생선, 건어물, 젓갈, 목재, 숯, 직물 등으로 점점 다양해졌다.

17세기 이후에는 금속화폐의 사용이 일반화되면서 조선도 화폐경제로 진입하게 되었다. 이런 분위기 속에 자연스럽게 한강변의 포구들 역시 전문화의 길을 걷게 된다. 서강나루와 양화나루는 주로 미곡의 집산지가 되었고, 마포는 새우젓 장사로 대표되는 어물의 집산지로 이름을 날렸다. 결국 정조 때인 1791년에 육의전 이외 시전상인의 금난전권이 폐지되었다. 이후 육의전에서 거래하는 물품을 제외한 모든 물품이 자유롭게 거래되는 등 상업 활동이 더욱 활발해졌다.

경강상인들 중에는 수만 석의 미곡을 비축해 거래하는 거상도 생겨났고, 매점매석으로 폭리를 취하는 경우도 많아졌다. 나아가 그들은 정부의 고관들에게 거액의 정치자금을 제공해 이런저런 이권 사업에 개입하기에 이른다. 많은 부작용도 있었지만, 경강상인들의 영리활동은 한양의 상업도시화를 촉진하고 새로운 분위기를 만드는 데 적지 않은 역할을 했다.

특히 많은 자본이 소요되는 곡물, 어염, 목재 등의 선상 활동에서 이들의 활동이 두드러졌다. 1719년(숙종 45)의 기록에 따르면 서강에 근거를 두고 있던 경강 선주 김세만은 100여 석의 미곡을 황해도에서 구입해올 수 있는 자본을 보유하고 있었다. 1779년(정조 3)에는 한강포구의 거상들이 미곡을 매점매석해 열 배의 이익을 남겼다고 한다. 또 수만 석의 미곡을 구입할 만큼의 자본을 보유한 경강 선주도 있었다고 한다. 동막에 근거지를 두고 있던 경강 선주 김재순은 상당한 자본을 갖고 있어서, 1833년(순조 33) 서울 장안을 동요시킨 이른바 쌀 폭동의 배후 조종자로 지목되기도 했다.

오늘의 통일로 즉 앞서 언급한 의주로는 이 시기에도 개성, 평양에 이르는 큰 도로였고, 사람들의 왕래가 잦았기 때문에 주막이 많았다. 홍제동 주막촌과 불광동의 떡전거리 등이 유명했고, 이 길의 기점인 영천동, 현저동 일대에도 주막촌이 있었다. 창천동 남쪽 신촌로터리 부근에도 강화 방면으로 가는 여행객이 쉬어가는 주막이 있어 주막거리라 했다.

마포나루에 물건이 모이니 객주가 섰다. 배가 모이니 그 안녕을 빌어줄 무당이 필요했고, 당주들이 여기저기 자리 잡았다. 특히 마포는 색주로도 유명했다. 구한말의 옛 노래와 야담에는 '삼개(마포의 옛 이름)의 색주'가 자주 등장한다. 〈조선일보〉에 연재된 '이규태 코너'에도 삼개 색주에 대한 이런 글•이 있다.

천 석의 소금을 혼자서 다 들여 먹고도 물 한 모금 마시지 않는다는 삼개 기생-색주다. 얼굴 길이보다 높은 트레머리를 하고 치맛깃 거둬들여 속곳 가

• "[이규태 코너] 마포나루", 〈조선일보〉, 2004년 7월 4일자.

랑이를 노출시킨 채 등롱 들고 호객하는 삼개 색주들은 한양 8대 야경 가운데 일경으로 시의 소재가 돼왔다.

마포의 기생이 한양 팔경의 하나였다니, 조선시대의 마포는 지금의 강남 룸살롱 거리에 비할 만했을 것이다. 돈 많은 객주는 양반의 애첩을 돈으로 사려고 했다는 소문도 돌았다고 한다.

당시 마포는 젓갈의 집산지로도 유명했다. "마포 사람들은 맨밥만 먹어도 싱거운 줄 모른다"고 할 정도였다. 아현동 고갯마루에 올라서면 마포 쪽에서 나는 새우젓 냄새와 생선 냄새가 코를 찔렀다는 기록도 있다.

조선 후기의 상업화에서 용산, 송파, 뚝섬, 노량진 등이 큰 역할을 했는데, 서강, 양화, 마포 역시 이에 못지않았다. 이러한 조선의 상업 발전은 '자본주의의 맹아'라고 불리기도 한다. 하지만 한계가 분명했다. 예외가 없었던 것은 아니지만, 조선의 상업 발전은 기본적으로 국내에 머물렀고 사회의 변혁을 이끌어내기에는 역부족이었다. 아편전쟁 후 불어 닥친 거대한 서세동점의 대세에 맞서기에는 더더욱 역부족이었다.

그 이름도 무시무시한 절두산

조선 후기의 주목할 만한 사회현상 중 하나는 천주교의 전파였다. 여러 번 박해가 있었지만, 철종(재위 1849~1863) 시기에는 천주교에 관대한 안동 김씨가 집권하고 있어 별다른 박해는 없었다. 이 시기에 시메옹 프랑수아 베르뇌 주교, 펠릭스 클레르 리델 신부 등 프랑스인 선교사가 많이 들어와 전교에 힘썼다. 고종이 즉위한 1864년에는 천주교 신자수가 2만 명을 넘었다.

같은 해, 러시아인들이 함경도의 경흥부에 방문해 조선 정부에 통상을 요구했다. 조선 정부는 아무런 대책을 세우지 못하고 당황할 뿐이었다. 이때 천주교 신부들은 조선 정부가 프랑스, 영국과 동맹을 체결한다면 프랑스 나폴레옹 3세의 힘을 빌려 러시아의 남하를 저지할 수 있다고 주장했다. 하지만 통상 요구 시일이 지나도 러시아 측에서 별다른 움직임이 없자 조선 정부는 안심하게 되었고, 선교사들이 제안한 삼국 동맹도 무산되었다. 그러자 많은 이들이 동맹 제안을 무책임한 행동으로 간주하며 선교사들을 공격했다. 그러던 중 흥선대원군의 처소인 운현궁에 천주교도들이 드나든다는 소문이 퍼지면서 대왕대비 조씨와 정부 관료들이 천주교도들의 행동을 비난했다. 그러자 대원군은 천주교 탄압을 강행한다.

1866년(고종 3) 정월, 전국에 천주교 탄압령이 내려지면서 대대적인 피바람이 불었다. 승지였던 남종삼, 정의배 등을 비롯해 천주교도 8,000여 명을 학살했고, 당시 조선에 머무르던 프랑스 선교사 열두 명 중 아홉 명을 처형했다. 살아남은 프랑스 선교사 세 명 중 하나였던 리델 신부는 그해 5월 8일 탈출에 성공해 7월 6일 청에 도착했다. 당시 톈진에 프랑스 극동함대 사령관 피에르 귀스타브 로즈 제독이 있었다. 리델 신부는 톈진으로 가 조선에서 발생한 프랑스 신부들의 처형 소식을 전하고 생존해 있는 다른 두 신부의 신변을 보호하기 위해 즉각 함대의 출동을 요청했다. 로즈 제독은 인도차이나의 반란을 진압하기 위해 출동한 주력함대가 돌아오는 대로 조선 원정을 약속했다.

조선에서 일어난 천주교 박해를 보고받은 베이징의 프랑스 대리공사 벨로네는 청나라 총리였던 공친왕 혁흔에게 서한을 보내 항의하며 조선 정벌의 결의를 표명했다. 하지만 청에서는 "조선이 비록 청의 속국이긴 하지만 예로부터 내정과 외교는 자치적으로 행해왔다"라며 자신들이 개입할 여지가 실질적으로 없다는 내용의 답신을 보냈다. 한편 청나라를 통해 프랑스의

1976년의 절두산 전경. 국가기록원(공보처 홍보국) 제공.

침략 의사를 전해들은 대원군은 천주교 탄압을 더 심하게 하는 한편 변경의 방비를 더 굳게 했다.

10월 19일, 로즈 제독이 인솔하는 프랑스 군함 세 척이 리델 신부와 조선인 신자 세 명의 안내로 오늘날의 인천 앞바다에 다다랐다. 26일에는 지금의 마곡철교 하단부를 지나 양화진과 서강 일대까지 진출했다. 서울 도성은 공포와 혼란 속에 빠졌다. 조선 정부는 급히 어영대장 이용희를 파견해 한강 연안 경비를 강화했다. 프랑스 쪽에서는 군함 세 척만으로는 도성 공격이 어렵다는 사실을 깨닫고, 그 부근의 지형만 정찰하고 11월 2일에 청으로 물러났다. 조선 정부는 더욱 군비를 갖추고 한강 일대의 경비를 엄하게 했다.

그러나 프랑스는 바로 보름 뒤 7척의 군함을 이끌고 강화도를 공격했으니, 이를 병인양요라 부른다. 고전하기는 했지만 조선은 이를 격퇴하는 데 성공했고 그 후 천주교 박해를 더욱 강화했다. 이 과정에서 관광지이자 행락지였던 아름다운 양화진의 잠두봉이 처참한 처형장이 되었다. '양이洋夷가 이곳까지 와서 금수강산을 더럽혔으니 천주학쟁이들의 피로 깨끗하게 해야 한다'는 논리였다. 이 때문에 잠두봉은 살벌하기 그지없는 '절두산截頭山'으로 불리게 된다.

이곳에서 희생된 천주교 순교자들은 2,000명이 넘었다고 한다. 이때부터 조선은 쇄국의 마지막과 개화기를 맞이하면서 그야말로 격변 속에서 폭풍 같은 시기를 보내게 된다. 서서울은 그 바람을 가장 먼저 맞는 땅이었다.

조선의 군함을 가지고 싶다

병인양요에 놀란 한양 사람들이 대부분 피난길에 올라 도성은 텅 빌 지경이 되었다. 흥선대원군은 양이를 막아낼 대비책을 고민했고, 전국에 방을 붙여 '신무기 아이디어'를 현상 공모하기에 이른다.

당시 채택된 아이디어 가운데 가장 압권은 '학우선鶴羽船'이었다. 학의 날개털을 겹겹으로 쌓아 배를 만들면 가벼워서 오가기에 빠르고, 총포를 맞아 구멍이 뚫려도 선체가 새털이므로 바로 아물어 금방 가라앉지 않는다는 것이었다. 이 아이디어에 현혹된 대원군은 전국의 사냥꾼에게 학을 잡아 깃털을 공출하도록 했다. 깃털을 엮고 바닥을 아교로 짓이겨 배를 만들었다. 그는 이 학우선을 '비선飛船'이라 명하고 진수식을 열었다. 효령대군의 정자이자 조선 전반기에는 수군 훈련장으로 쓰였던 망원정 앞에서였다.

그러나 이 배는 띄우자마자 물이 새어 곧 가라앉고 말았다. 배에 탔던 수군 병사들을 구하느라 법석을 떨어야 했다. 기대에 부풀어 망원정에서 배를 바라보던 대원군은 두 손에 얼굴을 파묻고 한동안 고개를 들지 못했다고 전한다. 애꿎은 학들만 희생을 당한 셈이었다.

한편 대원군은 평양 대동강에서 불태운 미국 상선 제너럴셔먼호의 잔해가 강에 버려진 채 있다는 사실을 알게 되었다. 불탄 폐선이기는 하지만 기관은 고스란히 남아 있으니, 이것을 그대로 본떠서 만들면 화륜군함이 될 것이라고 생각했다. 그는 이 폐선을 대동강에서 끌어다 망원정 앞에 대어놓고 당시 야금술의 일인자 김기두로 하여금 철갑선을 만들도록 명령했다.

창고에 저장해둔 구리와 철을 모두 내어 철갑선을 만들기 시작했다. 기관은 제너럴셔먼호의 것을 그대로 쓰고 모양을 그럭저럭 두들겨 맞췄다. 하지만 석탄이 없어 연료는 목탄으로 대신해야만 했다. 다시 한 번 대원군이 망원정에 앉은 가운데 진수식을 거행했다. 성 안팎에 이 사실을 널리 알렸고, '국산 철갑 화륜선'의 진수식을 보러 수많은 군중이 망원정 주변으로 몰려들었다.

불을 붙여 기관이 움직이는 소리가 들리자 강둑에서 환성이 터졌다. 대원군도 자리에서 반사적으로 일어섰다. 그렇지만 소리만 요란할 뿐 배가 움직이는 것 같지 않았다. 한 시간가량 기관이 작동했는데도 이동 거리가 겨우 열 걸음 남짓이었다. 당연히 강둑에서는 웃음판이 벌어졌다.

대원군은 다시 한 번 얼굴을 묻고 고개를 들지 못했다고 한다. 하지만 그는 포기하지 않고 그 배를 부수어 구리와 철로 수뢰포를 만들도록 했다. 이 수뢰포 시험은 망원정이 아니라 노량나루에서 했는데 포를 쏘자 열 길 물기둥이 솟더니 목표물인 낚싯배가 산산조각났다고 한다. 대원군은 마침내 만족하면서 돌아갔지만, 항간에서는 '겨우 낚싯배 하나 부수는 힘으로는 강철 거함을 부술 수 없다'며 역시 웃음거리로 삼았다고 한다.

망원정은 1925년 을축년 대홍수 때 사라졌다가 1989년 10월에 복원되어 서울특별시 기념물 제9호로 지정되었다.

4장

조선의 자중지란과
몰려드는 외세

개화파의 온상, 봉원사

개화승 이동인과 개화당 청년 서재필, 김옥균, 박영효, 서광범 등은 신문
명과 근대 지향에 대해 고민하면서 봉원사에 자주 모였다.

이동인은 1879년(고종 16) 6월 유대치와 김옥균 등 개화당 요인의 도움으
로 부산을 거쳐 일본으로 밀항했다. 교토의 혼간지本願寺에서 10개월간 체
류하며 변모된 일본 사회를 살피고, 도쿄로 가서 일본의 조야朝野 정치가와
접촉하는 한편, 수신사●로 와 있던 김홍집과 만나 친교를 맺었다.

1880년 9월 이동인은 김홍집과 함께 귀국하면서 많은 서적과 램프, 석유
등을 들여왔다. 이것이 국내로 들어온 최초의 일본상품이라고 한다. 그는 김
옥균의 소개로 민영익을 알게 되었다. 그 사랑방에 거처하며 민영익의 주선
으로 고종을 만나고, 일본의 국정과 세계 각국의 형세를 알려서 특별한 총애
를 받았다. 그리하여 이동인은 10월에는 주일청국공사 하여장에게 한미조
약 체결을 알선해주도록 요청하기 위해 일본으로 밀파되었다.

● 구한말에 일본에 보내던 외교 사절.

이동인은 사명을 마친 뒤 1개월간 도쿄에 체류하면서 흥아회*에도 참석하며 일본의 지도자와 접촉하고 귀국했다. 귀국 후 앞으로 맺을 미국과의 수호조약 체결을 위해 미리 조약문의 초안을 작성했는데, 이것은 1882년 1월 김윤식이 청나라에 가서 이홍장과 조약 내용을 검토할 때 기준이 되었다.

1881년 2월, 이동인은 총리기무아문 참모관에 임명되어 신사유람단이라는 일본시찰단 파견을 추진했다. 이때 유길준, 윤치호 등의 유학생 파견은 전적으로 그가 계획한 일이었다. 이해 3월, 그는 참모관으로서 총포와 군함 구입의 임무를 받고 이원회와 함께 일본에 파견될 예정이었으나 출발 직전 갑자기 자취를 감추었는데, 암살당한 것으로 보인다.

이동인이 당시 개화파 지식인들에게 끼친 영향은 갑신정변의 주역 서재필의 회고록에서도 확인된다.

> 그(이동인)가 가져온 서적이 많았는데 역사서도 있고, 지리서도 있고, 물리서와 화학서 같은 것도 있었으며, …이렇게 해서 책을 완독한 바, 세계의 대세를 거의 알 수 있게 되었다. 여기에서 우리나라도 타국과 같이 민중의 권리를 수립해야겠다는 생각이 솟아났다. 이것이 우리로 하여금 개혁파가 되게 한 근본이었다. 바꿔 말하면 이동인이라는 승려가 우리를 이끌어주었고, 우리는 그러한 책을 읽어 그 사상을 몸에 익혔으니 봉원사가 우리나라 개화파의 온상인 것이다.**

---

* 興亞會. 동양 삼국이 연합해 서구 열강의 도전을 막아야 한다며 만들어진 단체.
** 신봉승, 《국가란 무엇인가》, 청아출판사, 2011, 41~44쪽에서 재인용.

김옥균과 대원군의 마지막 장소

구한말은 국제 정세는 물론 국내 정치적으로도 격동의 시기였다. 급진파와 보수파가 나타났는데, 마포는 구한말 보수와 진보의 양대 거두가 마지막을 보낸 장소였다.

급진파의 대표는 김옥균이었다. 그는 박영효, 홍영식 등과 모의해 1884년(고종 21) 12월 4일 우정국 개업식 연회에서 민씨 일가를 비롯한 수구파를 제거하고 갑신정변을 일으켰다. 하지만 청군의 진압으로 정변은 3일 만에 실패로 돌아가고 만다('삼일천하'). 그 후 김옥균은 일본으로 망명해 10년을 방랑하다가 '호랑이를 잡기 위해서는 호랑이굴로 가야 한다'며 상하이행을 감행했다. 그러나 1894년(고종 31) 3월 28일, 상하이 동화양행에서 수구파가 보낸 자객 홍종우에게 암살되었다. 김옥균의 시신은 송환되어 능지처참당했는데, 그 장소가 바로 마포 양화진이었다.

보수파의 최고 거두는 흥선대원군 이하응이었다. 그는 고종의 부친으로서 고종이 즉위한 1863년 이후 10년 동안 국사를 좌지우지했다. 하지만 명성황후와의 권력 투쟁에서 패배하면서 내리막길을 걷게 된다. 그 과정에서 흥선대원군은 고종을 폐위시키고 장손 준용을 왕으로 세워 재집권을 시도했지만 실패했다. 그는 1895년 준용의 유배길을 따라나섰다가 마포나루에서 붙잡혀 공덕동 아소정에 유폐되었다. 흥선대원군은 3년 후 이곳에서 세상을 떠난다.

아소정은 1962년 철거되어 1966년 봉원사로 이전하기 전까지 동도고등학교(현 서울디자인고등학교의 전신) 교정에 위치했다. 지금은 그 자리에 표지석이 서 있다. 아소정은 흥선대원군이 이곳에 유폐된 후 허망해진 자신의 정치 역정을 스스로 비웃는다는 뜻에서 지어 붙인 아소당我笑堂에서 유래된 이름이다. 그전에는 흥선대원군의 부대부인*이 거처하던 곳으로 '공덕리 별장'이

예전에 아소정 자리였던 학교 안에 이를 기념하는 쉼터가 마련되어 있다.

라고도 불렸다.*

언더우드 목사, 서울에 오다

갑신정변 직후인 1885년 3월 23일, 미국 북장로회 소속의 호러스 언더우드(한국명 원두우) 목사는 요코하마에서 조선행 배에 올랐다. 이 배에는 외국인이 여럿 타고 있었다. 대표적인 인물이 조선정부의 외교업무를 관장하던 독일인 파울 묄렌도르프였다. 그는 갑신정변과 관련해 일본 정부에 사과하러 온 전권대사 서상우를 수행 중이었다. 언더우드와 똑같이 선교 목적으로 배를 탄 미국인도 있었다. 바로 감리교 소속의 목사 헨리 아펜젤러 부부였다.

• 대원군의 아내에게 주는 작호.

언더우드는 아펜젤러보다 한 달 먼저 일본에 도착해서 두 달간 요코하마의 헵번 선교사 사택에 머물렀다. 그때 그는 항구에 드나드는 외국 선박의 선원들을 상대로 전도했고, 김옥균과 박영효를 비롯한 조선인 망명객들을 만났다. 또 이미 성경의 일부를 번역한 바 있었던 이수정을 만나 우리말을 배우기도 했다.

4월 3일 아침, 언더우드와 아펜젤러 일행을 태운 배가 나가사키항을 거쳐 부산에 도착했다. 이튿날 부산을 떠난 배는 남해안을 돌아 이틀의 항해 끝에 서울로 들어오는 입구인 제물포항에 도착했다. 봄비가 내리는 음산한 날씨였다. 묘하게도 4월 5일, 1885년의 부활주일이었다. 이날은 한국 개신교의 공식 선교일이 되었고, 인천항에는 그 기념비와 동상이 서 있다. 선교사들은 오후 3시경 '삼판'이라 불리는 거룻배에 옮겨 탔다. '복음의 처녀지'인 제물포에 첫발을 내디딘 그들은 당시에는 최고급 호텔이었던 대불여관에 우선 짐을 풀었다.

그러나 제물포에서 접한 서울 분위기는 예상보다 훨씬 나빴다. 아직 갑신정변의 충격이 가시지 않았고, 그 주모자들이 일본 측과 연루되었다는 사실 때문에 개화파에 대한 민중의 감정도 최악이었다. 서울의 미국 공사관조차도 선교사들의 입경을 반기는 눈치가 아니었다. 더구나 서양 여인의 등장이 보수적인 서울 사람들의 감정을 자극할 우려가 있다며 아펜젤러 부인의 입경을 만류하기까지 했다. 이런 상황에서 아펜젤러는 무리하지 않기로 했다. 닷새 후인 4월 10일에 아펜젤러 부부는 일본으로 돌아가는 배를 탔다.

하지만 독신인 언더우드는 입경을 감행했다. 이로써 그는 서울에 들어온 첫 번째 '목사'가 되었다. 언더우드의 이동 경로는 대체로 지금의 경인로였다고 볼 수 있다. 직선거리로 45킬로미터 정도였는데, 제물포 선착장(올림푸스호텔 남동쪽)에서 인천도호부(문학초등학교 내 재현)를 거쳐 성현(근로복지공단 인천

병원 맞은편 군부대 영내) → 성곡(부천시 여월동) → 고음월리(서울 신월IC) → 양화진
(인공폭포 부근) → 애오개(아현감리교회) → 돈의문(서대문) → 제중원(을지로 외환은행
본점)으로 온 것으로 보인다.

서서울에 진출하는 개신교

언더우드에 이어 아펜젤러, 메리 스크랜턴이 한양에 들어왔다. 그들은 학
교와 병원, 나중에는 교회를 지으며 민중 구제와 선교 사업을 병행했다.

언더우드 목사는 첫 장로교회인 새문안교회를 세운 데 이어 정동에 경신
학교도 세웠다. 경신학교는 1915년 3월 대학부를 설립했고, 1917년 언더우
드 목사의 형인 사업가 존 언더우드가 경기도 고양군 연희면 창천리의 대지
29만 평을 구입한 후 학교 부지로 기부하여 '연희전문'이 탄생했다. 바로 연
세대의 전신이다. 선교사 스크랜턴이 창설한 이화학당도 전문학교로 발전
했고 1935년 신촌캠퍼스로 이전했다. 현대 서서울을 대표하는 대학촌은 이
렇게 시작되었다.

정동교회와 새문안교회는 도성 안에 있기는 했지만 서서울에 더 인접했
다. 그래서 서서울 지역은 개신교의 전파가 다른 지역보다 빨랐다. 1888년
스크랜턴 선교사가 애오개에 시약소를 세우고 그해 12월 12일 첫 예배를 드
리면서 시작된 아현교회, 새뮤얼 무어 목사가 1908년에 마포구 동막골에 세
운 동막교회가 대표적이다.

구한말의 불안한 분위기는 개신교 전교에 큰 도움을 주었다. 1894년 청일
전쟁의 기억이 채 사라지기도 전인 1904년 러일전쟁이 시작되었다. 극도의
혼란과 절망, 공포가 덮쳤다. 불안한 민중들은 외국 선교사에게 보호와 도움
을 구하고자 했다. 선교사들은 지방을 순회하면서, 정부와 관리들에게 재산

을 빼앗기고 의지할 곳이 없어 교회를 찾아오는 힘없는 백성들을 수없이 만났다. 〈대한매일신보〉는 당시 상황을 다음과 같이 보도했다.[•]

> 근일에 각 지방이 소요하매 백성들이 의뢰처가 없어서 예수교에 들어가는 자 많음으로 면면이 예배당이요, 동리마다 십자가라.

지방에 따라서는 마을 주민이 집단적으로 개종하기도 했다. 교회가 급속히 확장되자, 교회의 개척과 전도활동은 한국인 전도사와 권사, 전도부인들이 담당했다. 외국인 선교사들은 확장되는 선교구역과 교회들의 조직을 관리하는 일을 맡았다. 스크랜턴은 이 시기의 변화에 대해 다음과 같이 말했다.

> 목회의 일이 이미 우리 손에서 떠났다. 이제 선교를 하는 사람들은 우리 선교부의 한인 조사들이다. 우리는 단지 그들이 하는 것을 감독할 뿐이다.

이 시기 서서울에 자리 잡은 개신교 시설 중 감리교 협성신학교를 주목할 만하다. 이미 정동에 거점을 마련했던 미국 감리교는 한국 학생들에게 신학 교육을 실시했다. 1910년 4월, 가까운 서대문구 냉천동 31번지에 부지를 구입하고 협성신학교를 세웠다. 지금도 그 자리에 있는 감리교신학대는 이렇게 시작했다.

기독교화가 빨랐기 때문인지 해방 후에도 서서울에는 명지대, 서강대, 기독대 등 신구교의 대학들이 대거 입지했다. 묘하게도 그 어느 한 곳도 이른바 대형교회로는 성장하지 못했다. 반세기 후 조용기 목사가 대조동의 살림

[•] 〈대한매일신보〉, 1908년 1월 19일자.

집에서 시작해 서대문을 거쳐 여의도에 지금의 순복음교회를 세웠지만, 구한말의 전통과는 무관하다. 이는 우리나라의 특수한 현상인 대형교회의 기원이 구한말이 아니라 산업화 이후라는 증거이기도 하다.

평화가 내려앉은 외국인들의 묘지

합정역에서 내려서 한강 쪽으로 걷다 보면 '양화진 외국인 선교사 묘원'이 나온다. 1890년 미국인 의료선교사 존 헤론이 처음으로 이곳에 묻혔다. 이를 계기로 고종으로부터 땅을 하사받아, 이후 한국에 묻히기를 원한 외국인 선교사들과 그 가족의 공동묘지가 되었다. 이 묘지는 일제 강점기의 탄압과 한국전쟁을 거치면서 황폐해졌다가 한국 개신교 역사의 현장으로 복원되었다.

이곳에 묻힌 사람은 모두 14개국 417명이며, 그중 145명이 선교사와 그가족이다. 한국의 독립을 위해 평생을 언론활동에 종사하다가 서울에서 세상을 떠난 호머 헐버트, 배재학당을 세운 아펜젤러, 연세대와 세브란스 병원을 설립한 올리버 에비슨의 아들인 더글러스, 〈대한매일신보〉를 창간한 어니스트 베델의 묘가 이곳에 있다. 또 한국에서 태어난 최초의 서양인이자 국내 최초로 결핵요양원을 세우고 크리스마스실을 발행한 셔우드 홀도 1991년 그녀의 유언에 따라 이곳에 안장되었다. 1999년에는 연세대를 설립한 언더우드 박사의 유해가 83년 만에 이곳으로 이장되었다.

'외국인 선교사 묘지'라는 이미지 때문에 서양인의 묘만 있다고 생각하기 쉽지만, 소다 가이치(1867~1962)라는 일본인도 안장되어 있다. 그는 처음엔 YMCA의 일본어 교사였다가 이후 감리교 전도사로 활동했으며, 용산구 후암동의 가마쿠라보육원(현 영락보린원)에서 한국인 고아들을 보살폈다. 해방

양화진 외국인 선교사 묘원의 오벨리스크와 비석. 평화로운 분위기가 가득하여 천천히 산책하기 좋은 곳이다.

이후 1947년 일본으로 돌아갔다가 1961년 다시 내한했고, 1962년 3월에 영락보린원에서 세상을 떠났다.

이곳에 가면 다양한 서양식 묘비 때문에 마치 외국에 온 듯한 착각을 불러일으킨다. 지하철 2호선과 6호선이 통과하는 합정역과도 가깝고 인접한 절두산 성지와 함께 봐도 반나절이면 충분하니 방문을 적극 권한다.

철도 부설과 일본인들의 횡포

1876년 개항과 함께 마포는 외국 상선이 들어오는 무역항이 되었다. 그러나 국제항으로 크게 번창하는 듯했던 마포는 금세 그 지위를 제물포에 넘겨야 했다. 1899년 경인선이 놓이면서 제물포가 조선의 '입구'가 된 것이다.

이후 마포는 서울을 먹여 살리는 물류기지 역할은 잃게 된다. 그래도 서울로 통하는 나루여서 일제 강점기에도 소금이나 젓갈, 해산물 등을 실은 배들이 마포에 닻을 내렸다. 전차도 마포나루 앞까지 닿았다. 그러나 이때 이미 마포의 거상들은 다른 곳으로 떠난 후였고, 소상인들만 남아 나루의 명맥을 이어나갔다.

경의선은 1906년 용산-신의주를 연결하기 위해 개통된 철도로, 경부선과 연계되어 1908년에는 부산-신의주 간에도 직통 열차가 운행되기 시작했다. 일본의 대륙 침략을 위한 보급선으로 활용했던, 제국주의 침략의 상징인 철도였다.

1880년대부터 일본의 횡포가 시작되었지만 그들의 무대는 개항장과 한양의 남산 일대 정도로 국한되어 있었다. 하지만 1904년 러일전쟁이 발발하면서 일본이 전쟁 수행을 위해 경의선 철도와 도로 공사를 시작하자, 횡포의 범위는 서서울 일대로까지 확장되었다. 당시 마포, 서대문, 용산은 고양군에 속해 있었는데, 일본군은 경의선의 경유지인 고양군 화정에 병참기지를 설치했다. 일본은 한일의정서 체결을 강압하고 이를 근거로 우리나라의 자원과 인력을 '합법적으로' 전쟁에 마구 징발해 갈 수 있게 되었다.

1904년 3월, 일본군은 군용철도대대가 고양군 차정리와 삼산리에 있는 기독교 교회당을 사용하도록 해달라고 집요하게 요구했다. 교회 측은 일본군이 사용할 경우 상인들이 술을 팔 수 있고, 일요일 외에도 주중에 두세 번 교회를 사용해야 한다는 이유를 들어 거부했다.

그해 6월, 한국 주차 일본군 사령관은 임진나루까지의 도로 건설에 동원할 석공 338명, 목공 10명 등 인부 580명을 고양군에 요구했다. 주민들은 관사에 들어가 돌을 던지며 강력하게 항의했다. 이에 중앙정부의 관리 이병의가 민심을 진정시키기 위해 급파되었다. 결국 한일의정서에 의거한 요구를 거부할 수 없자, 당시 고양군수는 석수를 구할 수 없다고 하면서도 인부들은 요구하는 대로 동원해주었다. 한편 경의선 군용철도 부지로 토지가 수용되었는데, 보상이 제대로 이루어지지 않아 민원이 끊이지 않았다. 경부선과 경의선의 건설비용은 일본 본토에 비해 약 40퍼센트밖에 들지 않았다고 한다.

1905년 10월 17일, 을사조약으로 일본의 보호국이 되자 일본 내의 무모한 야심가들, 건달과 사기꾼들이 한몫 잡을 기회를 찾아 조선으로 몰려왔다. 그들은 안하무인으로 행동하며 갖은 횡포를 부렸다. 그해 10월 26일, 철도 사무를 보는 일본인 다섯 명이 고양군 매화정마을(현 고양시 덕양구 강매동)에 사는 선치승의 집에 들어가 억지로 닭을 요구했다. 선씨가 거절하자 이들은 그를 때려 숨지게 했다. 또한 11월 16일에는 고양군 주재 일본 병참기지 병사 두 명이 그곳에 사는 손덕주를 잡아갔다. 일본인들은 이처럼 한국인의 재산을 맘대로 빼앗고 함부로 사람을 붙잡아 가고 심지어 죽이기까지 했다. 1907년 9월에는 일산역에서 일하는 일본인이 고양군 은행정마을(현 강매동)에 불을 지르고 부녀자를 겁탈한 사건도 일어났다. 한국에 와 있던 일본인들은 군대의 힘을 믿고 횡포를 부린 것이다.

토목건축업자인 마쓰오카는 한국인 통역을 데리고 고양군 원당면 도동(현원당동 섬말마을)에 와서 시급히 필요하다며 군마에게 먹일 볏짚 5,000단을 요구했다. 주민들은 너무 많다며 이를 2,000단으로 깎았다. 이 일을 보고받은 고양군수 박주헌은 마쓰오카가 관과 관계없고 공문도 없이 막무가내로 요구하고 있다며, 일본군 사령부과 교섭해 이를 금지해줄 것을 건의했다.

이 사건은 일본군을 배경으로 삼아 주민들의 노동력과 재산을 개인적으로 갈취한 일본인들의 행패를 잘 보여준다. 일본인들의 방자함과 횡포에 대한 주민들의 반감은 높아만 갔다. 이는 1910년 4월 5일, 일산역을 통과하는 경의선 군수품 수송 열차에 돌을 던져 창문을 파손한 사건을 통해 표출되었다.

독립문의 건립, 그러나…

서서울의 간선도로인 성산로와 의주로가 교차하는 지점에는 14미터가 넘는 커다란 돌문이 서 있다. 바로 대한제국이 중국과 일본, 러시아, 그 밖의 서구 열강과 동등한 자주독립국임을 국내외에 선포하기 위해 세운 것으로 알려져 있는 '독립문'이다(사적 제32호). 1896년 독립협회의 발의로 3,825원을 모금해 그해 11월 21일 정초식을 거행하고 이듬해 11월 20일 완공했다.

본래 독립문 자리에는 영은문이 있었다. 근처에 있던 모화관과 함께 한양에 당도한 중국 사신들을 맞이하기 위한 시설로, 지금은 영은문을 떠받치고 있던 돌기둥 두 개만이 독립문 앞에 우두커니 남아 있다.

사대주의의 상징인 영은문과 모화관을 철거하고 독립문 건립을 주도한 세력을 일반적으로 독립협회나 대한제국의 민중들이라고 알고 있지만, 이는 사실이 아니다. 1895년 청일전쟁에서 승리한 일본이 은밀히 주도했을 정황이 다분하기 때문이다. 표면상으로는 독일공사관에 근무했던 스위스 기사가 설계하고, 실무는 한국인 기사 심의석이 맡았으며, 중국인 노무자가 노역을 해 완공했다. 또한 독립문 아치 이맛돌에는 조선 왕실의 문장인 이화문이 새겨져 있고, 그 위의 앞뒤 현판석에는 각기 한글과 한자로 '독립문'이라고 새겨져 있다. 글씨의 주인이 누구인지에 대해서는 독립운동가 김가진 또는 매국노로 유명한 이완용이 썼다는 설이 엇갈리고 있다.

일본이 후원했다는 정황은 일제 강점기 들어서 증명된다. 1928년에 경성부청이 독립문을 대대적으로 수리했기 때문이다. 1936년에는 아예 고적, 즉 문화재로 지정해 보호하기에 이른다. 대한제국의 자주독립 의지를 보여주는 상징인 독립문을 일제가 나서서 수리하고 보호한 것이다. 자기들이 놀기 좋아 남겨둔 경회루와 조선왕조의 정전이라 차마 부수지 못한 근정전을 제외하면, 일제는 사실상 경복궁을 모두 파괴한 바 있었다. 경희궁은 아예 없

독립문 전경과 한글 현판(부분 확대). 독립문 앞에 예전 영은문의 흔적이 기둥으로 남아 있다. 출처 위키피디아.

애버렸으며, 창경궁도 창경원이라는 동·식물원으로 전락시켰다. 이런 전례에 비춰보면 독립문의 보호는 의아할 수밖에 없다.

그 단서는 1876년 조선과 일본이 맺은 강화도조약의 "조선은 자주국으로서 일본과 평등한 권리를 갖는다"라는 조항에서 찾을 수 있다. 청일전쟁에서 승리한 일본이 청나라와 맺은 시모노세키조약의 제1조인 "청나라는 조선국이 완전한 자주독립국임을 인정한다"라는 부분도 주목할 만하다. 일본이 강화도조약은 그렇다 치더라도 시모노세키조약에서까지 굳이 조선의 자주와 독립을 강조한 이유는 다른 데 있지 않았다. 조선에 대한 중국의 종주국 지위를 청산해, 일본이 직접 조선을 지배할 수 있는 길을 트기 위함이었던 것이다. 다시 말해 독립문의 '독립'은 대한제국의 완전한 자주독립 의지를 의미하는 것이 아니었고, 중국으로부터의 독립만을 의미했다. 즉 일본이 영은문 철거와 독립문 건설을 부추긴 것이다.

이를 증명하듯 독립문 바로 옆에는 나라가 정식으로 망하기도 전에 외국인이 자국인을 잡아 가두는 감옥이 들어섰다. 바로 악명 높은 서대문형무소다.

한국 현대사의 축소판, 서대문형무소

1907년 제3차 한일협약으로 일본은 대한제국의 사법권까지 빼앗아버렸다. 이후 대한제국 정부의 감옥은 통감부의 감독 아래 들어간다. 서대문감옥은 간수 출신인 덴노 가즈마가 고안, 설계했는데, 5만 엔의 공사비를 투입해 1908년 10월 21일에 준공했다. 처음에는 옥사와 부속 건물로 이루어진 면적 480평, 수용인원 500여 명 규모였다.

당시 전국 여덟 개 감옥의 총 수용인원이 300여 명이었던 것을 감안하면 얼마나 큰 규모였는지 짐작할 수 있다. 그것으로도 턱없이 부족해서 서대문 감옥은 1930년대 후반에 이르면 처음보다 30배에 달하는 1만 5,000평이 넘을 정도로 확장되었다. 80년 동안 35만 명을 가두었고, 한국 현대사에서 빼놓을 수 없는 해인 1987년에 문을 닫았다. 건설연도와 폐쇄연도부터 범상치 않다.

1908년 13도 창의군의 서울진공작전 실패로 허위, 이인영, 이강년 등 의병장들이 이곳에 갇혔다. 허위 선생은 서대문형무소의 첫 번째 순국자였다. 그 뒤로도 김구, 안창호, 한용운, 손병희, 유관순, 윤봉길, 여운형, 심훈, 김광섭, 함석헌, 심훈, 강우규, 송학선, 최현배, 이희승, 김교신, 이재명, 안명근, 허헌, 양기탁, 홍명희, 조병옥, 이현상, 김동삼, 유림, 조봉암 등 1945년까지 이곳에 갇히거나 옥사하거나 형장의 이슬로 사라진 지사들의 수는 이루 헤아릴 수 없이 많다. 차라리 이곳에 갇히지 않았던 지사들을 찾는 편이 훨씬 빠를 정도다.* 그러나 이곳의 비극은 1945년으로 끝나지 않았다.

> 이곳의 역사 증언성과 현장성은 그 어느 것보다 밀도 높고 광범위하며, 가공되지 않은 날것이다. 일제 강점기 민족의 저항정신이 살아 있는 곳인 동시에 해방 후 군사정권의 어두운 이면이기도 하다. 이곳에 수감된 사람의 이름과 사연만으로도 능히 한국 근현대사를 가로지를 수 있을 것이다. 하지만 우리는 이곳의 역사성과 장소성을 너무 민족주의라는 한 가지 입장으로만 이해하고 있다.**

---

* 1945년 해방 당시 서대문형무소에 몇 명이 갇혀 있었는지, 그중 독립투사와 사상범, 일반 형사범의 비율이 어느 정도였는지를 알 수 있는 자료는 남아 있지 않다.
** 박성진,《모던스케이프: 일상 속 근대 풍경을 걷다》, 이레, 2009. 205쪽.

5장

오직,
독립을 위하여

마포형무소의 건설

공덕동 105번지에 있었던 경성형무소는 서대문의 수용 공간이 부족해지면서 1912년에 새로 만든 감옥이다. 이에 따라 서대문에 있었던 경성감옥은 서대문감옥으로 개칭되었고, 공덕동에 새로 자리 잡은 이 감옥은 경성감옥이라 불렸다. 경성감옥은 1923년에 경성형무소로 개칭되었으며 광복 이후에는 마포형무소로 1963년까지 운영되었다.

수감자는 거의 남자 장기수였는데, 독립투사들이 많았다. 대표적인 인물은 만해 한용운과 오세창, 그리고 훗날 친일파로 변절하는 최남선이었다. 마포 도화동에 이 형무소 수감자들의 노동력을 동원하여 운영하는 벽돌공장과 농장이 있었다.

1928년에는 정동에 경성재판소(현 서울시립미술관)가 세워졌다. 이 재판소는 서대문과 마포 두 형무소와 인접해 있어서, 일제 입장에서는 독립투사들을 효율적으로 탄압할 수 있었다.

서서울의 3·1만세운동[•]

1910년 8월, 경술국치로 희미하게나마 남아 있던 나라가 완전히 사라지고 지옥 같은 일제 강점기가 시작되었다. 일제의 무력 앞에 숨죽이길 10년, 1919년 3·1운동을 계기로 독립운동이 활기를 띄었다. 서서울은 이 과정에서 상당한 역할을 해낸다.

서서울 지역에서 일어난 3·1운동은 네 가지 특징이 있었다. 첫째, 서울과 밀접한 지역이어서 3월 1일 당일부터 대규모 만세시위가 벌어졌다. 둘째, 12년 전 적극적인 국채보상운동 참여 등에서 보여준 것처럼 3·1운동을 통해 이곳이 애국적 의식이 매우 높은 지역임을 보여주었다. 셋째, 서울의 외곽으로서 나루터와 경의선 등 물류기지가 있었고 인쇄공, 우마차부, 일용 노동자들이 많이 사는 지역이라 후반기 만세시위에서도 큰 역할을 했다. 넷째, 진관사 등의 사찰이 이 지역 3·1운동에 영향을 미쳤다.

탑골공원에서 시작된 만세시위는 외곽으로 퍼져나가 저녁 8시경에는 마포전차 종점 부근에서 많은 군중이 시위에 참가했다. 연희전문학교 부근에서는 학생들이 밤 11시경까지 해산하지 않고 모여 독립만세를 외쳤다. 이날의 독립만세시위는 해가 저물도록 계속되었다. 연희면 양화진에서도 주민 200여 명이 만세시위를 벌여 그곳 주둔 헌병대에 의해 10여 명이 붙잡혔다. 같은 날 용강면 동막리에서도 주민 200여 명이 만세시위를 벌였다.

서서울 지역에서는 3월 말까지 시위가 계속되었으며, 거의 전 지역에서 시위운동이 벌어졌다. 특히 3월 22일 이후에는 매우 집중적이고도 치열하게 시위운동이 일어났는데, 이때부터는 노동자 계층이 주도하는 양상이 나타났다.

[•] 이정은, 《고양독립운동사》, 광복회고양시지회, 2013, 240~245쪽 참조.

3·1운동에는 다양한 사람들이 참여했다. 사진은 기생들의 모습.

　다양한 사람들이 독립운동에 동참했다. 그중 3·1운동 당시 34세의 정호석은 용강면 동막상리 34번지에 사는 조선총독부 순사보였다. 그는 1911년 9월에 순사보가 되어 3·1운동이 일어나기 4년 전부터 창덕궁 경찰서의 덕수궁 파출소에서 근무하고 있었다. 덕수궁 경비를 서는 순사보로서 누구보다 고종 황제의 죽음을 빨리 알 수 있었다. 3·1운동을 보고 감동한 그는 3월 5일 경찰서장에게 몸이 아프다는 핑계를 대고 휴가를 얻었다. 집으로 오다가 서대문네거리 잡화점에서 45전을 주고 광목천을 한 자 샀다.

　정호석은 집에 돌아와 아내에게 접시를 가져오게 했다. 칼을 뽑아 무명지를 베려고 했지만, 아내와 어머니가 극구 말리는 바람에 손가락을 칼로 베는 것은 포기했다. 그 대신 이빨로 무명지의 둘째 마디를 물어뜯어 피를 나게 해 접시에 받았다. 그 후 사온 광목천에 태극기 모양을 그린 다음, 집에 있던 광목천에 '대한국 독립만세'라고 썼다. 이를 대나무 막대기에 매어 깃대를 만들고는 그것을 가지고 동막에 있는 홍영여학교로 가서 "대한국 독립만세!"를 외쳤다.

조선총독부 검사 야마자와의 신문조서를 살펴보면, 정호석이 흥영여학교를 방문해 독립만세를 부르자 가장 먼저 그 학교에 재학하고 있는 딸이 나와서 아버지를 따라 독립만세시위에 동참했다고 한다. 정호석이 깃대를 흔들면서 서울 도심으로 가려고 하자, 교사인 오정화와 박성철을 비롯하여 여학생 수십 명이 함께 따라 나섰다. 이들은 독립만세를 부르며 거리로 나갔다.

흥영여학교 교사와 학생들의 시위 대열은 공덕리까지 와서 경찰의 저지를 받았다. 정호석은 그 자리에서 체포되었다. 그의 주머니에는 혈서와 피를 담은 작은 용기가 들어 있었다. 혈서의 내용은 "전하께서 다시 깨어나셔서 한마디 말씀이나마 왕세자 전하께 해주시고, 또 2천만의 빈궁한 백성을 구제해달라"고 비는 내용이었다. 이 혈서는 물론 압수되었다. 정호석은 독립만세를 부르면 무거운 형벌을 받으리라는 것을 알았지만, "각오하고서 한 일이기 때문에 목숨이 아깝다고 생각하지 않는다"고 당당히 말했다.

3월 10일에는 연희면 수색에서 수백 명이 독립만세시위를 벌였다. 22일 합정리에서도 군중 30여 명이 시위를 벌였는데, 도중에 근처의 중국인 가옥을 일본인 가옥으로 착각하여 파괴했다. 이때 세 명의 주동자가 체포되었다.

23일에는 아현공립보통학교 졸업생들의 시위사태가 일어났다. 발단은 과자 세 개를 훔쳤다고 일본인 교장이 처벌을 하는 사소한 일로 시작되었지만 학생들이 반발했고, 이 소식이 마을에 알려지자 주민 약 100여 명이 합세해 교사를 포위하고 돌을 던져 교실 유리창 열한 장을 파손시켰다. 민족차별적이고 공정하지 못한 일본인 교장에 대한 졸업생과 주민 다수의 반발이었다. 더욱이 이들 중 상당수가 인쇄공, 철공 같은 노동자였다는 사실에 주목해야 한다. 이는 3·1운동의 기운이 잠복기를 거쳐 다시금 서서울 지역에서 나타난 사건이었다.

은평면에서는 22일에 역촌리 주민 40여 명이 산에 올라가 횃불시위를 벌였고, 23일 밤에는 녹번리에서 만세시위가 일어났다. 이날 시위에서 일곱 명의 주민이 검거되어 헌병주재소로 끌려갔다. 24일에는 다시 녹번리에서 200여 명의 주민들이 전날에 이어 시위를 일으켰다. 주인들은 독립만세를 연달아 부르면서 헌병주재소 측에 전날 밤 검거된 일곱 명의 석방을 요구했다. 주재소 측이 이를 거부하자, 주민들은 주재소 건물 안으로 진입해 구속된 자들을 빼내오려고 했다. 그러나 연락을 받고 들이닥친 헌병들에 의해 진압되었고, 24명이 추가로 검거되고 말았다.

은평면 신사리에 거주하는 김명순과 김윤정, 역촌리의 문도치, 김춘수, 김정성 등도 23일 밤에 만세시위를 일으켰다. 김명순은 월암산에서, 김점성과 김윤정은 신사리 동네 안에서 많은 주민들과 함께 독립만세를 외쳤다. 문도치는 40여 명의 주민들과 봉수대에서 불을 피워 올리며 만세를 불렀다. 이날 주막에서 술을 마시던 김춘수는 홍춘기가 와서 사람들이 만세를 부르고 있으니 가보라고 하여 길거리로 나가니 과연 많은 사람들이 만세를 부르고 있어 동참했고, 옆 마을에서 불을 피워 올리고 있어 20여 명과 함께 산에 올라 만세를 불렀다. 김윤정은 그날 밤 자기 집 앞에서 주민 20여 명과 함께 만세를 불렀다. 이들은 모두 체포되었다. 김명순, 문도치, 김춘수는 징역 6월에, 김정성과 김윤정은 태형 90대에 처해졌다.

진관사의 태극기

진관사는 오랜 역사를 갖고 있지만 한국전쟁 때 나한전을 비롯한 세 동만 남기고 대부분의 전각이 전소되었다. 그러다가 1963년에 비구니 진관 스님이 주지로 부임하면서 재건 불사를 시작해 오늘날의 위용을 갖추게 되었다. 그 이전부터 진관사는 춘성, 탄허, 석주 스님과 같은 큰스님들이 자주 왕래하는 큰 절이었다.

2009년 5월, 진관사는 서울시 문화재자료 제33호인 칠성각을 보수, 수리하는 공사를 하고 있었다. 1907년에 지은 칠성각이 많이 노후했기 때문이다. 정면 세 칸, 측면 한 칸 규모인 칠성각에는 칠성도와 탱화가 소장되어 있었다. 그런데 한 공사 인부가 "묘한 것이 나왔다"며 한지로 싼 작은 뭉치를 진관사 총무인 법해 스님에게 가져왔다. 칠성각의 벽을 해체하려고 뜯어내고 있던 불단과 기둥 사이 골조 안에서 나온 물건이었다. 그 한지 뭉치를 살며시 열자 태극무늬가 그려진 보자기가 나왔다. 법해 스님은 두근거리는 가슴을 안고 주지 계호 스님을 급히 찾았다.

달려온 주지 스님은 법해 스님과 함께 보자기를 조심스럽게 풀었다. 놀랍게도 그 보자기 자체가 89×70센티미터 크기의 대형 태극기였다. 그뿐만 아니라 태극기 안에는 서류 뭉치가 담겨 있었는데, 모두 귀한 자료였다. 3·1운동 이후 국내외 독립운동 현장에서 발간된 상하이판 〈독립신문〉 〈신대한〉 〈경고문〉 〈조선독립신문〉 〈자유신종보〉 등 6종 16점에 달했다. 특히 지금껏 실물이 없었던 〈자유신종보〉와 단재 신채호 선생이 발간했다고 알려진 지하신문 〈신대한〉 2, 3호는 역사상 처음으로 발견된 것이다. 덕분에 이 태극기의 가치가 더욱 높아졌다.

처음엔 '이게 뭐야?' 했지만 태극무늬를 본 순간 저도 모르게 눈물이 핑 돌았습니다. 더욱이 불에 그슬리고 여기저기 찢긴 자국을 보니 나도 모르게 가슴이 뜨거워지더라고요.●
__ 법해 스님

━━━━━━━━━━

● 〈불교신문〉, 2015년 6월 24일자 참조.

진관사에서 발견된 대형 태극기. 은평역사한옥박물관에 전시되어 있다.

진관사의 비구니 스님들도 놀라움을 금할 수 없었다. 진관사 전체가 흥분의 도가니에 빠져들었다. 칠성각에서 나온 한지 뭉치가 아주 특별한 자료라는 것을 직감했고, 무엇보다도 독립운동과 관련 있어 보이는 태극기 원본이 발굴되었기 때문이다. 피와 땀이 밴 태극기를 보면 주체할 수 없는 신비감이 들기도 했다. 발굴된 문건 자료는 손을 타지 않고 깨끗한 상태로 90년간 고이 보관되어 있었다. 진관사에서 어떻게 이런 '보물'이 나왔을까? 백초월이라는 인물이 그 열쇠였다.

불교계 독립운동의 선봉장, 백초월 스님

백초월은 1876년 2월 경남 고성에서 태어나 1890년 지리산 영원사로 출가했다. 1960년대 후반 해인사에서 보관하던 승적부에 따르면, 그는 해인사에서 사미과와 대교과 과정을 이수했다. 20대 후반에 이미 강백(강사)을 역임할 정도로 실력이 있었다고 한다. 1919년 3·1운동으로 백용성, 한용운 등 불교계 독립운동가들이 수감되자, 그는 창신동 중앙학림 내에 한국민단본부라는 비밀단체를 조직하여 항일운동을 펼쳤다. 전국 불교도 독립운동본부 격인 이 단체를 이끌면서, 지하신문인 〈혁신공보〉를 제작해 배포하고 군자금을 모으는 등 여러 방법으로 일제에 대항했다.

독립운동을 시작한 1919년 4월경부터 일제에 붙잡힌 1920년 3월 1일까지 백초월은 어디를 근거로 독립운동을 펼쳤을까? 우선 중앙학림이 위치한 창신동을 들 수 있지만, 그곳은 서울 시내였기 때문에 일제의 감시에서 자유롭기 어려웠다. 더욱이 2009년 5월에 진관사에서 발견된 태극기와 독립운동 자료를 고려한다면, 진관사를 제외하고 이를 논의할 수 없다.

당시의 교통 사정을 생각해보면 진관사는 서울 외곽에 자리한 으슥한 사찰로서 백초월 스님이 은거하면서 독립운동을 총괄하는 데 최적의 공간이었을 것이다. 독립기념관의 제1대 한국독립운동사연구소장을 역임한 신용하 교수도 2009년 12월 진관사가 주최한 '한국 독립운동과 진관사'라는 학술세미나의 기조 강연에서 독립운동에서 진관사의 특별성을 개진했다. 그는 '진관사에서 발굴된 자료의 독립운동사에서의 가치'라는 제목의 발제문에서 "연통제(聯通制, 임시정부가 국내에 조직한 비밀 연락망 조직)에서 불교의 서울(중앙)연락본부가 진관사였음이 밝혀진 것"으로 보았다.

또한 백초월이 진관사를 근거지로 삼으면서도 서울과의 접근성이나 독립운동가와의 연락을 위해 진관사의 마포 포교당을 독립운동의 일선 기지로 활용했을 가능성을 추정할 수 있다. 이 포교당은 1916년경 재가 불자들이 마포의 집 한 채를 사고 진관사 승려인 홍철우를 포교사로 초빙함으로써 설립되었다. 그러니 1919년에 백초월이 독립운동의 전진 기지로 삼았다는 추정은 설득력이 있다.

일제의 〈총독부관보〉에 따르면 마포의 진관사 포교당 소재지는 마포리 414번지로 나온다. 포교 책임자의 주소와 담당자는 경기도 고양군 신도면 진관외리의 진관사 주지인 홍철우였다. 지금은 그곳이 극락암으로 불리는데, 언제부터 명칭을 변경했는지는 알 수 없다. 현 주소는 서울 마포구 마포동 414-2번지이며, 극락암의 토지는 진관사 소유로 되어 있다. 극락암은 여의도에서 마포 쪽으로 가다 보면 작은 산 중턱에 보이는 사찰로, 마포종점 만세시위 장소와 인접해 있다.

이러한 배경을 살펴보면, 진관사에서 발견된 다수의 자료는 백초월이 일본으로 떠나기 전인 1920년 2월경에 숨겼던 것으로 볼 수 있다. 그는 3·1운동 1주년을 기념해 그해 말 일본에서 독립운동을 전개하려 했었다. 어쩌면 백초월이 일본에서 체포되어 국내로 압송된 1920년 3월 9일 직후나 다시

1939년 백초월은 만주행 군용열차에 '대한 독립만세'라고 쓴 혐의를 받고 구속되었다. 사진은 당시 3년형을 받고 서대문형무소에 수감될 때의 모습.

체포된 5월 6일 직후에, 그가 일제에 체포된 사실을 알게 된 진관사의 어느 승려가 긴박한 순간에 숨겼을 가능성도 높다.

백초월은 1920년 3월 동경에서 피체되어 경기도 경찰부에 넘겨졌다. 일본 형사에게 참혹한 고문을 당했는데, 그는 바로 안창호 등 수많은 독립투사를 고문하여 악명이 높았던 미와 와사부로였다. 백초월은 지독한 고문으로 불구의 몸이 되어 출옥했다. 고문 후유증으로 머리를 똑바로 들지 못할 정도였다. 그럼에도 이후 전국 사찰을 방문하며 모금하여 상하이 임시정부에 여러 번 송금했다. 이 사실이 왜경에게 발각되자, 대구형무소에서 징역 3년을 살면서 다시 심한 고문을 당해야만 했다.

1935년 3월경, 백초월은 봉원사 강사로 취임하면서 서서울로 돌아왔다. 하지만 1939년 '용산역 군용열차 낙서사건'의 주모자로 지목되어 또다시 3년간 구속되었다. 이후에도 백초월은 계속하여 독립운동을 하다 체포와 옥고를 거듭 치렀다. 결국 1944년 6월, 그는 청주형무소에서 순국했다. 그에 대한 기록은 많지 않지만 1990년 건국훈장인 애국장이 추서되었고 2017년

8월에는 국립현충원에 위패가 안치되었다.

진관사에서 발견된 태극기 이야기로 돌아가자. 오랜 세월이 흐르면서 색이 바래고 왼쪽 윗부분이 불에 타 약간 손상되었지만 형태가 완벽하게 보존되어 있다. 크기는 가로 89센티미터, 세로 70센티미터이며 태극의 지름은 32센티미터다. 이 태극기의 4괘는 현재의 국기와 비교하면 리·감의 위치가 바뀐 형태인데, 1942년 대한민국 임시정부 국무위원회가 제정한 국기 양식과 동일하다. 태극은 청·적색이고, 현재의 국기를 뒤집어놓은 모습이다.

바탕은 광목천이고, 바탕천에서 태극 부분을 도려내고 뒷면에 다른 천으로 만든 태극을 덧붙여 정교하게 박음질했다. 태극기의 뒷부분에 해당하는 곳에 박음질 자국이 확연한 반면 앞부분은 그 자국이 보이지 않는다. 태극의 적색 부분 위에 청색을 덧칠한 점으로 미루어 일장기에 청색을 칠해 만든 것으로 추정된다. 사실 3·1운동 당시 사용된 태극기 대부분이 일장기로 만들어졌다고 한다.

진관사 태극기는 실제 독립운동 현장에서 사용되었을 가능성이 높아서 그 역사적 가치가 매우 높다. 오늘날 1919년에 제작된 태극기가 많지 않으므로 국기의 변천사를 밝히는 데에도 기여할 것이다. 또 불교계가 대한민국 임시정부 성립 직후부터 임시정부와 적극적으로 교류하면서 독립운동을 펼쳤으며, 진관사를 비롯한 사찰들이 독립운동의 전개 과정에서 배후 근거지 또는 거점 역할을 담당했다는 사실도 전해준다.

진관사 태극기는 이처럼 진관사와 불교계뿐만 아니라 한국 독립운동사의 실상과 그 의의를 새롭게 고찰하는 귀중한 자료로 인정받아 등록문화재 제458호로 지정되었다. 2017년 3월 1일, 은평구청은 3·1절 98주년을 맞이하여 진관사 태극기의 확대 복사본을 구청에 게시했고, 진관사의 진입로를 '백초월길'로 명명했다.

의친왕, 수색역에서 망명을 시도하다

1919년 11월 11일 중국 안동(현재의 단둥)역, 서울에서 출발하여 경의선을 거쳐 올라간 기차가 압록강 철교를 건너 역내로 들어왔다. 역사는 일경들에게 포위되어 있었다. 낡은 양복에 중절모를 눌러쓴 면서기 같은 행색의 한 남자가 기차에서 내렸다. 그러자 요네야마 경부가 그에게 다가가 "전하, 어디로 가십니까?"라고 물었다. 놀랍게도 그 인물은 고종의 아들인 의친왕 이강이었다.

일제는 물론 전 세계를 놀라게 한 3·1만세운동의 영향으로 1919년 4월, 중국 상하이에 대한민국 임시정부가 수립됐다. 하지만 일제의 잔혹한 진압으로 인해 만세운동은 사그라지고 말았다. 새로운 전기가 필요하다고 본 임시정부는 저명인사의 중국 망명을 추진했다. 의친왕 이강은 그 첫 대상으로 선택된 인물이었다.

고종의 다섯째 아들이자 순종의 동생인 의친왕은 왕위 후계자로 지목된 영친왕보다 스무 살이나 많았지만, 그 둘보다 항일의식이 높았기에 일제의 감시와 경계 대상이었다. 1919년 11월, 3·1운동에 이은 2차 만세시위를 위한 독립선언서에 조선 왕족으로서는 유일하게 의친왕 이강의 이름이 올라 있다. 그의 거처인 의화궁은 3·1운동이 시작된 태화관과 탑골공원 사이에 있었고 손병희의 집과도 가까웠다.

1921년 미국 워싱턴에서 5대 열강회의가 열렸는데, 이때 조선의 독립을 촉구한 건의서에도 황족 대표 이강의 이름이 나온다. 그는 1895년(고종 32) 6개국 특파대사 자격으로 영국·독일·프랑스·러시아·이탈리아·오스트리아 등을 차례로 방문했고, 1900년(고종 37)에는 미국 유학길에 나서 오하이오주 웨슬리언 대학과 버지니아주 로어노크 대학에서 공부한 바 있었다. 누구보다 국제 정세에 민감한 인물이었던 것이다. 미국 유학 때 의친왕으로 책봉

되었지만 1910년 망국과 더불어 공公으로 강등된 후 사실상 낭인 생활을 해야 했다.

의친왕은 총독부의 요주의 인물이었다. 거처인 의화궁에는 항상 일본경찰이 경호라는 명목으로 오가는 편지를 검열했을 뿐만 아니라 일거수일투족을 감시했다. 그는 황족 중 가장 반일 성향이 강했으며, 40대 초반의 한창 나이로 조선 황실을 대표하는 인물이었다. 그랬기에 임시정부가 망명을 추진한 것은 어쩌면 당연했다.

상하이 임시정부는 국내와의 연락망을 확충하고, 비밀 특파요원들을 국내에 파견한다. 그중 이종욱은 도산 안창호에게 더욱 특별한 임무, 즉 의친왕의 망명이라는 밀명을 받는다. 이종욱은 당시 승려 신분이었기에 비교적 자유롭게 상하이를 오갈 수 있었다. 그의 입국 시기는 1919년 10월경이었다. 총독부 문서에도 이종욱이 의친왕과 김가진 등 기타 귀족 명사를 상해로 도항시킬 계획을 갖고 국내로 잠입했다고 기록되어 있다.

이종욱은 대동단에 소속된 전협이라는 인물과 접촉해 비밀리에 의친왕 망명 계획을 추진한다. 전협이 속한 대동단의 원래 이름은 조선민족대동단으로, 대한제국의 대신이었던 김가진이 총재를 맡아 3·1운동 이후 만든 비밀결사조직이었다. 참고로 김가진은 이완용과 함께 독립문 편액 글씨를 쓴 주인공이라는 설이 유력하다.

11월 9일, 전협 일행은 드디어 일제의 감시망을 뚫고 의친왕과 만나는 데 성공한다. 당시 의친왕에게는 늘 고등계 형사인 미와 경부의 감시가 따랐지만, 그를 도중에 따돌리고 공평동 비밀가옥에서 접선한 것이다. 이미 의친왕의 망명을 위해 만반의 준비를 마친 상황이었다.

그 자리에서 망명을 결심한 의친왕은 한순간도 더 지체할 수가 없었다. 사건 당시 일본 측 기록도 마찬가지 내용을 전한다. 의친왕에게 상하이 망명을

의친왕 이강. 안경 너머의 눈매는 무심한 듯하지만, 그는 누구보다도 뜨거운 사람이었다.

권하자 그 자신도 이미 결심한 상태라고 했다는 것이다. 옷을 갈아입고 변장한 의친왕은 고종 황제가 남긴 150만 원의 채권과 비밀문서를 준비하여, 탈출을 위한 모든 준비를 마쳤다.

그런데 그때 조선총독부가 의친왕이 사라진 사실을 눈치 채고 전국에 수색령을 내린다. 상하이 임시정부로 탈출하려는 의친왕 일행과 이를 쫓는 일본 경찰의 추격전이 벌어졌다. 다행히 의친왕 일행은 공평동 비밀가옥에서 나와 적선동, 청운동, 세검정, 고양군의 2차 비밀가옥, 수색역에 이르기까지 일본의 감시를 피할 수 있었다. 의친왕은 중국으로 가는 열차가 출발하는 수색역에 도착했다. 의화궁을 나선 지 만 하루가 지난 때였다.

교통과 무역의 요지인 중국 단둥에는 대한민국 임시정부의 비밀 아지트인 이륭양행怡隆洋行이 있었다. 이륭양행은 영국 국적의 조지 루이스 쇼가

운영하는 무역 선박 회사로, 단둥 구시가지에 있어서 신시가지를 지배하는 일제의 손길이 미치지 못했다. 영국에 탄압받는 아일랜드 출신이었던 쇼는 조선의 독립운동에 깊이 공감했다. 그는 이륭양행에 임시정부의 교통사무국을 설치하도록 허용하고, 아울러 자신의 기선으로 우리 독립운동가들과 무기·출판물·자금 등을 안전하게 운송하거나 보관해주었다. 이로 인해 1920년 7월, 쇼는 일제에게 체포되어 내란죄로 기소되었고 4개월간 옥고를 치렀다. 보석으로 석방된 이후에도 변함없이 독립운동을 지원했던 그는, 너무 늦기는 했지만 2012년 광복절에 건국공로훈장을 수여받았다. 뒤에서도 다루겠지만, 아일랜드 출신들은 역사적 공감대 때문인지 해방 후에도 우리나라에 많은 도움을 주었다.

점점 좁혀지는 일제의 수사망을 가까스로 따돌린 의친왕 일행은 기차 안에서의 검문도 무사히 피하고 중국 안동역에 도착했다. 그러나 결국 일경의 수사망을 피하지 못하고 역 앞에서 붙잡히고 말았다. 이륭양행은 역에서 고작 2킬로미터 앞에 있었다.

의친왕 망명 미수 사건은 일제에게 큰 충격을 주었다. 이미 1915년 신한혁명당이 고종을 망명시키려던 계획이 일제에 발각된 일이 있었기 때문이었다. 만약 의친왕의 망명이 성공했다면 일본은 국내외적으로 적지 않은 타격을 입었을 것이다. 조선 황족을 대표하는 의친왕이 임시정부에 합류한다면 세계에 한일합방의 부당성을 알릴 수 있었을 것이고, 상하이 임시정부로 독립운동세력이 모일 것이었다. 더욱이 군자금 모금에도 유리해지는 일석삼조의 효과를 얻을 수 있었다.

일제는 이 사건의 본질을 조작했다. 의친왕을 증인 자격으로 불러서 '본인의 의사와는 무관하게 억지로 끌려갔다'는 진술을 강요했다. 이 진술을 토대로 전협 일파의 죄목을 '유괴, 협박, 감금'으로 규정했다. 자발적인 의사에 따른 정치적 망명이 아닌 단순 범죄로 몰고 간 것이었다. 의친왕은 증인 조사만 받고 풀려났지만, 일제의 감시와 탄압은 더욱 심해질 수밖에 없었다.

이 사건으로 당시 대한제국 황족들에게 허용되었던 한반도 내 여행의 자유가 박탈되었다. 경성으로 압송되다시피 한 의친왕은 총독부 안에 있는 녹천정에 갇혔다. 이것마저 불안했던 일제는 그를 일본으로 이주시키기로 결정했다. 심지어 1930년, 일제는 의친왕에게 작위를 빼앗아 맏아들 이건에게 물려주게 하고 의친왕을 강제 은퇴시켰다. 이건은 영화 〈덕혜옹주〉에서 친일파 황족으로 등장한다.

이후 의친왕은 미치광이 행세를 하고 주색에 빠져 사는 척하면서 감시의 눈을 피해 살았다. 하지만 1940년 창씨개명령이 떨어졌을 때는 그것을 거부했다. 대한민국 정부 수립 이후에도 그의 삶은 순탄치 않았다. 황실을 배척하는 이승만의 정책에 의해 망국의 황자로서 고난의 세월을 보냈다. 그러다 1955년 8월 16일, 종로구 안국동의 별궁에서 79세의 나이로 한 많은 일생을 마쳤다.

야학과 교육의 중심지 서서울*

1920년대 이후 독립군 무장투쟁, 의열투쟁, 학생운동, 문화운동, 언론운동, 체육운동 등 다양한 방면에서 청년층이 주역으로 등장했다. 청년들은 일제하 식민지 교육체제 속에서 자라났지만, 그럼에도 1919년 3·1운동에 주도적으로 참여하면서 자주적 민족의식을 체득하고 실천했다. 청년들은 1926년 6·10만세운동, 1929년 광주학생운동 등을 비롯한 민족운동의 주역

• 이정은, 앞의 책, 334~340쪽 참조.

으로 활동했다. 더 이상 현실의 모순과 문제를 해결해줄 영웅을 기다리는 나약한 존재가 아니라, 역사를 변혁하는 주체로서 등장한 것이다.

1920년대 초반에 일어난 청년운동은 주로 문화계몽운동의 양상을 띠었다. 이때부터 학생층을 중심으로 사회주의 사상이 수용되기 시작했으며, 점차 독립운동이라는 목표와 계급혁명이라는 목표가 혼재되어 혼선을 가져오기도 했다. 1920년대 중반 이후에는 청년단체들이 민족주의 계열과 사회주의 계열로 분화되었다. 사회주의 계열 청년단체들은 1924년 조선청년총동맹을 결성했는데, 전국 각지의 군에는 청년동맹, 면에는 지부, 리에는 반의 이름으로 청년단체가 조직되었다. 이 시기 청년운동은 민족해방의 이념을 대중에게 확산시키고 대중을 조직화하는 데 선도적인 역할을 했다.

1920년대 서서울에도 창의청년회 등 많은 청년단체들이 있었다. 이들 청년단체는 현 마포구 일대인 용강면 등 훗날 대부분 서울로 편입될 지역에 있었다. 청년단체들은 지육부, 체육부, 덕육부, 문예부, 사교부 등의 부서를 두었다. 일부는 노동부 또는 산업부나 권농부를 두어 지식 보급과 산업장려 등의 사업을 펼쳤다. 종교단체의 청년회는 종교부를 두었다. 대부분 청년단체는 재정적으로 어려움을 겪었지만, 의연금을 모으고 후원을 받아 회관을 구입하거나 건축했다. 마포청년회는 회관을 마련했고, 아현청년회와 신공청년회 등은 회관 건축을 논의했다.

특히 많은 청년단체들이 야학을 운영했다는 점은 주목할 만한데, 서서울은 매우 활발한 야학 운영지역이었다. 서울과 가깝기는 마찬가지인데도 용인군, 시흥군 등에서는 고양군처럼 야학이 활발하지 않았다. 이로 미루어볼 때 야학은 청년단체의 활발한 활동과 연관되었던 것으로 짐작된다. 그중에서도 마포 지역이 가장 돋보였다.

야학의 교과목 중에는 일본어가 상당한 비중을 차지하기에 당시 야학운동이 곧 민족의식 양양과 직접 결부된다고 할 수는 없다. 그런 만큼 야학운동을 민족교육운동이라기보다는 문화운동이라는 관점에서 파악하는 인식이 필요하다. 1924년경부터 야학은 사회주의의 영향을 받았다. 고양군 용강면 동둑도리에서 이덕순이 설립한 무산아동야학이 좋은 예다.

야학은 학교를 다니지 못하는 이들에게 교육 기회를 주어서 문맹 퇴치에 기여하는 한편, 강연회와 음악회, 운동회 등을 개최해 인근 주민과 유대를 돈독히 하고, 민족의식을 고양하는 장의 역할도 했다. 또 유지들에게 의연금과 물품을 기부받기도 했다. 서강무산야학의 경우 자선음악 강연회를 서강예배당에서 성대하게 열었는데, 장내가 700~800명의 군중으로 대만원이 되었다고 한다. 심지어 장외까지 많은 사람들로 넘쳐 실로 '성황 중의 성황'을 이루었다. 유지 김로겸이 석탄 1톤을 기증했다.

1930년에 들어와 민족운동을 둘러싼 주·객관적 정세가 변하고, 1931년 만주사변 이후 전시체제로 전환하면서 일제의 탄압이 가중되었다. 이에 따라 청년운동도 크게 위축되어 자연발생적이고 분산적인 소규모 활동을 할 수밖에 없었다.

1940년대 초부터는 일부 청년단체에서 일제의 패망을 예견하고 독서회, 징병·징용 기피 등의 활동을 벌이면서 나름대로 독립과 건국을 준비했다.

의열단원 김익상

1921년 9월 12일, 서울 남산 조선총독부 청사의 비서과와 회계과장실에서 굉음이 울려 퍼졌다. 이 건물은 1926년 경복궁 내 신청사를 세우기 전의 조선총독부 청사였다. 폭탄 두 발이 투척되었으나 첫 발은 불발이었고, 둘째 발이 제대로 폭발했다. 근처에 사람이 없어 인명 손상은 없었지만 건물 일부가 파괴되었다.

무려 식민지 통치의 총본산인 조선총독부에 대한 폭탄 공격이었다. 만약 폭탄의 위력이 더 컸으면 엄청난 타격을 입힐 수도 있었기에 일제가 받은 충격은 컸다. 더 놀라운 사실은 정작 폭탄을 던진 사람은 총독부 관리들이 우왕좌왕하는 사이에 유유히 청사를 빠져나갔다는 것이다. 전 서울 시내에 비상경계망이 펼쳐졌으나 오리무중이었다. 대담무쌍하게 총독부에 폭탄을 던지고 왜경의 수사망을 비웃으며 빠져나간 인물은 바로 의열단원 김익상이었다.

김익상은 1895년 고양군 용강면 공덕리, 즉 지금의 마포구 공덕동에서 태어났다. 평양 숭실학교를 졸업하고 잠시 기독교 학교에서 교편을 잡은 적도 있었다. 부친이 일본인과 함께 재목상을 경영하다가 자본금을 탕진해버려 가세가 기울었다. 그는 서울에 와서 광성연초공사의 기계 감독으로 일하면서 비행사를 꿈꾸었다.

1920년 6월, 광성연초공사가 만주 봉천에 지점을 설치하자 그는 자청하여 만주로 전근했다. 비행사가 될 수 있는 좋은 기회로 여겼던 것이다. 만주 봉천으로 간 그는 회사 동료인 송동휘와 함께 비행학교에 입학하고자 잎담배를 몰래 판 돈을 들고 상하이를 거쳐 광둥으로 갔다. 그러나 중국 내전으로 비행학교가 폐교되어 입학할 수 없게 되었다. 이후 베이징으로 간 그는 의열단원 오성륜을 만나 함께 의열단에 입단했다.

김익상은 자신이 나서서 조선총독 사이토 마코토를 맡아서 죽이기로 결심했다. 폭탄 두 개와 권총 두 자루를 받은 후, 1921년 9월 10일 베이징을 떠나 서울에 도착했다. 마침내 그는 폭탄을 총독부에 던졌다. 소란이 일어나면서 사람들이 모여들자, 유창한 일본말로 "아부나이, 아부나이!"(위험하다, 위험해!)라고 외치면서 사람들 사이를 헤치고 유유히 자취를 감추었다.

남산에 있던 총독부 청사(위)와 김익상의 일제 신상기록카드(아래).

남산의 총독부를 빠져나온 후 김익상은 대담하게도 일부러 인근 일본 요정에 들러 식사까지 하고 옷도 갈아입었다. 그러고 나서 남대문역에서 경의선을 타고 평양으로 가 며칠간 쉬다가 압록강을 건너 베이징으로 돌아갔다.

총독부 폭탄 투하라는 거사 결과가 뜻대로 안 되어 분하게 생각한 김익상은 다른 기회를 기다렸다. 그는 1922년 3월, 상하이 황포탄 부두에서 일본군 육군대장 다나카를 저격했으나 거사는 실패했고, 영국 조계경찰과 중국 순경에게 붙들려 상하이 항무국 경찰서에 송치되어 취조를 받았다. 일본영사관에 인도되었다가 일본 나가사키로 압송되어 사형을 언도받았다.

김익상은 의자를 들고 재판장 모리에게 달려들며 큰 소리로 외쳤다. "일본은 반드시 망하고 내 조국 조선은 꼭 독립이 된다." 간수들에게 제지를 받으면서도 그는 '조선독립만세'를 외치며 감옥으로 끌려갔다. 이후 여러 번 감형 받아 21년 만에 석방되었다. 하지만 그를 여전히 위험한 '불령선인'으로 분류하고 있던 일본 형사에게 암살당했다고 알려져 있다.

송학선의 금호문 의거

송학선은 창덕궁 금호문 의거의 주인공이다. 1897년 돈의문 밖인 천연동에서 출생하여 자랐고, 1922년 26세 때 고양군 연희면 북아현리로 이사했다. 그는 어려서부터 성품이 과묵했고 남과 언쟁을 벌이는 일이 없었다. 늘 집에 조용히 있으면서 청결한 것을 좋아하는 단아한 성격이었다.

그의 집안은 너무나 가난했다. 서대문공립보통학교에 입학했으나 13세 때 아버지의 사업 파산으로 더욱 궁색해져 가족이 뿔뿔이 흩어져야 했다. 다니던 학교도 1년 만에 그만두어야 했다. 17세가 될 때까지 4년 동안 가족들이 한 지붕 아래 모여 살지 못했다.

1916년 20세 되던 해에 송학선은 경성부 북미창정(현 중구 북창동) 106번지 농기구상에 인부로 고용되었다. 생활의 안정은 얻었으나 병에 걸리고 말았다. 그간 못 먹고 방랑한 탓에 각기병*에 걸려 항상 다리가 부어 있었고 팔다리에 힘이 없으며 늘 피곤해 했다. 병으로 인해 업무에 지장이 생겨 그는 6년 뒤인 1922년에 해고되고 말았다.

그 후 송학선은 일정한 직업 없이 날품팔이를 하면서 겨우겨우 살아나갔다. 그즈음 천연동에서 아현북리로 이사했다. 1926년 3월 그는 남대문 부근 경성사진관에서 가옥 수리를 하면서 그 집 부엌에 서양 칼이 떨어진 것을 발견하고 갖고 돌아와 예리하게 갈아서 감추어두었다.

그해 4월 26일, 융희황제(순종)가 승하했고, 송학선은 조의를 표하기 위해 창덕궁으로 갔다. 그는 그 이튿날인 27일에는 반드시 사이토 총독이 창덕궁에 조문 차 올 것이므로 기회를 보아 처단하리라 생각했다. 하지만 그날은 만나지 못했다. 28일 정오경, 송학선은 다시 칼을 품고 돈화문 앞에서 기회를 노렸다. 그러던 중 오후 1시경에 경성부의원 사토 코지로 등 세 명이 창덕궁에 들어가 조문을 마치고 돈화문의 오른편인 금호문으로 나왔다. 군중 가운데 누군가가 "총독이다"라고 외치는 소리를 듣고서, 송학선은 자동차에 앉은 뚱뚱한 사토를 총독으로 잘못 알고 차 뒤를 추적하기 시작했다.

자동차는 창덕궁 경찰서 앞에서 남쪽으로 조금 나아갔지만 몰려드는 군중 때문에 전진할 수 없자, 북쪽으로 차를 돌려 천천히 나아갔다. 이때 송학선은 차가 잠시 멈추는 기회를 노려 자동차의 왼쪽 승강대에 뛰어올랐다. 그러고는 차 안에 앉은 사토의 오른쪽 가슴과 왼쪽 복부를 찔렀다. 그 왼편에 앉아 있던 다카야마 고코가 놀라 일어서자 그도 찔러 즉사시켰다.

---

* 비타민 B1의 부족으로 생기는 영양실조 증세.

송학선의 공판 모습. 그는 30세의 젊은 나이에 순국했다.

송학선은 뛰기 시작했다. 경기도 경찰부 기마순사 후지하라와 서대문서 순사 오환필이 추격해왔고, 휘문고등보통학교 앞 도로에서 격투가 벌어졌다. 송학선은 자신의 왼손을 붙든 오 순사를 찔러 쓰러뜨렸지만 결국 붙잡히고 말았다. 그는 경성지방법원에서 재판을 받았다. 이때 일본인 판사는 그에게 물었다. "피고는 어떤 주의자인가? 사상가인가?"

송학선은 당당히 답했다. "나는 어떤 주의자도 사상가도 아니다. 아무것도 모른다. 다만, 우리나라를 강탈하고 우리 민족을 압박하는 놈들은 100번 죽어도 마땅하다는 것만은 잘 알고 있다. 총독을 못 죽인 것은 저승에 가서도 한이 되겠다."

여기서 판사가 주의나 사상을 물은 것은 당시 사회주의 사상이 많이 퍼지고 있었기 때문이었다. 송학선의 의거는 6·10만세시위에 큰 자극제가 되었다.

7월 15일, 경성지방법원 제7호 법정에는 이른 아침부터 송학선의 공판 광경을 지켜보려는 일반 방청인들이 구름같이 모여들었다. 23일에 사형언도가 내려졌고 고등법원까지 상고했지만, 11월 10일 사형이 확정되어 다음 해 5월 19일 서대문형무소 사형장에서 순국했다.

　송학선은 이때 30세의 한창 나이였다. 무학이었고 사회 밑바닥의 일용노동자에 불과했지만, 그는 자유와 조국 독립이라는 대의를 위해 자신의 목숨을 기꺼이 바쳤던 고귀한 애국심을 가진 지사였다.

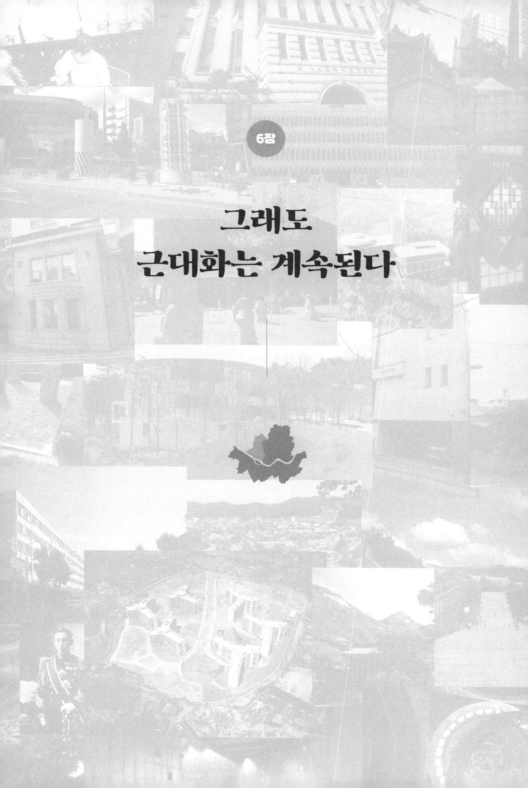

6장

그래도
근대화는 계속된다

서민의 발이 된 마포전차

1898년 서대문에서 종로, 동대문을 거쳐 청량리까지 이르는 전차궤도
가 부설된 이래 전차는 일제 강점기 경성의 가장 대중적인 교통수단이었다.
1901년 7월 남대문 - 서대문 구간에 이어서 1900년대 초반 서대문 - 마포 간
단선궤도가 신설되었다.* 전차는 시내로의 등하교와 출퇴근 등의 교통수단
으로 이용되었다.

이 노선은 1936년 복선으로 증설되었다. 구용산선, 마포선, 서대문선, 청
량리선, 을지로선, 왕십리선, 충무로선 등 총 여덟 개 노선이 운영되었다. 마
포선은 마포를 종점으로 도화동, 마포경찰서 앞, 경기공업고등학교**, 아현
동을 거쳐 종로로 진입하는 노선이었다. 지하철 5호선의 원조 격인 셈이다.
반대쪽 종점은 청량리였다.

1928년 부영府營 버스가 등장해 전차와 경쟁을 벌이기도 했다. 1930년대

● 마포전차의 개통 연월일이 정확하게 전해지지는 않지만, 1907년 정도로 추정된다.

●● 아현직업학교. 현 아현초중등학교.

이후 일제 강점기의 전차는 '교통지옥'으로 불리면서 사회문제가 될 정도로 승객이 격증해서 거의 만원 상태로 운영되었다. 특히 마포선은 청량리선, 왕십리선과 더불어 도심으로 진입하는 노선으로, 조선인 중에서도 서민이 주로 이용했다. 일본인은 주로 용산선을 이용했다(100퍼센트 그랬다는 것은 아니지만, 용산은 일본인의 도시, 마포는 조선인의 도시로 봐도 큰 무리가 없다. 지금도 지하철 6호선이 지나가는 용마루고개를 올라가면 고개 정상을 기준으로 용산 쪽에 일본식 가옥이 아직도 적지 않게 남아 있음을 확인할 수 있다).

마포선 전차에는 특이하게도 화물칸이 따로 있어서 새우젓독을 남대문이나 동대문시장까지 실어 날랐다고 한다. 서대문과 영천시장을 잇는 구간은 1915년 8월에, 영천시장과 독립문을 잇는 구간은 1935년 8월에 개통되었다. 시인 변영로의 음주인생 에피소드를 모은 《명정 40년》에도 이 노선이 등장한다. 그가 종로에서 만취해서 노량진행 전차를 탔다고 생각했지만 실제로는 영천행을 잘못 탄 것이었다. 종점에 내린 다음에도 정신을 못 차리고, 집으로 가는 길인 줄 착각해 걷다가 어딘가에 드러누웠는데, 그곳이 홍제동 화장터였다고 한다.

마포선은 서민들이 주로 이용하는 교외선이었다. 이런 특성 탓에 당시 운영회사였던 경성전기주식회사가 한때 교외선 폐지 입장을 표명하자, 마포 일대 주민들이 반대 시위를 벌이기도 했다. 교외선을 타고 시내로 진입하려면 요금을 두 배 내야 했는데, 이에 대해서도 마포 일대 주민들은 궐기하여 대항했다.

수색역의 대변신

앞서 이야기한 의친왕의 망명 무대였던 수색역은 경의선 철도 첫 건설 당

수색역은 단층 가건물의
소박한 정거장에서 훗날
일약 조선 최대 규모의
조차장으로 변신했다.

시부터 개설된 역으로, 그 면적이 7만 2,600평에 달했다. 그런데 수색역사는
러일전쟁 중 급하게 세워졌기 때문에 단층 목조 가건물에 불과했다. 당시 경
의선은 임시 군용철도의 성격이 강했기 때문에, 시공이 군대식으로 이루어
져 역사도 군대막사와 다를 바 없었다. 수색역의 지붕은 아연도금 철판으로,
창문은 유리와 종이를 이용해 두 겹으로 설치되었다.

1908년 영업을 시작한 수색역은 경성의 서쪽 관문 지점으로 인식되었다.
1919~1920년에는 경성에서 수색역 간의 선로 개량사업이 진행되었으며,
1938~1942년에는 복선화가 이루어졌다. 경의선 복선 공사에 따라 수색역
사는 1940년에 신축되었는데, 이때 화재가 일어나 역사가 전소되는 사고를
겪기도 했다.

수색역이 가장 확연하게 변모하게 된 계기는 조차장* 건설이었다. 조선총
독부 철도국은 1937년부터 5개년 계획으로 경성, 평양, 대구, 부산 등 전국

● 操車場. 철도에서 열차를 잇거나 떼어내는 곳.

5개소에 조차장을 신설하기로 했다. 이때 경성 조차장으로 수색역을 선택했다. 착공 당시 수색역 조차장은 조선에서 제일 큰 정거장으로 한 번에 약 2,000량의 객화차(여객차와 화차)를 수용, 정리할 수 있는 최신 시설로 계획되었다. 조차장 건설 이후 수색역은 단순한 정거장의 기능보다는 전국 각지로 떠나는 열차를 정비하고 발차 준비를 하는 역할을 주로 맡았다. 이러한 사실은 수색역에서 철도 기관사로 오랫동안 근무한 박대용(1933년생) 씨의 회고를 통해서도 확인할 수 있다.

> 바퀴도 뭐 점검하고 연료도 충분한지 일일이 확인하지. 객차가 있어요. 여기서 부산 가는 객차가 열 개면 딱 붙여 가지고 준비해서 서울역에 가면 부산으로 가는 거지. …그게 일정이지. …여기는 준비하고 점검하고 기차 연결하고 서울역에 보내면 서울역에서 가는 거지. …가는 건 서울역에서 문산 가는 거, 그거는 여기서도 타고 내릴 수는 있는데 직통으로 가는 거는 전부 서울역이지.•

신작로 건설과 그 그늘

조선총독부는 1912년 10월부터 경성 도로의 보수와 신설에 착수했다. 두 번의 공사를 통해 총 47개 노선의 도로를 개·보수했으며, 제1기는 1912~1918년, 제2기는 1919~1929년이었다. 이는 도시의 도로, 교량, 하천을 정비해 경성을 근대적 도시로 만들겠다는 의도에서 시작되었다. 이렇게 건설한 도로를 이른바 '신작로新作路'라고 불렀다.

• 한국기록문화연구소 외,《물빛 고운 동네 수색, 증산》, 은평구, 2011.

총독부의 재정은 그리 넉넉한 편이 아니었다. 이미 경부선과 경의선을 건설할 때 조선인의 재산과 노동력을 마음대로 썼던 전례도 있었기에, 총독부는 헌병을 시켜 인력을 거의 무상으로 동원했다. 심지어 그런 식의 동원이 많이 이루어지는 지역에 예산을 더 할당해 부역을 장려하다시피 했다. 일본 본토의 정치인인 나카노 세이고조차 주민들이 헌병의 노예나 다름없다고 개탄할 정도였다.

의주로, 즉 경의가도는 이런 조선 민중의 피눈물을 먹고 신작로로 다시 태어났다. 1914년 7~9월의 기록을 보면, 거의 1만 명의 주민들이 부역에 동원되었고 그중에 은평면 출신이 약 20퍼센트를 차지했다(나머지는 벽제, 신도, 원당면 출신이었다). 경의로가 1등 도로라지만 폭은 7미터 정도에 불과했고 일부만 포장되었을 뿐 대부분 자갈길이었다. 마포 쪽으로 신작로가 신설된 시기는 제2기에 해당되며, 마포 지역을 도심부로 이어주는 구조로 공사가 진행되었다.

당인리발전소의 영광과 쇠퇴

당인리발전소(현 서울화력본부)는 우리나라 최초의 화력발전소다. 1953년 이승만 대통령이, 1970년에는 박정희 대통령이 시찰할 정도로 서울의 전기 공급에 중요한 역할을 담당한 이 발전소는 마포종점 때문에 세워졌다.

일제 강점기였던 1926년 6월에 1만 킬로와트 규모의 당인리발전소 1호기를 착공하여 1930년 11월에 준공했고, 4년 뒤인 1934년 5월에 2,500킬로와트를 추가하는 2호기를 착공했다. 전국의 전력산업을 손에 넣은 조선총독부는 당시 대부분의 발전소, 그것도 수력발전소를 중국과 가까운 한반도 북부지역에 세웠다. 일제는 대륙 침략을 위한 전초기지로서 공업단지를 조성

1980년대의 당인리발전소.

했는데, 이곳으로 보낼 전기 공급이 최우선이었기 때문이다.

하지만 서울 주변의 전차 노선이 확대되면서 전력 수요가 크게 늘자, 서울을 비롯한 한반도 중남부 지역에 전력난이 심각해졌다. 발전소는 도심에서 멀리 떨어져 있어야 한다는 금기를 깨고 마포 당인리에 화력발전소를 세운 것이다. 해방 후에는 1948년 남한이 소비하던 전기의 90퍼센트가량을 공급하던 북한이 일방적으로 단전 조치에 나서면서, 당인리발전소는 수도권에 전기를 공급하는 최후의 보루로 떠올랐다.

원자력발전소가 들어서던 1980년대 들어 당인리발전소는 차츰 쇠락했다. 1971년에는 서울 전체 전기소비량 중 무려 75퍼센트를 생산할 정도였으나 나중에는 3.7퍼센트까지 떨어졌다. 발전소가 내뿜는 매연과 연료를 실어 나르는 대형 트럭의 소음을 지적하는 민원도 쌓여갔다.

당인리발전소는 벚꽃길을 조성해 지역주민들에게 개방하고, 발전 연료를 석탄에서 벙커씨유와 매연 배출이 전혀 없는 LNG로 바꿨지만 인근 주민들의 불만은 좀처럼 사그라지지 않았다. 최근 서울시 도시계획에 따라 지하는 발전소, 지상은 문화창작발전소로 재탄생할 예정이다.

"수색변전소를 아시나요"

조선인들에게 전기는 필수품이 아니라 사치품이었다. 구한말부터 조선에 들어와 난립했던 일본의 전기회사들은 일본에서보다 30~40퍼센트 이상 전기를 비싸게 팔았다. 조선에서의 전력 생산 단가가 더 저렴했는데도 그렇게 폭리를 취한 것이다. 그래서인지 해방 직전까지 조선인 가구의 전등 보급률은 10퍼센트도 되지 않았다. 이는 조선에서 전기요금 인하운동이 일어나는 원인이 되었다. 이 운동은 1920년대 일제 강점기에 가장 열렬한 소비자 운동 중 하나였다.

수색로 14길 6번지 주택가에 위치한 수색변전소는 1937년 조선송전주식회사가 건설했다. 주된 역할은 북쪽에서 내려오는 전기의 공급이었다. 이 전기는 모두 수색변전소를 거쳐 왕십리변전소, 동대문변전소로 흘러갔기 때문에 수도권 전기에너지 산업에서 수색변전소가 차지하는 위치는 절대적이었다. 이 때문에 1951년 이승만 정권은 전쟁 기간이었는데도 1951년 7월부터 8월까지 200만 원의 자금을 들여 파괴된 5만 킬로볼트–암페어의 제1호 변압기와 개폐시설을 복구하기도 했다.

1960년 6월에는 수색변전소에 화재가 발생해 서울 전역과 수원, 인천까지 전기 공급이 모두 중단되는 사태가 벌어졌다. 이 화재는 단순히 전기공급만 중단시킨 것이 아니라 펌프 작동을 멈춰 수도공급까지 마비시켰고, 이 때문에 6~7월 내내 변전소의 책임을 묻는 여론이 들끓었다. 이 사례는 수색변전소가 경인지역에 미치는 파급력이 컸음을 잘 보여준다.

1970년대 들어서면서 서울시의 전기 사용량이 증가하고 정부의 전략사업이 변화하면서 수색변전소의 위상도 달라졌다. 서울, 인천, 수원 등 경인지역 전체에 전기를 제공하던 변전소는 수색변전소뿐이었는데, 전기 사용량 증가에 따라 다른 곳에도 지역변전소가 건설되었기 때문이다. 동대문, 왕십리 등에 지역변전소가 건설되면서 수색변전소의 역할은 경인지역 전체에서 서울 서북지역에 전기를 공급하는 역할로 변경되었다.

하지만 이런 변화는 어디까지나 상대적인 것으로 수색변전소의 지위가 낮아진 것은 아니었다. 1960년대까지 15만 4,000볼트의 전압을 다루다가 1970년대에는 34만 5,000볼트를 다루는 변전소로 격상되었기 때문이다. 수색변전소의 전기공급량은 오히려 크게 늘어났으며, 서울의 다른 변전소에 비해 높은 전압을 다루게 되었다. 여전히 수색변전소는 전력산업에서 중요한 위치를 차지한다. 1993년과 1998년 주전압기가 추가 설치되었는데 이는 서울 지역의 수요 증가와 일산 신도시 개발에 따른 조치였다.

수색변전소 직원과 가족들의 삶을 통해 수색동의 변화를 살펴볼 수 있다. 한전 사택(한국전력 사택)은 수색동 주민센터 옆 은평터널로 1길에 있다. 한전 사택은 가, 나, 다동으로 이뤄져 있는데 1980년대까지만 하더라도 현재 가, 나동 자리에 일제 강점기에 지은 사택이 열다섯 채 정도 있었다고 한다. 당시에는 일제 때 지은 사택을 구사택, 1979년에 건축된 현재의 다동을 신사택이라고 불렀다. 집과 마당으로 이뤄진 구사택에는 한 가구씩 살았다고 한다. 특이한 점은 구사택이 지어진 시기상 화장실 등이 일본식 건축양식을 띠었다는 것이다.

1980년대에 구사택을 허물고 현재의 가, 나동을 지으면서 한전 사택은 현재 모습이 되었다. 새로 지은 가, 나동에 비해 다동은 낮은 지대에 위치하고 구식 건물이었기 때문에 여름에는 덥고, 겨울에는 추워 직원들이 선호하지 않았다고 한다. 구사택, 신사택 거주자는 직급에 상관없이 비는 사택이 있으면 새로운 직원이 들어오는 식으로 운영되었다.

수색동에서 한전 직원들은 수색동 주민이나 지역단체와 별다른 교류 없이 살아왔다. 수색변전소는 국가 중요시설이며 높은 전압을 다루고 있어 일반인의 출입을 엄격히 제한했기 때문에, 직원들이 수색동 주민과 근무지에서 만나는 일도 거의 없었다. 따라서 한전 직원 가족끼리의 교류가 중심이 될 수밖에 없었다.

그간 수색변전소에서 특별한 안전사고는 없었다. 오히려 1980년대까지 수색동에 위치했던 연탄공장과 저탄장 때문에 수색변전소가 운영상의 어려움을 겪었다. 탄가루가 변전시설에 흡착되면서 고장을 자주 일으켰기 때문이다. 그러나 이 문제도 1980년대 이후 연탄공장이 이전하고 전기기술이 발전하면서 해결되었다.

앞으로 수색 지역이 수색·증산 뉴타운으로 변모되면서, 수색변전소 역시 크게 변화할 것으로 예상된다. 수색변전소는 옛 건물을 허물고 지중화되고, 지상에는 상업과 업무, 주거, 문화를 아우르는 복합시설이 들어선다. 기존 수색변전소 부지에는 공원이 설립되고 인접지역에 업무시설과 주상복합시설이 들어설 것이다. 한때는 초소 경비인력이 20여 명에 달했을 정도로 중요했던 70년 세월의 옥외 수색변전소는 곧 역사의 뒤안길로 사라질 것이다.

아현동 빈민주거지의 형성

전기나 전차, 신작로 같은 근대화가 이루어졌지만, 그 이면의 어두움도 짙었다. 일제 강점기 초기인 1920년대에는 토지조사사업과 총독부의 수탈적 농업정책으로 많은 이농민이 발생했다. 이들이 도시로 유입되면서 도시빈민층이 형성되었다. "경성을 비롯한 각 도시, 혹은 그 외곽의 하천이나 제방, 산림, 다리 밑 등의 국유지나 사유지 중 유휴지를 무단점거하고 토막土幕 생활"을 하는 이른바 '토막민'도 생겼다. 토막이란 땅을 파고 온돌을 놓은 뒤 거적으로 지붕을 씌운 공간을 말한다. 토막민은 1920년대 초부터 등장했으며, 일제 강점기에 새롭게 생긴 용어였다. 이들은 농촌의 춘궁민, 화전민과 더불어 3대 빈민층을 형성했다. 춘궁민이나 화전민은 조선시대부터 있었지만 토막민은 일제와 산업화의 '작품'인 셈이다.

경성 인근의 토막촌은 1920년대에는 공업이 발달한 동부지역에 주로 집중되었다가, 1930년대 이후 그 수가 급증했다. 총독부는 '대경성 건설'이라는 이름하에 도시구획사업을 진행했는데, 이에 따른 도시미화의 관점에서 토막민들을 강제 이주시켰다. 1931년 아현정町(현 아현동 산 7번지와 380번지 일대)에 토막민 집단수용지가 지정되었고 1934년에는 홍제정(현 서대문구 홍은동)과 돈암정(현 성북구 돈암동) 등에 집단수용지가 지정되었다.

이들 지역이 집단수용지로 채택된 배경은 여러 가지다. 이미 이전부터 이곳에 토막촌이 자연적으로 형성되어 있었고, 토막민의 생계가 경성 내의 산업장과 연결되어 있다는 점이 고려되었다. 또한 분묘 터나 공동묘지 부근, 폐허지가 집단적으로 부락을 형성하기에 용이했다는 점도 들 수 있다.

아현의 경우, 조선 후기 이래 성안 백성의 시체 매장지로 이용되어왔으며, 인근의 도화동과 함께 공동묘지를 이루었다. 그러다가 1931년 토막민 집단수용지로 지정되면서 아현은 공동묘지 역할을 그만두게 되었다. 당시 화광

거적이 겹겹이 겹쳐진 토막
의 모습.

교원和光敎園이라는 단체 가 아현 일대의 토막민 집단수용 사업을 맡으면서
학교, 탁아, 구호 등의 시설을 마련했다. 아현은 경성 주변의 토막민 집단주
거지 중 규모가 컸고, 표2에서 보듯이 인구 성장률도 다른 지역에 비해 상당
히 높았다.

		1924	1928	1933
경성부 내		21만 5,960	23만 734	27만 590
경성부 외	한지면 신당리 (지금의 신당동)	3,000	5,843	1만 5,521
	숭인면 신설리 (지금의 신설동)	1,545	2,227	6,301
	은평면 홍제리 (지금의 홍제동)	1,336	-	1,924
	용강면 아현리 (지금의 아현동)	3,624	6,905	1만 6,111
	영등포면 영등포리 (지금의 영등포)	2,649	3,318	7,176
	계	1만 2,154	1만 8,293	4만 7,033

표2 1920~30년대 서서울 지역의 인구 변화 ●●

일제 강점기에 지은 건물들

서서울에는 일본인들이 많이 진출하지 않았기 때문에, 일제 강점기 건축물 중 현재까지 남아 있는 건물은 연세대와 이화여대에 집중되어 있다. 물론 전혀 남아 있지 않은 것은 아니다. 대표적인 건물이 충정아파트와 일본군 장교관사, 경의·중앙선 신촌역이다.

토막촌이 보여주듯이 일제 강점기에도 서울의 주택난은 심각했다. 그 때문인지는 모르겠지만, 아현동과 서대문을 연결하는 충정로에 4층짜리 도요타아파트가 1930년에 들어섰다. 당시 극심한 주택난을 앓던 서울에서 중앙난방시설까지 갖춘 이 4층짜리 최신식 아파트는 놀라운 존재였을 것이다. 이후 이 아파트는 처음의 등장만큼이나 극적인 행보를 역사 속에서 이어나가게 된다.

한국전쟁 당시 이 아파트의 지하실은 양민학살 장소가 되었고, 수복 후에는 유엔 전용의 코리아호텔로 사용되어 주말마다 옥상에서 파티가 열렸다고 한다. 1961년 여섯 아들을 전쟁으로 모두 잃었다고 주장하는 김병조에게 불하되었다가, 그의 말이 거짓으로 밝혀져 다시 국가에 몰수되었다. 1978년에는 충정로의 확장으로 건물 일부가 헐리게 되었다. 이름도 충정아파트로 바뀌었다.

충정아파트는 지어진 지 무려 88년이 지난 지금까지도 건재하다. 한국, 특히 서울에서 이 정도로 오래된 건물은 문화재가 되어 전시공간이 되거나 헐리거나 하는 두 가지 선택에 직면하게 된다. 그런데 이 칙칙한 '녹색 괴물'

• 일본 정토종 개교원이 개설한 사회사업단체.
•• 서울역사박물관 편, 《언덕을 살아가는 사람들, 아현 염리》, 서울역사박물관, 2010, 36쪽, 표3.

파란만장한 역사를 간진한 충정아파트는 현재도 '살아 있는' 건물이다.

신촌역은 많은 이들의 추억이 서려 있는 공간이다.

1층에는 편의점이 있고 2~4층에 사람이 산다. 지금도 살아 있는 건물인 것이다!《서울건축만담》의 공저자인 차현호는 "B급 홍콩영화의 무대 같다"고 표현했는데 참으로 적절하다는 생각이 든다. 서울시는 2009년 이 아파트를 철거하고 주상복합건물을 세운다는 정비계획안을 승인했지만 유야무야되었다. 최근에는 그 가치를 인정해 보존하려는 쪽으로 선회한 듯하다. 이 과정에서 소문을 듣고 방문하는 이런저런 불청객들이 많은지 현관 출입문에 '외부인 접근 금지'라는 경고문이 붙어 있다.

한편 일제의 만주와 중국 침략은 경성의 군사적 위치에 변화를 가져왔다. 용산과 남산 일대에 집중되어 있던 군사시설들이 외곽에도 들어서기 시작한 것이다. 서울에서 대륙으로 가는 길목인 수색의 전략적 가치도 점점 높아졌다. 자연히 그 일대에 군사 기지들이 들어섰다. 최근 상암동 개발과정에서 발굴되어 보존 처리된 일본군 장교 관사들이 그 증거다.

마지막으로 경의·중앙선 신촌역을 살펴보자. 신촌역은 경춘선 화랑대역과 함께 서울 시내에 딱 두 개 남은 간이역*이다. 분명히 일제가 만든 건물이지만 묘하게도 한국의 토속적인 냄새가 난다. 《개화기-일제 강점기 서울 건축》의 저자 임석재는 "동그란 공같이 생긴 신촌역 대합실이 마치 한국인의 토종 얼굴과 석장승을 닮았다"고 한 바 있다. 동의할 수밖에 없는 표현이다. 당시 한국에 살던 일본인들이 시간이 지나면서 점점 한국적 분위기에 동화되었음을 보여주는 증거다. 신촌역은 1960년대부터 연인들의 나들이용으로 사랑받았고, 1980년대에는 백마 등 MT 장소로 떠나던 대학생들로 붐볐다. 이 역은 용하게도 살아남았지만, 현재 구역사는 경의선 전철화와 함께 등장한 거대한 새 신촌역에 눌려 있는 형편이다.

문화주택에 살으리랏다

1920년대 초 일본의 식민지였던 한반도에 '문화주택'이라는 것이 등장했다. 과학적이고 위생적인 가정생활을 보장하기 위한 일조의 확보와 통풍, 붉은 벽돌과 유리 등 근대적 재료와 장식의 사용, 순백색 커튼과 함께 입식생활을 보장하는 테이블과 의자, 신문물이라고 할 수 있는 피아노와 축음기 같은 근대적 이기가 놓인 거실을 갖춘 서양풍의 주택이었다. 당시 일본의 한 대중소설**을 보면 "물매가 급한 붉은색 슬레이트 지붕, 유리창이 있는 흰색 벽체, 포치가 달린 집을 문화주택이라 호칭"했다고 한다. 일본을 통해 번역된 서구양식의 주택쯤으로 이해하면 되겠다.

---

* 역무원이 없고 정차만 하는 역.
** 다니자키 준이치로, 《치인의 사랑痴人の愛》, 1925.

경성에서 문화주택의 유행은 대단했을 뿐만 아니라 고등교육을 받은 젊은 지식인들 사이에서 부러움과 선망의 대상이었다. 당시 한 언론의 만화에 '나는 문화주택만 지어주는 이면 일흔 살도 괜찮아요. 피아노 한 채만 사주면…'이라는 내용을 종아리에 쓴 여성이 등장할 정도였다.[*] 가진 것도 없으면서 은행 융자를 받아 문화주택을 지었다가 끝내 차압당하는 내용을 그림과 글로 풍자하기도 했다.

한반도로 유입된 문화주택에는 대부분 일본인들이 거주했다. 일제에 부역한 일부 조선인 특권층이나 관리, 새롭게 등장한 전문 직업군에 속하는 인물들도 문화주택을 거처로 삼았다. 경제 계층으로만 보자면 중산층 이상에 속하는 부류가 문화주택을 통해 교양과 품격을 갖춘 문화생활을 향유했던 것이다.

당시 경성은 부의 편중이 심했고, 식민지 경영 주도세력이나 일제에 협력해 일정한 재력과 권력을 유지할 수 있는 조선인만이 문화주택에 살 수 있었다. 그러니 경성의 일반 서민들은 문화주택에 거주하는 이들을 '얼치기 서구문화 예찬론자'로 치부할 수밖에 없었다. 문화주택 열풍이 한창이던 1941년에 발표된 김남천의 소설 《맥》은 그들을 "이층에서 양식을 잡숫고 아래층에 와서는 깍두기를 집어먹는 그런 사람들"이라고 조롱했다.

문화주택의 유행은 단순히 주택 자체만으로 한정되지 않았다. 이른바 문화주택은 주로 일본인들이 많이 살던 남촌과 사대문 안, 용산에 들어섰고, 연희동도 그중 하나였다. 이들 지역은 '문화주택지' 혹은 '문화촌' 등으로 확대해 불렸다. 버스나 전차 등 근대적인 교통수단이 연결되는 곳이라면, 문화주택이라는 이름을 붙여 교외 구릉 주택지의 분양광고 수단으로 삼기도

• 서울역사편찬원 편, 《근현대 서울의 집》, 서울역사편찬원, 2017.

그림 왼쪽에 문화주택과 관련한 언급이 보인다. 오늘날 같았으면 여성혐오적 시선이라고 하여 질타를 받았을 그림이다.

했다. 문화주택이 집중 개발된 곳은 '○○원' '○○장' '○○대' '○○구' '○○촌' 등의 이름을 별도로 붙여 오늘날의 브랜드 아파트 단지와 유사한 분위기를 만들었다.

당시의 대중잡지 《조광》은 〈그 주택, 그 정원〉이라는 제목의 연재물을 내보냈다. 근대교육을 받은 전문가로 널리 알려진 조선인들이 과연 어떻게 사는지 공개하는 내용이었다. 1937년 9월 연재분에서 방문한 집은 음악가 계정식의 주택이었다.

서대문 밖 연희장 주택지 중에도 가장 아담한 곳! 남향한 문화주택 전면은 모두 분합을 드리고 유리창을 하여 창만 열어젖히면 바람과 일광이 맘대로 들어오게 되었다. 그리고 부엌은 뒤로 붙여서 보이지 않고 방만이 순백의 커튼 아래 고요히 침묵을 지키고 있다. 뜰 앞 정원에는 조그마한 밭이 있어서 이집 주인들이 좋아하는 온갖 물건을 심어놓았다. 오른쪽 방은 계씨의 방, 그다음이 부인의 방이요, 그다음이 시어머니 방인데 가운데로 복도가 있고 뒤로는 부엌과 목욕실과 지하실이 있다. 그리고 시멘트로 장독대를 만들고 장독대 밑으로 지하실이 있는데 이 지하실은 김치광이라고 부인은 설명해주신다. 이 집은 작년에 건축한 집으로 도합 4천 원을 들여서 신축했다고 한다.

이 일대에 문화주택이 여럿 들어선 곳을 연희장이라 불렀다. 그곳에 위치한 음악가 계씨의 집은 위생조건을 개선했을 뿐만 아니라, 집 안에 목욕탕을 두었으며 창문마다 순백색 커튼을 달았다고 한다. 흥미롭게도 방과 방 사이에 복도가 있었다. 흔히 '속복도'라 불리는 실내의 긴 복도 공간은 일본식 주택에 나타나는 특징이다. 집의 겉모습은 서양식을 따르고 설비와 위생조건은 대부분 근대적 수법을 따랐지만, 실내 공간은 여전히 일본식이었던 것이다.

동양극장의 드라마틱한 역사

동양극장은 1935년에 평양 출신의 홍순언이 아내이자 무용가인 배구자*와 함께 서대문구 충정로에 설립한 우리나라 최초의 연극 전용극장이다. 당

• 악명 높은 친일 여간첩 배정자의 조카이기도 하다.

시 홍순언의 재산 4,000원과 그가 일본인 와케지마 후지로의 도움으로 상업은행에서 빌린 19만 5,000원을 합쳐 세웠다. 종로에 포진한 조선극장*, 단성사, 우미관 등이 주로 영화상영, 음악회, 가극대회를 위주로 했던 당시의 상황에서, 동양극장의 설립은 연극계에 새로운 바람을 불러일으켰다.

이 극장의 규모는 대지 488평, 건평 373평(2층 포함)으로 객석은 648석이었다. 우리나라 최초의 회전식 무대에다 호리촌트**를 갖추었고, 조명시설도 훌륭했다. 그뿐 아니라 무대 밑에 기관실과 난방시설까지 갖춘 최신 극장이었다. 개관공연은 배구자 악극단의 〈멍텅구리 2세〉, 촌극 〈월급날〉, 무용극 〈급수부〉, 20여 명으로 구성된 소녀관현악단의 무대연주, 무용, 독창, 합창 등으로 구성되었다.

1930년대 초반부터 극예술연구회를 중심으로 일어난 서구 사실주의 연극의 토착화를 시도하려는 신극운동과는 달리, 동양극장은 신파극의 토착화운동에 주력했다. 전속 배우들에게 월급제를 실시해 유능한 직업배우들을 영입했고, 극작가, 연출가들도 여기에 참여했다. 우리나라 연극사상 어느 흥행단체나 극단에서도 시도해보지 못한 일이었다.

당시 연극 흥행에 절대적인 영향을 준 이들은 500여 명의 기생들이었다. 이들이 주로 '화류 비련극'과 '가정 비극류'에 관심을 가졌기 때문에 극작가들은 그들의 눈물을 자아내는 작품을 써야 했고, 이렇게 해서 만든 작품들은 신파연극의 모체가 되었다. 대중의 인기와 여성 관객의 호응을 받았던 대표작은 '홍도야 울지 마라'로 유명한 임선규의 〈사랑에 속고 돈에 울고〉와 이

---

* 1922년 인사동에 약 10여만 원 정도의 건축 비용을 들여 지은 3층 벽돌 건물로, 영화 상영과 연극 공연을 겸했다. 1937년 6월 화재로 소실되었다. 〈일월오악도〉가 있는 남인사동 광장이 그 터다.
** horizont. 근대연극에서 무대의 후방에 설치해놓은 벽.

서구의 〈어머니의 힘〉이다. 임선규는 동양극장의 전속 극작가로, 1936년에 선보인 〈사랑에 속고 돈에 울고〉*가 엄청난 인기를 모았다. 주연배우 황철과 차홍녀도 말 그대로 스타덤에 올랐다. 이들의 이야기는 2001년 KBS에서 드라마로 제작되었는데 황철 역은 이재룡이, 25세에 요절하는 비운의 여주인공 차홍녀 역은 이승연이 맡았다. 동양극장은 전속극단 외에도 많은 극단들에 대관을 하여 공존을 모색하고 대중극장으로서 구실을 다했다.

동양극장은 개관 뒤 10년, 파란만장한 역사를 간직한 채 건물만 남은 대관극장으로 전락했다. 그 후 한국전쟁 때 극장주 김태윤이 납북되면서 개성 재벌 이영균이 한때 운영하다가 1958년에는 사업가 김희덕의 손으로 넘어 갔다. 영화관으로 사용되다가 그것마저 1976년 불황으로 완전 폐관되고 말았다.

끝이 좋지는 않았지만 동양극장은 연극의 기술적 발전뿐만 아니라 직업극단화의 가능성을 보여준 선구적인 극장이었다. 또한 연극의 대중화, 신파극의 토착화, 창극의 정립, 대중극단 탄생의 기반 제공, 당시 최고의 설비로 기존 극단의 직업의식 자극, 고정관객의 확보 등을 이루어 연극사에서 중요한 이정표를 세웠다.

이후 동양극장은 현대건설이 인수해 교육시설로 사용되었다. 연극계는 이 건물의 보존운동을 벌여, 서울시가 매입해 세종문화회관 별관으로 사용하겠다는 약속까지 받아냈다. 하지만 현대건설은 1990년 2월 27일 새벽, 인부를 풀어 철거하고 말았다. 연극인들은 계동의 본사를 찾아가 계란을 던지며 항의했다. 당시 현대건설 회장은 이명박이었다. 연극인들은 이 과정에서 많은 교훈을 배웠고, 다음 희생자는 명동의 구 국립극장이 될 것이라고 예상

---

* 원제는 〈내가 사랑하는 사람들〉이다.

하고 치밀하게 준비했다. 다행히 해당 건물을 현재의 명동예술극장으로 돌리는 데 성공했다.

동양극장 터에는 현대그룹의 신문인 문화일보사 사옥이 들어섰다. 동양극장의 맥을 잇는다며 지하에 공연장인 문화일보홀을 만들었지만 별로 성공하지는 못한 듯싶다. 대신 최근 동양대가 대학로에 동양극장의 맥을 잇는 동양예술극장을 개관해 활발하게 활동하고 있다. 현재 동양극장 터의 주소는 서대문구가 아니라 중구이며, 표지석이 서 있다.

신촌을 만든 연희전문

서서울은 대학도시다. 연세대, 이화여대, 서강대, 명지대, 홍익대, 경기대 등 많은 대학이 이곳에 있다. 첫 주자는 연희전문, 즉 연세대의 전신이다. 언더우드 가문의 기부로 1917년 얻은 연희면의 땅에 같은 해 가을 목재 가교사를 짓기 시작했다. 다음 해 초봄에 완공해 치원관이라고 이름 붙였다. 얼마 후 미국 LA에 사는 찰스 스팀슨이 2만 5,000달러를 기부해 신축 건물이 들어섰는데, 기부자의 이름을 따 스팀슨관이라는 이름이 붙었고 지금도 건재하다. 이후 치원관에서 하던 수업이 스팀슨관으로 옮겨졌고, 치원관은 기숙사로 개조되었다.

존 언더우드가 다시 거금을 희사해 본관 건물을 신축했는데, 그의 이름을 따 언더우드관으로 명명되었다. 또한 매사추세츠주의 피츠제럴드시 감리교회에서 기부금이 들어와 이학관을 신축하고, 1902년 해상사고로 세상을 떠난 아펜젤러를 추모하기 위해 아펜젤러관이라는 이름을 붙였다. 두 건물은 1924년에 준공했다. 그 외에도 교수 사택과 도로, 수도, 교량 등 여러 시설이 들어와 연희전문은 학교다운 모습을 갖추어가기 시작했다.

일본에 합병된 이후 월남 이상재 선생을 비롯한 선각자들은 오산학교나 보성학교를 키워 민립대학으로 만들기 위해 많은 노력을 기울였지만, 성공하지는 못했다. 당시 같은 개신교 계열인 세브란스 병원과 의학전문학교는 서울역 앞에 있었는데, 부지가 좁은 데다가 소음과 증기기관차의 매연 때문에 이전을 모색하고 있었다. 선교사들은 두 학교를 통합해 종합대학으로 만들기 위해 부단히 노력했다. 하지만 경성제국대학을 설립한 총독부가 더 이상 대학 설립을 원하지 않아 좌절되고 말았다. 당시 연희전문의 교장이었던 에비슨은 연희와 세브란스, 두 학교의 수준을 최대한 높여 대학 수준에 근접하는 학교로 키우는 방향으로 선회할 수밖에 없었다.

　연희전문은 '대학교'를 의미하는 유니버시티가 아니라 '대학'을 의미하는 칼리지를 사용했지만 사실상 종합대학 체제였다. 문과, 신학과, 수학 및 물리학과, 상과, 농과, 응용화학과 등 문과와 이과를 두루 갖추었던 것이다. 그러나 연희전문은 중요한 법과를 두지는 않았다. 법과가 다루어야 하는 '법'은 '조선의 법'이 아니라 '조선을 지배하는 일본제국의 법'이기 때문이었다. 연희전문은 일본인 학생을 받지 않고 조선인만을 받았다. 조선인도 기독교 신자이거나 기독교 교리를 반대하지 않는 학생들만 입학했다.

　미국이 모체인 만큼 연희전문의 학풍은 자유롭고 개방적이었다. 그리고 상학에 강세를 보였다. 연희전문에 비할 만한 사학은 고려대의 전신인 보성전문뿐이었다. 연희전문과 보성전문은 자연스럽게 라이벌 관계를 이루었다. 연희전문은 의학과 상학, 보성전문은 법학을 중심으로 최고 사립학교가 되었다. 해방 후 두 학교의 스포츠부가 격돌하는 연보전(고연전, 연고전으로 바뀐다)은 일반인에게까지 큰 인기를 끌었다. 이는 일본 도쿄의 두 사립학교인 게이오 대학과 와세다 대학의 라이벌전에서 비롯한 것이다. 공교롭게도 게이오 대학은 의학과 상학에서, 와세다 대학은 법률에서 강세라는 특징도 비

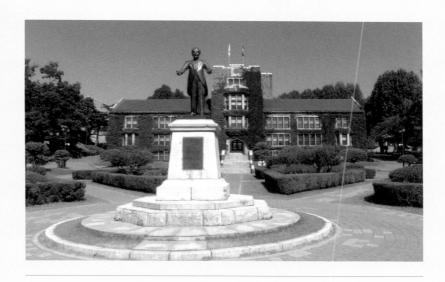

연세대 언더우드관. 미국의 언더우드 가문은 한국의 근대화 과정에서 지대한 영향을 끼쳤다.

슷하다.

연희전문의 정책 중 가장 주목할 만한 부분은 미국이나 일본, 중국에서 유학했던 조선인 교수진을 적극적으로 영입했다는 사실이다. 선교사들은 조선인이 조선인을 가르칠 수 있는 '교육의 자립'을 목표로 삼았다. 대표적인 인물이 교토제국대학을 졸업하고 연희전문 문과의 교편을 잡은 최현배와 베이징 대학 출신 이윤재였다.

연희와 세브란스의 통합 논의가 계속 진행되었고, 양교 교수진의 교환 강의와 학생들의 교류도 꾸준하게 이어졌다. 에비슨은 두 학교의 교장직을 겸임하고 있었다. 한편 1935년 이화여전이 연희전문 옆으로 이전했다. 신촌 이화의 첫 건물은 본관으로, 기부자의 이름을 따 파이퍼관이라고도 불린다. 이화와 협성까지 합쳐 기독교 통합 대학을 세우자는 논의도 활발해졌다. 1939년 3월 세브란스는 연희역 옆에 있는 낮은 산 2만 평을 매입해 결핵요양소 부지로 사용하기로 결정했다. 사실상의 이전 준비나 마찬가지였고, 한국 최고의 병원 중 하나인 신촌 세브란스 병원의 시작이기도 했다.

중일전쟁을 일으킨 일제는 중국을 지원하는 서구 특히 미국 출신 선교사들을 완전히 적대시하기에 이르렀고, 그 본부나 마찬가지인 연희전문에 대해서도 손을 보기 시작했다. 1941년 12월 7일, 진주만 기습으로 태평양전쟁이 발발하자 호레이스 언더우드(원한경) 등 선교사들은 일경에 잡혀 투옥되기에 이른다. 이렇게 되자 연희전문은 언더우드 대신 친일파 윤치호를 교장으로 앉힐 수밖에 없었다. 그러나 이조차 오래가지 못했다. 연희전문 자체가 적국의 재산으로 간주되어 총독부 관리로 넘어갔고, 일본인이 교장으로 부임하기에 이른다. 창립자 언더우드의 동상이 철거되고 그 자리에 미나미 지로 총독의 글씨가 새겨진 '흥아유신기념탑'이 섰다.

1942년에 벌어진 조선어학회 사건도 학교에 큰 타격을 주었다. 한글사전

김활란 동상. 그녀가 학생들에게 가르치고자
했던 것은 무엇이었을까.

을 만들고자 했던 학회에 일제는 "고유 언어는 민족의식을 양성하는 것이므
로 조선어학회의 사전 편찬은 조선 민족정신을 유지하는 민족운동의 형태
다"라며 내란죄를 적용했다. 연희전문은 이윤재 교수가 옥사하고 최현배 교
수가 투옥되는 등 큰 피해를 입었다. 이 때문인지 연세대에는 아직도 일문과
가 없다고 한다. 참고로 윤동주가 연희전문에 입학한 해는 1938년이다.

전세가 기운 1943년 말, 총독부는 '전시교육 임시 조치령'을 내려 사실상
고등교육을 중단시켰다. 그 결과 다음 해 5월, 연희전문은 폐교되고 3년제
경성공업경영전문학교로 바뀌었다. 세브란스는 '아사히의학전문학교'로 개
칭하고 일본인 학생을 받아들이는 방식으로 겨우 연명에 성공했다.

이화여전도 1943년 12월로 기존 교육과정을 모두 중단하고 '여자청년연
성소 지도원 양성기관'으로 바뀌었다. 이때 학생의 과반수가 학교를 그만두
었다. 이화여전 학생들은 '몸빼'라는 작업복 바지에 블라우스를 교복으로

입었다. 이 몸뻬바지는 전시총동원의 상징이었다. 당시 교장 김활란이 벌인 친일활동은 지금도 큰 논란을 일으키고 있지만, 김활란의 동상은 오늘날에 도 본관 옆에 건재하다.

재학생은 이듬해 1월부터 모두 기숙사에서 생활하며 황국신민교육을 받았다. 3개월의 지도원 양성 훈련은 날마다 황국신민서사를 외우는 것으로 시작됐다. 교육과정을 마친 학생들은 4월에 강제로 졸업을 했다. 졸업생 중에는 고 김대중 전 대통령의 부인인 이희호 여사도 있었다.

세 학교는 다음 해 해방과 함께 부활했다.

두 시인, 윤동주와 정지용

연희전문 이야기에서 빼놓을 수 없는 인물이 시인 윤동주다. 윤동주의 고향인 북간도 명동촌 사람들은 항일 감정이 특출하기로 유명해서 일본을 '왈본'이라고 부를 정도였다고 한다. 이런 분위기 때문인지 윤동주는 18세인 1935년, 민족의식이 높은 평양 숭실중학교로 진학했다. 하지만 일제가 신사참배운동을 강요하자 동기 문익환 등과 함께 동맹 퇴학을 감행했다. 일제에 대한 강력한 저항 의지를 자퇴로 드러낸 것이다(숭실중학교는 그로부터 2년 뒤 정식으로 폐교되었는데, 해방 후에는 학교 자체가 월남해 신당동과 용산에 있다가 1975년에는 은평구 신사동으로 옮겨 지금까지 자리 잡고 있다).

1938년 연희전문에 입학하여 보낸 4년은 윤동주에게 최고의 시간이었다. 그가 후배에게 "문학은 민족사상의 기초 위에 서야 하는데 연희전문학교는 전통과 교수, 학교의 분위기가 민족적 정서를 살리기에 가장 알맞은 배움터야"라고 이야기할 정도였다. 1941년에 발표된 〈서시〉와 〈별 헤는 밤〉 등도 이 시기의 작품이며, 유명한 학사모를 쓴 그의 사진도 연희전문 졸업사진이다.

그는 4년간 절반 정도는 기숙사 생활을, 나머지 절반은 하숙생활을 하면서 서소문, 아현동, 북아현동 등지를 옮겨 다녔다. 마침 윤동주가 좋아하던 시인인 정지용도 북아현동에 살았고, 1939년에는 서로 만나기도 했다고 한다. 오늘날 연세대 교정에는 윤동주의 시비가 서 있고, 기숙사 건물은 기념관으로 꾸며져 있다.

정지용에 대해서도 잠시 살펴보자. 그는 고향 충북 옥천에서 초등 과정을 마치고 서울로 올라와 휘문고등보통학교에서 중등 과정을 이수했다. 일본으로 건너가 교토에 있는 도시샤 대학에서 영문학을 전공했는데, 윤동주가 마지막으로 재학한 학교도 이 대학이었다. 정지용은 8·15 광복과 함께 이화여대 문학부 교수로 옮겨 문학과 라틴어를 강의하는 한편, 천주교 재단에서 창간한 경향신문사의 주간을 지내기도 했다.

그러다 무슨 이유에서인지 정지용은 이화여대 교수직과 경향신문사 주간직은 물론 다른 자리에서도 모두 물러났다. 이후 녹번리의 초당에서 은거하다가 한국전쟁 때 납북된 뒤 행적이 묘연해졌다. 평양에서 발간된 〈통일신보〉*는 가족과 지인들의 증언을 인용해 정지용이 1950년 9월경 경기도 동두천 부근에서 미군 폭격으로 사망했다고 보도하기도 했다.

정지용의 행적에 대한 갖가지 추측과 오해로 유작 간행이나 그에 대한 논의조차 한동안 금기시되었다. 그러다가 1988년 해금 조치로 작품집 출판과 문학사적 논의가 가능해졌다. 2016년 4월 26일 은평구청은 정지용 옛 초당 터에 표지판을 설치했다. 위치는 녹번동 126-10(녹번로 3가길 24)인데, 해당 구간 303미터를 '정지용길'로 명명했다.

• 1993년 4월 24일, 5월 1일, 7일자.

녹번리[•]

여보!
운전수 양반
여기다 내버리고 가면
어떡하오!

녹번리까지만
날 데려다주오.

동지섣달
꽃 본 듯이… 아니라
녹번리까지만
날 좀 데려다주소
취했달 것 없이
다리가 휘청거리누나

모자 아니 쓴 아이
열여덟쯤 났을까?
"녹번리까지 가십니까?"
"너도 소년감화원께까지 가니?"
"아니요."

[•] 정지용, 1950년 1월.

캄캄 야밤중
너도 돌변한다면
열여덟 살도
내 마흔아홉이 벅차겠구나

헐려 뚫린 고개
상여집처럼
하늘도 더 껌어
쪼비잇 하다

누구시기에
이 속에 불을 키고 사십니까?
불 드려다 보긴
낸데
영감 눈이 부시십니까?

탄탄대로 신작로 내기는
날 다니라는 길이겠는데
걷다 생각하니
논두렁이 휘감누나

소년감화원께까지는
내가 찾아가야겠는데

인생 한번 가고 못 오면

만수장림萬樹長林에 운무雲霧로다

은평의 농민운동

근대화가 다방면에서 진행되고 있었지만, 일제 강점기에 서서울의 대부분은 여전히 농지였다. 지주는 일본인이 많았다. 1931년의 자료에 의하면 연희면 인구의 39.2퍼센트에 해당하는 5,457명이 농업에 종사하고 있었다. 은평면의 경우 농업 종사자가 전체 인구의 63.9퍼센트인 4,095명에 달했다.

1938년에는 은평면 이와무라 농장에서 쟁의가 발생했다. 이 농장은 밭이 93만 9,000평에 달하는 매우 큰 규모였다. 원래 추수 후 볏짚 등은 소작인이 갖는 것이 관행이었는데, 이와무라 농장은 보리깍정이와 이삭까지 지주와 절반씩 나누어 가질 것을 요구했다. 그러자 농장 소작인 80명이 이를 모두 소작인의 소득으로 인정해줄 것을 요구했다. 지주가 이를 거절하자, 소작인들은 집단적으로 쟁의를 일으켰다. 이렇듯 서서울 지역의 농민들은 착취적 농업경영을 하는 동양척식회사나 일본인 대농장의 농업침투에 저항하며 힘겨운 싸움을 벌였다.

조선인들의 학교

일제강점기에 들어선 초등교육시설 중 주목할 만한 곳은 신도, 은평, 수색 초등학교다. 1928년 신은공립보통학교로 개교한 신도초등학교, 1931년 은평공립보통학교라는 이름으로 개교한 은평초등학교, 1935년 연희공립보통학교로 개교한 수색초등학교는 지금 기준으로 보면 모두 은평 지역에 있지만, 당시에는 그런 구분이 없었고 서대문과 마포 지역 아동들도 많이 다녀 서서울을 상징하는 초등교육기관이었다. 사대문 안이나 용산과 달리 일본인이 별로 살지 않는 지역이었기에 조선인들의 학교였다.

해방 후에도 이 세 학교는 서서울 초등교육의 중심이 되었다. 1948년생인 김대익 전 수색초등학교 총동문회장은 "상암동, 증산동, 신사동 모래내 중간까지도 이곳으로 왔어. 수색초등학교 하나밖에 없었으니까"라고 회고한다. 도시화가 진행된 지 오래되었는데도, 이 학교들은 마치 시골 학교처럼 끈끈한 유대감으로 뭉쳐 상당히 큰 동문회를 운영하고 있다. 졸업생 대부분이 서서울에서 태어나서 자랐고, 타지역 출신이 많지 않기 때문에, 이 동문회들은 '토박이 모임'에 준한다고 할 수 있다.

정식으로 경성에 편입되다

1936년 조선총독부는 경성에 인접한 지역 일부를 경성부로 편입하기로 결정했다. 당시 경성부에 편입된 지역은 대략 다음과 같다.

> 동쪽: 청량리와 왕십리 일대(고양군 숭인면)
> 서쪽: 신촌과 마포 일대(고양군 연희면)
> 남쪽: 한강 이남의 영등포 일대(시흥군 영등포읍, 북면, 동면, 김포군 양동면)
> 북쪽: 창의문 밖 부암동 일대(고양군 은평면)

현재 서서울을 이루는 3개 구의 대부분이 이때 서울로 정식 편입되었다. 이 확장으로 경성부의 면적은 134제곱킬로미터로 넓어졌고, 인구도 40만 4,000명(1935)에서 72만 7,000명(1936)으로 증가했다. 조선총독부는 경성부에 편입된 지역을 관할하기 위해 동부출장소, 서부출장소, 용산출장소, 영등포출장소를 설치했다.

1940년대에 접어들자 경성의 인구는 90만 명을 넘어섰다. 인구가 증가하고 산업화가 더욱 빨리 진행되자, 조선총독부는 1943년 6월 출장소를 폐지했다. 대신 구區 제를 도입해 7개 구(종로구, 중구, 용산구, 서대문구, 동대문구, 성동구, 영등포구)를 신설했다. 1944년 10월 마포구가 서대문구에서 떨어져 나가면서 해방 당시 서울에는 8개 구가 있었다.

7장

혼란과
전쟁의 폐허 속에서

역대 대통령과 서서울

1945년 8·15해방은 한국인들에게 갑작스럽게 다가온 엄청난 사건이었다. 서서울 역시 그 격변을 온몸으로 맞았다. 해방 직후 적어도 38도선 이남에서는 김구, 이승만, 여운형이 3대 지도자였는데, 그중 김구와 이승만이 서서울에 숙소를 구했다. 김구는 서대문의 경교장에 자리를 잡았고, 이승만은 돈암장에 이어 두세 달 동안 마포장에 머무르다가 이화장으로 옮겨갔다.

이후 서서울은 윤보선을 제외하면 대한민국 건국 후의 모든 대통령과 정도의 차이만 있을 뿐 상당한 인연을 맺게 된다. 박정희는 서대문형무소 수감과 상암동 기념관으로 서서울과 인연을 맺었다. 최규하, 전두환, 노태우, 김대중의 자택이 서서울에 있었다는 사실은 널리 알려져 있다. 전두환과 노태우, 그리고 이희호 여사는 지금도 연희동과 동교동에 살고 있다. 김영삼은 서대문형무소에 수감된 적 있었고, 자신이 총재를 지냈던 신민당과 통일민주당의 당사가 마포에 있었다.

노무현 재단도 마포에 있다. 노무현은 해양수산부 장관을 지낼 때 충정로의 빌딩에서 업무를 보았으며, 유명한 '이의 있습니다' 사진이 찍힌 곳도 공덕동 제일빌딩이다. 이명박은 6·3항쟁 주도자로 반년 동안 서대문형무소 신세를 졌다. 현대건설 회장 시절 동양극장을 부수었고, 서울시장 재직 시절 은평에 뉴타운을 만들었다. 박근혜는 서강대를 졸업했다. 문재인은 경희대 재학 당시 민주화운동으로 서대문형무소에 수감된 경력이 있고, 대통령 당선 직전에는 홍은동에 살았다. 이 책의 줄기 중 하나는 이들의 행적을 따라가는 것이다.

'마지막 임시정부 청사', 경교장

경교장은 백범 김구의 거처이자 그가 피살된 곳으로 알려져 있다. 그런데 이곳에 대한민국 임시정부의 마지막 청사가 있었다는 사실은 별로 알려져 있지 않다. 경교장은 지하철 5호선 서대문역에서 가깝고 지금은 헐린 돈의문 바로 옆 강북삼성병원에 있다. 한때 헐릴 뻔했던 석조건물로, 최근까지 병원의 현관 구실을 해왔다. 행정구역으로 따지면 현재 종로구지만, 원래는 서대문구였다.

경교장의 명칭은 '죽첨장竹添莊'이었다. 갑신정변 이전까지 조선에서 막강한 영향력을 발휘하던 일본공사 다케조에 신이치로의 성을 딴 것으로, 실제 소유주는 일본인이 아니라 최창학이라는 친일부역자였다. 일제 때 금광 개발을 통해 '조선의 황금귀신'이라는 별명이 붙을 정도로 많은 부를 축적한 인물이다. 일제에 전투기를 헌납하는 등 친일부역에 열심이던 그가 해방을 맞아 자신의 안위를 걱정해 백범을 위시한 대한민국 임시정부에 이 건물을 내놓은 것이다. 경교장에 여장을 푼 백범 일행은 일본색이 짙은 죽첨장에서 근처에 있던 다리인 '경교'에서 따온 경교장으로 건물 이름을 바꾸고 임시정부 청사로 삼았다.

경교장. 광산왕 최창학이 백범 김구에게 잠시 내주었으나, 이후 굴곡진 역사를 겪은 공간이다.

백범은 어수선한 해방정국에서 조선인의 권익을 위한 여러 활동을 펼쳐 나갔다. 그는 1945년 12월 모스크바 3상회의 결과가 알려지자 신탁통치 반대운동을 펴기로 결정했다. 경교장은 반탁운동과 대한민국 건국 준비의 중심지로서 기능했다. 나아가 남북이 분단될 가능성이 커지자 백범은 "통일만이 우리가 살길이기에 통일을 위해서는 그것이 공산주의자와의 협상이라고 해도 마다해서는 안 된다"라며 평양행을 결의했다. 경교장은 통일운동의 구심점 역할도 한 것이다.

그러나 1949년 백범이 서거하면서 경교장의 운명은 또다시 파란을 겪는다. 최창학이 경교장을 다시 가져간 이후, 자유중국(대만) 대사관과 미군 의무부대와 특수부대 사령부, 베트남 대사관저 등으로 이용되었다. 그러면서 경교장은 점차 본래 모습을 잃어갔다. 이윽고 1968년 강북삼성병원의 전신인 고려병원에 인수되고부터는 건물 내부가 완전히 바뀌었다. 최근까지도 응급실과 약국, 의사 휴게실 등으로 쓰이면서 외관만 그대로일 뿐, 내부는 백범의 거처이자 임시정부 청사로 이용하던 당시 모습을 거의 잃었다. 그나마 백범 암살자 안두희의 총탄으로 깨져 있는, 유리창의 건재는 불행 중 다행이었다.

최근 경교장은 새로운 출발을 하게 되었다. 얼마 전까지만 해도 백범이 암살당한 2층 집무실 정도만 원형으로 복원돼 관람객을 맞이하던 형편이었지만, 2013년 2월, 드디어 백범 김구가 이용하던 당시 모습에 가깝게 복원돼 일반인에게 공개된 것이다. 필자도 가보았는데 예상대로 2층은 일본식 다다미방이었다. 백범이 암살당한 지 64년, 민간단체가 보존운동을 펴온 지 18년 만의 일이다.

서울형무소로 바뀐 서대문형무소

해방을 맞이하고 이어진 미군정하의 1946년 1월 21일, 서대문형무소는 서울형무소로 명칭이 바뀌었다. 감옥의 기능은 그대로 유지했다. 이처럼 명칭이 변경되었지만 이 책에서는 일반적으로 불린 것처럼 이곳을 '서대문형무소'라고 부를 것이다.

해방 직후 투옥되어 있던 독립투사들은 석방되었지만, 서대문형무소가 한국 현대사의 주무대로서 맡은 역할이 줄어들지 않았다. 물론 어두운 면이었다. 해방된 지 얼마 지나지 않아 서대문형무소는 사상범으로 가득 찼다. 반민특위가 가동되면서 매국노들이 수감될 때도 있었지만 얼마가지 못했고, 오히려 최능진 같은 애국지사가 수감되고 희생되는 어처구니없는 일까지 벌어졌다.

이후에도 독재로 얼룩진 한국 현대사에서 수많은 민주인사가 옥고를 치렀다. 조봉암과 조용수, 인혁당 사건 관련자 일곱 명은 억울한 죽음을 당하고 말았다. 여섯 차례나 수감된 문익환 목사를 비롯해 서남동, 송건호, 리영희, 문동환, 이문영, 이돈명, 이소선, 이부영, 문정현, 함세웅, 김지하, 최열, 조화순, 조성우, 박형규, 장준하, 이호철, 한승헌, 김상현, 김홍일, 윤이상, 천상병, 이응로, 강신옥, 백기완, 김거성 등 수많은 민주인사가 이곳을 거쳐 갔다. 독립투사와 마찬가지로 민주인사의 경우에도 이곳에 수감 안 된 인물들을 찾는 쪽이 빠를 것이다.

그중에는 김대중 등 네 명의 전·현직 대통령도 포함되어 있다. 김영삼도 길지는 않았지만 정치적 이유로 서대문형무소 신세를 졌고, 현직 대통령인 문재인도 경희대 재학 시절 학생운동으로 투옥된 바 있었다. 그러면 나머지 한 명은 누구일까? 놀랍게도 박정희이다.

박정희는 1948년 11월 11일, 남로당 가입 혐의로 김창룡이 지휘하는 특무대에 체포되었다. 그는 서대문형무소에 수감되어 모진 고문을 받고 석 달 후 재판을 받았지만 얼마 후 석방되었다. 수사에 적극 협조했다는 이유에서라고 하는데, 논란은 지금까지 이어지고 있다. 어쨌든 그가 한국전쟁 전까지 투옥된 인사들 중 가장 거물이었던 것만은 확실하다. 마포의 경성형무소는 광복 이후 마포형무소로 개명되었다.

이화여대와 연세대의 설립

광복과 함께 연희와 이화는 박탈당했던 교명을 되찾고 식민지하에서 접어두었던 종합대학교의 꿈을 실현할 수 있게 되었다. 놀랍게도 이화여대는 문교부 제1호로 종합대학교 인가를 받았다.

연희 역시 학교를 되찾은 후, 1946년 백낙준이 교장으로 취임하고 미군정청으로부터 종합대학교 설립 인가를 받았다. 초대 총장은 그대로 백낙준이 맡았고, 개교기념식을 10월 2일에 거행했다. 세브란스도 의과대학으로 승격되었는데, 두 학교의 통합 논의가 다시 활발해졌다. 하지만 한국전쟁으로 인해 논의는 연기될 수밖에 없었다. 전쟁 당시 연희와 이화, 세브란스 세 학교는 모두 부산으로 피난을 가서 임시 교사에서 수업을 진행했다. 1953년까지 세 학교는 서울로 복귀했다.

1955년 미 제8군 기념병원이 착공되었다. 이 병원은 철근 콘크리트 5층 건물로, 연건평이 3,500평에 달하는 당대 최대 규모였다. 지금은 2007년 완공된 본관에 밀려 다소 초라하게 보인다. 이 책의 필자들도 이 병원, 세브란스와 깊은 인연을 맺고 있다. 김미경은 교통사고 후유증 치료 등 여러 번에 걸쳐 이곳 신세를 졌고, 가족들도 이 병원을 이용했기 때문이다. 세브란스 병원 노조위원장 출신 권미경 시의원과도 무척 친한 사이이다. 은평 자택에서 시의회로 갈 때 일부러 병원 뒷길을 이용하는 때도 많다. 사계절 다른 풍경을 감상하기 위해서다. 한종수는 이 병원 산부인과에서 태어났다.

1956년 10월 25일, 연희와 세브란스 두 학교의 통합이 결정되어 새로운 '연세'가 탄생하기에 이른다. 연세대는 고려대와 함께 양대 사학 명문으로, 서서울 특히 신촌의 성격을 형성하는 데 큰 공헌을 했다.

국방의 요충지 서서울

해방은 왔지만 곧 남북이 분단되었다. 이 과정에서 서서울은 국방상 중요한 곳이 될 수밖에 없었다.

1945년 11월, 미군정은 군사간부 양성을 위한 군사영어학교 개교를 발표하고 기간요원 60명을 뽑았다. 서대문구 냉천동의 감리교신학대 건물을 사용했다. 과도기적 성격의 이 학교는 110명의 장교를 배출하고 반년도 안 되어 문을 닫았다. 그중 일본군 학병 출신 64명이 주류를 이루었다. 만주군 출신은 스물두 명, 일본군 정식 장교 출신은 열다섯 명, 중국군 출신은 두 명이었다. 한편 이승만이 잠시 머물렀던 마포장은 국방장관 공관이 되었는데, 한국전쟁 당시에 악명 높은 신성모가 그 자리에 있었다고 한다.

지금의 서울을 보면 과연 군부대의 창설지가 될 수 있을까 하는 의문이 들 테지만 1940년대 후반의 서울은 전혀 달랐다. 연대 단위로 보면 1946년 채병덕을 연대장으로 한 제1연대가 태릉에서 창설되었다. 제2~10연대는 지방에서 창설되었고, 제11연대는 수색에서 창설되었다. 1948년에는 수색에서 제4여단과 제5여단이 창설되었다. 두 여단은 바로 충주와 광주로 이동했고 1949년 사단으로 승격되었다. 한국전쟁 발발 직전 서서울의 전방, 즉 개성과 파주, 고양 일대의 방어를 맡은 부대는 제1사단이었으며, 사단장은 백선엽이었다.

신성모의 공관 마포장과 행주나루 철수

서서울 일대는 한반도를 노리는 가장 강력한 외세인 대륙 세력이 서울을 함락시키기 위한 최단노선에 위치해 있다. 하지만 서서울은 쉽사리 전쟁터가 되지는 않았다. 1950년 6월에도 마찬가지였다.

그해 6월 25일의 비극은 완전한 기습이 아니었다. 10만이 넘는 대병력과 중장비가 집결되고 있었고, 이미 20일에 임영신 전 상공부 장관이 이승만 대통령에게 이를 경고하기까지 했다. 하지만 국방장관 신성모와 육군참모총장 채병덕은 이를 묵살하고 오히려 병사들에게 휴가를 주고 장비를 이동시키는 사실상의 이적 행위를 저지르고 말았다. 그나마 채병덕은 전쟁이 시작되자 얼마 후 해임되고 한 달 후 하동에서 전사했지만, 신성모는 별다른 책임을 지지 않았다. 그는 다음 해 5월까지 장관직에 있다가 거창학살사건과 국민방위군사건 때문에 자리에서 물러났다. 상당수 정부 관계자조차 허풍과 거짓말로 전황을 악화시킨 신성모가 간첩이 아니냐는 의문을 제기했다. 물론 사실은 아니었지만, 그만큼 무능해서 초반의 패전에 큰 역할을 했고 극우매체조차 그에 대해서는 옹호하지 못할 정도다. 마포장은 당시 무려 국무총리 서리이자 국방장관이었던 신성모의 공관이었다.

서서울을 방어해야 하는 제1사단은 압도적인 전력의 열세에도 불구하고 북한군 제1군단에 맞서 잘 싸웠다. 비록 개성을 빨리 내주었지만 고랑포-문산 일대에서는 북한군에게 큰 손실을 입히고 진격을 잘 막아냈다. 하지만 서울의 동북쪽 즉 동두천-의정부 방어선이 붕괴되고 북한군이 6월 27일에 수유리까지 진출하자 큰 위기에 몰렸다. 특히 28일에는 북한군 전차가 녹번

마포장 터. 일반적인 고급 주택처럼 보이지만, 당대 최고의 권력 실세가 머물던 곳이었다.

리까지 진출해 서울로 들어가는 퇴로가 차단되었고 한강 인도교까지 폭파되었다는 정보까지 들어왔다. 그때까지도 육군본부에서는 이렇다 할 철수명령이 내려오지 않았다. 백선엽 사단장은 행주나루로 사단 병력을 모아 시흥 쪽으로 철수했지만 이 과정에서 병력의 30퍼센트를 잃고 말았다. 이조차도 행주나루 쪽으로 북한군의 포격이 없었기에 가능했다. 그동안 북한군 제1군단은 비록 의정부 쪽 부대보다 늦기는 했지만 서울에 거의 무혈로 입성할 수 있었다.

이때는 양 진영 모두 3개월 후 같은 장소에서 서울 탈환전이 이루어질 것이고, 서서울 일대가 격전지가 되리라고는 상상도 하지 못했다.

연희고지 일대의 혈전

9월 15일 인천상륙작전을 성공시킨 미국 제1해병사단은 인천 시내를 거

104고지 전적비. 당시 전투가 얼마나
치열했던지, 전적비까지 섰다.

처 김포공항을 점령하고, 부평과 부천을 통과해 한강변에 이르렀다. 19일에
가볍게 시도한 첫 번째 도하는 실패했지만, 이튿날 새벽 6시 반 미 해병대는
짧은 준비 포격을 가하고 본격적인 도하작전을 시작했다.

북한군의 사격은 맹렬했지만 미 해병대는 항공기의 지원을 받으며 세 시
간 후 고지를 점령하고 잇달아 북쪽의 51고지와 95고지도 점령했다. 뒤이어
능곡 등 경의선 철도변과 179미터 높이의 망월산, 126미터의 대덕산 등 주
요 감제고지*를 장악했다. 한국해병대도 도하하여 후방을 보호했다.**

● 瞰制高地. 적의 활동을 살피기에 적합하도록 주변이 두루 내려다보이는 고지.
●● 행주산성에는 1958년에 세워졌다가 1984년에 현재의 위치로 옮겨진 기념비와 상륙용 장
  갑차가 입구에 있다. 지금도 이 지역에서는 공병대의 도하 훈련을 가끔 실시하고 있다.

당시 수색역은 빨간 벽돌 건물로 지금의 현대식 역사에서 500미터 정도 떨어져 있었는데, 미 제5해병연대가 이곳에 사령부를 두었다. 이들은 안산에서 연희동으로 이어지는 능선과 노고산, 와우산 등을 확보해야 했다.

21일 오후 4시 15분, 진격을 시작했다. 좌익이자 북쪽을 맡은 미 제5해병연대 3대대는 응암동과 홍은동 사이에 걸쳐 있는 216미터의 백련산(현 그랜드 힐튼서울호텔 뒷산)을, 한국해병 1대대는 전선 중앙의 연희고지라 불리는 104고지(서연중학교 뒷산)를, 미 제5해병연대 1대대는 한강과 경의선 철도 사이의 68미터 높이의 성산(정확히는 성산초등학교 뒷산)을 목표로 진격했다.

북한군도 이 고지와 능선들이 서울 방어의 핵심임을 잘 알았다. 그들은 이곳에 5,500미터에 이르는 견고한 방어선을 구축했다. 북한군 부대의 장교와 하사관들의 상당수는 중국 인민해방군 출신으로 전투경험이 많았고, 포병과 중기관총을 상당수 보유해 화력도 충실했다. 백련산과 성산은 북한군의 저항이 거의 없어 쉽게 탈환했지만 연희고지는 그렇지 않았다. 한국해병은 모래내를 지나 개활지를 통과하면서 치열한 북한군의 저항을 뚫고 상당한 사상자를 내고 나서야 오후 6시 30분에 점령을 성공했다. 한국해병의 좌우측에 있던 미 해병대대 지휘부에서는 밤사이 북한군의 활동이 대단치 않아 대현동이나 아현동쯤 가야 북한군의 주 방어선이 보일 것으로 판단하고 있었다.

한국해병 1대대는 목표인 북쪽 105고지를 공격하기에 앞서 대대의 정면을 가로막고 있는 연희능선, 즉 안산에서 56고지로 이어지는 능선과 이 능선 너머에 있는 88고지(세브란스 병원의 북쪽, 연세대 노천극장의 동쪽 언덕)를 먼저 점령해야 했다. 대대의 공격 개시선인 104고지 능선과 그 전방의 연희능선은 불과 1킬로미터의 간격을 두고 평행하게 놓여 있고, 두 능선 사이의 저지대에 가로놓인 300~500미터 폭의 논(현재의 연희로 주변)들이 실질적으로 극복해야 할 장애물이었다. 이곳과 현재 서대문우체국 밑의 터널이 전쟁터가 되었다.

대대원들이 개활지에 들어서자 북한군의 사격이 시작되었다. 전방 능선에서 북한군의 중화기와 자동화기들이 불을 뿜었고 야포와 박격포탄이 날아왔다. 미군 포병과 항공기가 지원에 나섰지만 상황이 타개되지 않자 배속 전환된 미 해병전차 소대와 함께 철로를 따라 전방으로 진격했다.

하지만 56고지와 연희터널고지(현 서대문우체국 인근)에서 집중되는 북한군의 사격을 피할 길이 없었다. 전차도 더 전진하지 못했다. 전방에서 날아오는 사격도 견디기 어려웠지만 안산 쪽에서 날아오는 측면사격이 치명적이었다. 날이 어두워지자 한국해병 1대대는 104고지로 다시 물러나 부대를 수습했다. 전사자 11명, 부상자는 45명이었다.

와우산을 목표로 삼은 미 제5해병연대 1대대는 22일 용산선 철도를 따라 전차와 B중대를 앞세워 한국 해병대대와 협조 공격을 펼치려 했다. 그러나 전차소대가 한국해병대로 배속 전환되자 계획을 바꾸었다. 이날 10시 30분쯤에야 진짜 공격에 나선 A중대는 와우산 아래까지 접근했다가 1소대장이 전사하고 3소대장이 중상을 입는 등 많은 사상자를 내고 말았다. 오른쪽으로 우회 기동한 C중대 역시 한동안 고전했으나 항공 및 포병 지원이 계속되는 사이에 부대를 수습해 뒤따라 가세한 A중대와 함께 오후 5시 35분 와우산 정상을 점령했다. 전사자 12명, 부상자 31명 외에 극심했던 적의 포격으로 전사자가 6명, 부상자가 33명이나 더 나왔다.

이날 미 3대대의 목표인 안산을 확보하면 쉽게 풀리리라 여긴 전황이 두 고지를 점령했는데도 기대에 미치지 못하자, 미 제5해병연대에서는 그 원인을 유일하게 연희고지를 점령하지 못한 한국해병의 경험 부족과 미숙함 때문이라고 생각했다. 북한군이 서울 주 저항선으로 삼은 연희고지 일대의 화망火網은 50정 이상의 중기관총을 주력으로 하여 사이사이에 경기관총과 자동소총을 배치하고 사각에는 박격포를 배치했다. 즉 1킬로미터 당 자동화기의 밀도가 중기관총 13~14정, 자동화기 이상 52~56정으로 평균 20미터 당 기관총 1정이 배치된 셈이었다. 이런 화망이라면 아무리 정예부대라도 당연히 돌파하기 어려웠다.

23일에도 두 나라 해병대는 공격을 이어갔다. 미 연대장은 곧 실시될 미 제1해병연대의 한강 도하를 엄호하려면 공격속도를 더 늦출 수 없다고 판단했다. 이번에는 수색역에 대기하고 있던 미 2대대까지 투입되었다. 한국해병 1대대는 공격력을 극대화하기 위해 3개 중대를 병진시켜 공격했다. 하루 종일 격전을 치르면서 1대대는 전사 32명, 부상 68명, 실종 1명이라는 엄청난 손실을 입었고, 22일과 23일 양일간의 전투에서 거의 모든 분대장을 잃었다. 한국해병대의 전선을 인수받은 미 제5해병연대도 여러 명의 소대장을 잃는 등 사상자가 속출하며 고전을 면치 못했다. 이렇게 23일에도 공격은 별다른 진전을 이루지 못했다.

24일 미 2대대의 공격이 재개되었을 때, 분명히 해는 떴지만 한치 앞을 내다볼 수 없는 짙은 안개와 연기로 덮여 있었다. 이즈음 북한군이 미군기의 공중 관측으로부터 진지를 은폐하기 위해 대량의 발연통을 피웠기 때문인데, 안개마저 짙게 깔려 있었다. 그래서 선두분대가 수류탄 투척거리에 있는 북한군의 교통호交通壕를 발견하기까지 북한군 역시 미 해병의 접근을 전혀 알아차리지 못했다. 전투가 벌어지자 북한군도 미 해병들도 쓰러져갔다.

D중대장 스미스 중위는 중대본부 요원을 포함하여 가능한 모든 병력을 전방으로 내보냈다. 60밀리미터 박격포 소대는 포탄이 소진되자 소총수로 나섰고, 포병과 81밀리미터 박격포가 지원에 나섰다. 해병대의 코르세어기가 폭탄과 로켓탄, 네이팜탄 등으로 사정없이 공격했지만 두 번째 공격에서

는 10대 중 5대가 대공포탄에 맞았다. 오전 내내 D중대가 혈전을 벌이는 동안 전날의 손실로 가용병력이 90명 정도에 불과한 F중대는 항공 지원을 받으며 연희터널고지 동쪽의 한 고지에 올라섰다. 스미스 중위는 돌격을 감행하기로 결심했다. 그는 대대장과 협의해 돌격요령을 결정했다.

⑴ 돌격부대 33명은 돌격개시선 100미터 정면에 산개해 돌격준비를 한다.
⑵ 돌격지원을 위해 스미스 중위의 무전유도로 코르세어기가 기총소사와 폭격, 네이팜탄 투하를 감행한다.
⑶ 공중공격의 효과가 있으면 코르세어기는 위장공격을 하며 보병에게 돌격신호를 하고 기총소사와 폭격을 멈추고 위협비행을 계속한다.
⑷ 돌격부대는 코르세어기의 신호와 동시에 돌격해 130미터 전방의 적 진지로 돌입한다.
⑸ 기관총 부대 11명은 돌격반을 따라간다.

조지 맥노튼 중위가 관측을 하고 스미스 중위가 무전으로 항공대에 연락해 공중폭격이 시작되었다. 1번기의 폭격은 130미터 빗나갔다. 2번기는 정확하게 폭격했으나 3번기는 중대 전방 50미터에 떨어지는 오폭이었다. 해병대원들은 코르세어기가 급강하할 때마다 환호성을 질렀지만 3번기의 폭격 때에는 욕설로 바뀌었다.

4번기가 신호탄을 발사하면서 돌입해왔다. 총격과 폭격이 없는 위장공격이었으나 북한군은 당연히 폭격할 줄 알고 참호 속으로 숨었다. 거의 동시에 중대장 스미스 중위를 선두로 32명의 D중대 대원들이 돌격했다. A자형 돌격대형으로 돌진하던 중 우측에서 사격을 받고 스미스 중위는 즉사하고 말았다. 하지만 맥노튼 중위가 지휘를 계속하면서 돌진을 멈추지 않았다. 마침

윌리엄 해밀턴 쇼 대위의 동상. 주 전투가 일어난 신촌 일대 외에도 작은 전투가 곳곳에서 벌어졌다. 만 28세의 쇼 대위는 녹번리 일대의 소전투에서 희생되었다. 1922년 평양에서 미국인 선교사의 아들로 태어난 그는 제2차 세계대전에서 노르망디 상륙작전에 참가한 바 있다. 귀국 후 하버드 대학 철학박사 과정에 있다가 한국전쟁이 발발하자 '조국'에 전쟁이 일어났다며 자원해서 인천상륙작전에 참전했다. 역촌역 옆 은평평화공원에 그의 동상과 추모비가 서 있고, 무덤은 양화진 선교사 묘역 내에 있다.

내 26명의 대원들이 정상의 북한군 진지에 돌입했다. 대부분의 북한병사들은 동쪽 산비탈로 도망쳤다.

정상을 탈취한 맥노튼 중위는 인원 점검을 위해 계급별로 손을 들게 했다. D중대원은 56명 중 26명이 부상자였다. 참고로 이날 아침 공격을 개시했을 때 D중대의 총인원은 206명이었다. 반나절 동안의 전투로 전사자 36명, 부상으로 후송된 자 116명, 부상당하고도 전열에 남은 자 26명 등 총 피해가 176명(85퍼센트)에 달했다. 멀쩡한 자는 30명에 불과했다. 훗날 미 해병들이 '스미스 능선'이라 명명한, 안산에서 56고지로 이어지는 이 능선이 확보되고서야 서울 서쪽을 방어하기 위한 북한군의 주진지가 이곳에 구축되었다는 사실이 드러났다. 그리하여 지난 이틀간 치른 한국해병들의 분투가 새삼스럽게 인식되었다. 북쪽 105고지를 비롯해 안산 주위의 주요 능선들의 점령은 25일에야 이루어졌다.

한국해병 1대대와 미 제5해병연대 2대대가 연희고지 일대에서 치른 전투는 결국 북한군 방어선의 붕괴를 유도한 결정적인 전투가 되었다. 그러므로 주전장으로서의 의미 때문에 신촌 일대의 이 전투를 '연희고지 전투'라 명명한 것은 당연하다고 하겠다. 104고지는 현재 버스정류장 이름이 되어 있고 전적비가 세워져 있다.

이 전투 과정에서 연세대의 첫 건물인 치원관이 소실되고 말았다. 25일 저녁 무렵 미 해병대는 충정로의 프랑스 대사관과 서대문형무소를 점령했다. 프랑스 대사관은 심하게 파괴되었다. 400여 명의 미군포로가 이미 북쪽으로 끌려간 뒤였다. 그럼에도 전투는 끝난 것이 아니었다. 신촌에서 혈전을 치렀지만 아직 서울 중심가를 북한군이 장악하고 있었기에, 해병대는 피비린내 나는 시가전을 더 치러야 했다.

한미 해병대의 분전으로 서울을 수복하고 뒤늦게 전투에 참여한 미 제7해병연대는 창동을 지나 10월 3일에 의정부를 점령했다. 만약 북한의 주장이 사실이라면 정지용 시인은 이때 미군의 폭격이나 포격으로 세상을 떠났을 것이다.

1·4후퇴와 폐허가 된 서울

1950년 12월, 국군과 유엔군은 압록강까지 진격해 북진통일을 눈앞에 둔 듯했다. 그러나 중국군의 대규모 참전으로 전세가 역전되어 다급하게 후퇴해야 했다. 개전 직후에 이어 두 번째 후퇴였다. 철수하면서 쓸 만한 것을 파괴하는 청야작전과, 이전의 폭격과 9월의 시가전으로 서울 시내는 엉망이었다. 그래도 민가까지 모두 파괴된 것은 아니었다. 1·4후퇴 당시 서울에 남아 있던 인구는 약 13만 정도였는데, 대부분 가난하고 피난 갈 기운조차 없는 노인들이었다. 소설가 고 박완서는 젊은 여성이었지만 오빠의 병구완 때문에 서대문구 현저동에 남아 있었다. 그녀는 자전소설에서 그때를 생생하게 묘사했다.

> 앞세운 탱크도, 깃발도, 군가도 없이, 무엇을 신었는지 군화소리도 없이, 마치 무악재고개 너머의 깊이 모를 어둠에서 풀려나오듯이 한없이 우울하고 조용하게 입성하고 있었다. 지난여름 탱크를 앞세우고 미아리고개를 넘어오던 인민군과 같은 군대라는 게 믿어지지 않았다. 입성을 한다기보다는 야음을 틈타 침투하는 것처럼 행렬이 이어졌다.[*]

---

[*] 박완서, 《그 산이 정말 거기 있었을까》, 웅진지식하우스, 1995, 17쪽.

이 소설에도 나오지만 겨울에 그나마 그들이 생존할 수 있었던 것은 빈집을 털어 식량과 땔감을 어느 정도 확보했기 때문이었다. 빈집털이에는 중국군과 북한군도 합세했다. 물자가 워낙 부족해서 굶주리고 추위에 시달렸으니 별 수 없이 '보급투쟁'이라는 이름으로 빈집털이에 가세할 수밖에 없었다.

일부 시민들은 일제 강점기에 파놓은 방공호에 숨어 살았다. 1975년 유신체제에 맞서 할복했던 김상진 열사가 1949년생인데, 공덕동 쪽 방공호에서 유아기를 보냈다고 알려졌다.

서방 세계에서 발행된 '전쟁사'에서는 1951년 1월 4일에서 3월 중순까지의 서울을 가리켜 한마디로 "무법의 도시"라고 표현한다. 법이 지배하지 않는 공백의 도시였던 것이다. 박완서도 당시 서울을 "신문도, 방송도, 떠도는 말도 접할 것이 없었다"라고 쓰면서, "그럼 지금 서울은 진공상태인가?"라는 질문을 던졌다. 멀리 보이는 이화여대가 마치 옛 성처럼 여겨졌다고 쓰기도 했다. 70일 동안 서울은 무법지대로서, 시내의 모든 집들이 앙상하게 벽체와 기둥만을 드러내고 있었고, 부엌의 가재도구나 요와 이불 같은 침구류와 의류는 시민과 중국군, 북한군의 생존을 위한 약탈로 엉망진창이었다.

봄이 되자 국군과 유엔군이 돌아왔다. 서울은 더 이상 공산군의 손에 넘어가지는 않았지만 복구, 아니 폐허의 처리는 심각한 문제였다.

전후 복구라는 과제●

서울은 폐허 그 자체였다. 환도가 불가능했기에 부산은 몇 년간 임시수도

● 손정목, 《서울 도시계획 이야기 1》, 한울, 2003, 100~103쪽 참조.

역할을 맡았다. 1951년 5월부터 입성한 서울시 행정건설대는 가장 먼저 시신을 처리해야 했다. 이곳저곳에 흩어진 공산군의 시체, 굶어 죽거나 병사한 시민들의 시체, 그 밖에 폭격과 총상을 입은 시체를 모아 공동묘지에 매장했다.

그다음 할 일은 전쟁 피해지 정리였다. 시체는 처리되고 있었지만 거듭된 폭격으로 파괴된 건축물의 잔해 등 치워야 할 것들이 너무도 많았다. 2년 후 서울시의 조사에 따르면 전소되거나 완전히 파괴된 주택이 2만 6,956동, 반쯤 부서지거나 불탄 가옥이 9,822동, 쓰러진 가로수가 12만 1,200그루였다고 하니 얼마나 큰 피해를 입었는지를 짐작할 수 있다. 그중 서서울의 비중이 얼마나 되는지는 정확히 알 수가 없다.

서울시 행정건설대가 들어왔다지만 겨우 300명이었다. 서울 시민은 약간 늘어나 약 20만 전후였지만, 거의 노약자나 여자들이어 서 노동력이 될 수 없었다. 전국 각지에 피난 가 있던 서울시 직원이 모두 복귀한 시기는 휴전협정 체결 이후인 1953년 9월 25일이었다.

경상도나 전라도에 연고가 없고 가진 것도 없는 피난민들은 경기도의 수원·평택 일대, 충청도 일대의 농촌마을, 그 밖의 각 도시별 피난민 수용소에서 지냈다. 그들은 하루라도 빨리 서울에 들어가야 했다. 서울에 가야만 그나마 집이 있고 지게꾼일지라도 일거리가 있었기 때문이다. 그러나 1951~1952년에는 도강증이 있는 군속이나 공무원이 아니면 한강을 건널 수 없었다. 미군과 국군헌병이 도강증 검사를 한 후 도강을 허용했다. 하지만 제아무리 감시가 심했다 해도 깊은 밤에 나룻배를 타고 건너오는 것을 전부 막을 길은 없었다. 행주, 양화진, 노량진, 서빙고, 잠원 등 한강 이남의 여러 나루터 근처에는 이들 '도강을 엿보는 피난민'들로 북새통이었다. 거기에는 이른바 '사바사바'라는 것이 있었음은 물론이다. 서울시 경찰국은 1951년

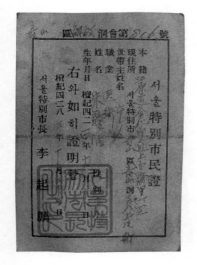

서울특별시민증.

3월부터 1년간, 한강을 몰래 건너다가 빠져죽은 사람이 60명이라고 발표했다.

1952년 2월 11일, 서울에 살고 있던 모든 시민에게 시민증을 발급했다. 요즘의 주민등록증에 해당하지만, 당시에는 공산당이 아님을 증명하는 '딱지'로 생명 다음으로 소중한 것이었다. 시민증을 발급받은 시민이 32만 1,626명이었다. 영등포 구민 7만 4,458명을 빼면 강북 시민은 약 24만 7,000명이었다. 대부분 노약자나 여자들이었고 그나마 젊은 여자는 거의 없었다. 이런 인력으로는 산더미같이 쌓여 있는 콘크리트와 벽돌조각, 흙더미, 뒤엉킨 전신주, 쓰러진 가로수 등을 제거하고 운반할 수 없었다.

행정건설대가 들어온 지 1년이 더 지났는데도 서울의 거리는 여전히 폐허 그 자체였다. 시 간부들은 궁리 끝에 강변 나루터에서 한강 도강을 기다리는 무리 가운데 힘깨나 쓸 만한 사람들을 골라 도강을 시켰다. 이렇게 도강시킨 장정들을 조직해 구청장 책임 아래 폐허를 정리시킨다는 계획이었다.

트럭이나 중장비가 드문 시절이었으니, 주로 인력으로만 치우고 날라야 했다. 적어도 20만 명 이상의 인력이 20일 이상 동원되어야 할 양이었다. 당연히 20만 명을 모아 한강을 건너게 하는 것도 쉬운 일이 아니었다. 이기붕의 후임인 김태선 시장이 직접 미군 헌병대장을 찾아가 교섭한 다음, 한강의 남쪽에서 인부들을 모집했다. 선발된 자들에게는 '서울 전적지 정리자'라는 거창한 직함을 붙여주었다. 그들은 각 구청 청소담당 책임자의 인솔 하에 1952년 9~10월경 한강을 건넜다. 구청마다 도강 일자를 달리했는데 한강 부교 위로 많은 인력이 한꺼번에 건널 수 없었기 때문이다.

서서울의 관문인 수색역도 역사가 파괴되는 등 피해가 막대했다. 철도는 군사시설인 만큼, 파괴된 상태로 방치할 수는 없었다. 잠시의 여유라도 있으면 수시로 긴급복구를 해야 했다. 전선戰線이 고착된 1952년 말부터 철도는 다시 귀경 승객 수송을 개시했다. 미국 등의 원조로 자재를 도입해, 경부선을 비롯한 13개 선의 보강공사를 추진했다. 그 결과 1957년까지 철도시설의 90퍼센트 이상이 전쟁 전의 상태를 회복했다.

전쟁을 거치면서 철도에는 획기적인 발전이 이루어졌다. 주로 군사수송에 쓰이기는 했지만, 유엔군이 사용하는 디젤기관차가 등장했다. 1958년에는 수색역사도 재건되었다. 전후 복구를 위해 각종 물자가 서울로 운송될 필요성이 높아지면서 행해진 조치였다.

한국전쟁이 끝난 후 서서울의 주목할 만한 변화 중 하나는 그나마 명맥을 이어나가던 마포의 세 나루가 기능을 완전히 잃었다는 사실이다. 휴전선이 한강 입구를 막았기 때문이다. 마포는 이름만 '포'이고 더 이상 나루가 아니게 되었다.

8장

재건을 향한
열망들

서서울의 주택 건설

전후 복구를 위해 1950년대부터 짓기 시작한 공영주택은 형태, 자금의 출처, 건설 목적에 따라 재건주택, 후생주택, 부흥주택 또는 국민주택, 희망주택 등 다양한 이름으로 불렸다. 안암동 개운사 입구에 재건주택 49호를 지으면서 시작된 이들 주택건설은 집단주택지의 출발을 알리는 신호탄이었다.

재건주택은 정부의 계획 아래 운크라*가 원조한 자재와 자금으로 건설되었다. 주재료는 흙벽돌이었고, 비교적 질 좋은 루핑과 못, 미송 같은 원조 물품이 사용되었다. 하지만 규모는 4~5평 정도로 매우 작았으며 온돌도 없었다. 벽이나 마루 모두 나무로 된 조잡한 형상의 주택이었다. 서서울에는 신수동과 홍제동 등에 건설되었다.

역시 외국의 원조를 받아 1953년부터 건설되기 시작한 후생주택은 방 두

● 국제연합한국재건단United Nations Korean Reconstruction Agency, UNKRA. 1950년 12월 국제연합 총회의 결의에 의거해 설립된 이 단체는 붕괴된 한국 경제를 전쟁 전 수준으로 회복시키기 위한 재건사업을 목적으로 했다.

1956년의 청량리 부흥주택.

칸에 마루와 부엌 한 칸씩을 가진 9평 정도 규모였다. 서서울에는 대현동 등
에 건설되었는데, 공영주택 중 조건이 좋은 편에 속했다. 입주의 우선순위
는 전쟁 전 서울시에 주택을 소유하고 거주하던 사람이었다. 이 가운데 전쟁
으로 주택이 전부 파괴되어 현재 거주할 곳이 없거나, 또는 자신이 소유하던
주택 일부가 파괴된 사람으로 자격을 한정시켰다.

　부흥주택이나 국민주택은 국채발행기금 또는 주택자금의 융자로 건설하
여 국민에게 분양하거나 임대하는 주택으로, 상가주택도 포함되었다. 한편
희망주택은 대지와 공사비를 입주자가 부담하되 대한주택영단(대한주택공사
의 전신)에서 자재를 제공하는 주택이었다. 입주자가 입주금을 먼저 납부하는
희망주택은 중산층 주택으로 서울 각 지역에 건설됨으로써 서울 변두리 지
역의 발전에 많은 영향을 미치는 계기가 되었다.

1954년 창천동에 109호, 홍제동에 40호의 희망주택이 지어졌다. 하지만 1950년대에 조성된 이들 집단주택지에는 공공시설이 전무한 상태로 겨우 주택만 들어섰다. 이 시기의 단지 조성이란 주택을 지을 수 있는 택지 조성만 있었을 뿐, 공원, 도로, 학교 등 각종 생활 관련 시설을 포함한 종합적 계획과는 거리가 멀었다. 또한 재건주택은 부실한 시공 때문에 입주자들의 원성을 샀다. 당시 신문지상에는 지은 지 1년도 되지 못해 굴뚝이 무너져 내리거나 비가 새고 벽이나 담이 무너져 입주자들을 불안에 떨게 했다는 류의 기사가 끊이지 않았다.

어쨌든 이러한 집단주택지의 개발과 함께 흙벽돌집이 곳곳에 건설되면서 서울의 모습은 점차 변모해갔다. 서서울에서는 불광동 지역이 대표적인 예다. 원래 이 지역들은 논과 밭이었고, 도심에서도 멀리 떨어져 교통이 불편했다. 그런 단점들 때문에 입주가 부진할 수밖에 없었다. 이런 어려운 상황을 극복하기 위해 대한주택영단은 입주자들에게 보조를 해주었고, 이 지역에 희망주택이 건설될 수 있었다. 대한주택영단의 노력으로 이후 이들 지역에도 도로 등 기반시설이 정비되었고, 점차 발전하게 되었다.

> 영단은 교통문제를 해결하기 위하여 직원들이 매일 시 운수과와 버스조합 등을 찾아가서 현지까지 버스를 운행해달라고 간청했으나 버스업자 측은 버스가 한 번 현장에 갔다 오자면 그때마다 세차를 해야 한다고 난색을 표명했다. 영단에서는 약간의 보조를 해주겠다고 제의하여 결국 버스는 운행되고 따라서 입주가 완료되었다. …이 재건주택이 기점이 되어 오늘의 불광동이 이루어진 것이다.•

• 대한주택공사, 《대한주택공사 20년사》, 1979.

이 시기의 주택건설에서 주목해야 할 점은 전통 한옥이 거의 지어지지 않았다는 사실이다. 집을 빠른 기간 내에 최대한 많이 지어야 할 상황에서는 수공업적인 건설방식이 적합하지 않았기 때문이다. 게다가 산업화가 완만하게나마 시작되면서 시멘트 등 새로운 건설자재의 생산이 점점 늘어났고, 그에 따라 가격도 내려갈 수밖에 없었다. 이러한 재료와 건설방식의 변화로 인해 전통 한옥과는 전혀 다른 '양옥'이 보편적으로 보급되기 시작했다. 부서진 한옥 중 재건된 집도 얼마 되지 않았다.

대규모 주택 건설의 효시, 국민주택

정부는 1957년을 기점으로 주택 정책에 변화를 시도했다. 그 방향은 외국의 자금을 통한 임시방편적인 구호주택 보급을 지양하고 항구적인 주택을 건설하는 것이었다. 이후 주택을 대량으로 공급할 수 있는 사회적 기반이 조성되었고, 새로운 구조와 재료가 적용된 다양한 표준형 공영주택이 등장했다. 또한 시멘트 생산능력의 확충으로 시멘트 블록을 사용한 단독 또는 연립의 국민주택이 본격적으로 건설되었다.

1958~1961년 사이에 불광동과 북가좌동 등에 각각 들어선 국민주택 단지가 대표적이다. 이때 건설된 주택은 외부 마감을 시멘트 모르타르로 하고 지붕 재료는 슬레이트 기와를 사용했다. 물론 지금 슬레이트는 1급 발암물질인 석면을 함유한 것으로 밝혀져 골칫덩어리가 된 지 오래지만 말이다.

불광동 국민주택은 여러 가지 면에서 그 이전의 단독주택을 대폭 새롭게 개량했다. 단지는 모두 102채의 단독주택으로 이루어졌는데 주택 규모는 10평, 13평, 15평, 16평 그리고 18평으로 구성되었다. 가장 규모가 큰 18평 주택은 이른바 '식침분리'로 만들어져, 잠자는 곳과 밥을 먹는 장소가 구분

1959년 불광동 국민주택 단지.

되는 당시로서는 획기적인 구조였다.

공사현장을 오가는 기술자나 이곳을 거쳐 지나는 사람들은 입을 모아 이곳을 '평화촌'이라고 불렀다. 정온한 거주환경이 남달랐을 뿐만 아니라 신선한 공기까지 향유할 수 있었기 때문이다. 이승만 대통령이 시찰했을 정도로 주목을 받았다. 1943년생인 소설가 황석영은 자신의 사춘기 시절부터 스물한 살 무렵까지의 방황과 삶에 대한 고민을 엮은 장편소설《개밥바라기별》에 이 불광동 국민주택을 묘사한 바 있다.

> 그때는 아현고개 넘어 신촌만 나가도 벌건 흙길에 솔밭뿐이었는데 불광동까지 가면 사방이 개구리 우는 논밭이었다. 그곳에 이른바 국민주택이라고 집장사 집들이 줄지어 생기기 시작했다.[*]

• 황석영,《개밥바라기 별》, 문학동네, 2008, 127쪽.

경사지를 따라 늘어선 102채의 문화주택지에 어린이 놀이터와 분수도 갖추었다며 당시 불광동 국민주택을 홍보했던 것을 보면, 일제 강점기의 '문화주택'과 '문화촌'이라는 유행어가 1950년대 말에도 여전히 서울 시민들에게 유효했음을 짐작할 수 있다. 국민주택은 주택의 개량과 생활의 향상을 목표로 했다. 넓은 마루방을 거실로 만들고, 욕실을 설치하는 등 주택 계획에 서구적 개념을 많이 도입했다. 그래서 국민주택은 '문화주택'이라고도 불렸다.

이런 문화주택이 건설된 지역 중에는 홍제동 같은 빈민촌도 포함되어 있었다. 문화주택이 건설되어 문화인들이 이주하면서 홍제동은 빈민촌이라는 오명을 벗고 '문화촌'이라는 이름의 주거지로 변모했다. 이곳에는 비록 벽제로 옮겨지기는 했지만 일제 강점기에 만든 화장터가 있어서 입주가 어려웠다. 그러자 당국은 대학교수와 신문기자, 연예인들을 통해 흉흉한 동네 소문은 미신에 불과하다는 등의 여론전을 벌였다. 홍제동 부흥주택에 입주한 김용환 화백은 '즐거운 문화촌'이라는 제목의 삽화를 그려 당시 대한주택영단 기관지인 《주택》에 게재하기도 했다. 1959년의 일이다.

1950년대에 건설된 공영주택은 몇 가지 이유로 서울의 주택건설 역사에 커다란 흔적을 남겼다. 우선 주택 건설을 촉진하는 자극제가 되었기 때문이다. 이 당시 세워진 공영주택의 양은 당시의 주택 수요에 비해 턱없이 부족한 수준이었지만 그 파급 효과가 매우 커서 이후 민간에 의해 주택이 건설되는 자극제 중 하나가 되었다.

또한 서구적인 주거양식으로의 변화도 매우 주목할 만하다. 생활공간으로서 작긴 하지만 거실이 도입되고 침실과 거실이 분리되었다. 또 이전의 불편함과 비효율성에서 탈피해 부엌과 화장실이 편리하게 개량되었던 것이다. 완전한 수세식은 아니었지만 악취를 많이 줄일 수 있는 새로운 방법을 고안해 특허를 획득한 보건수세식 변소가 보급되었다. 상수도 대신 지대가 낮은 곳에 큰 우물을 설치해 지하수를 모은 다음 펌프를 이용해 이를 가장 높은 곳에 설치된 물탱크에 올려 집집마다 급수하는 방식으로 물 사정을 획기적으로 개선하기도 했다.

한편 이러한 공영주택은 주로 야산 또는 교외 지역에까지 자리 잡았기에 변두리 지역의 개발에 선도적인 역할을 했다. 한적한 지역에 주택들이 건설됨으로써 도로를 위시한 도시의 기반시설이 정비되었고, 그 지역이 개발되기 시작했다. 이들 지역의 개발은 또다시 다른 지역에 더 많은 새로운 주택지가 생겨나는 계기가 되었다.

홍익대의 이전과 서교동의 개발

연세대와 이화여대에 이은 신촌 대학가의 세 번째 멤버는 홍익대였다. 홍익대는 원래 1946년 4월 '재단법인 홍문대학관'으로 설립되어 그해 6월 서울 용산에서 개교했고, 다음 해 대종교 인사들이 재단에 참여해 교명을 '홍익대학교'로 변경했다. 이홍수와 권경태를 비롯한 명망가들이 투자를 했고, 1948년 8월 '재단법인 홍익학원 및 홍익대학관'으로 정식 설립인가를 받았다. 1949년 6월에는 법학부, 문학부, 초급 대학부의 4년제 홍익대로 개편되었고, 1954년 용산에서 현재 위치인 와우산 자락으로 이전했다.

이제는 외국인에게도 널리 알려진 '홍대 앞'이라는 공간과 '홍대 문화'의 근원은 무엇보다도 미술대학에서 찾을 수 있다. 미술을 학교의 중심으로 삼기로 결정한 홍익대는 1961년에 미술대학을, 1972년에 산업미술대학원을 설립했다. 이후 미대와 건축학과를 중심으로 다양한 인재들을 배출해왔다.

1970년대까지만 하더라도 홍익대 주변은 대부분 논밭이었다. 그렇다고 아무런 개발이 없었던 것은 아니었다. 1957년 서교 택지조성사업이 진행되면서 홍대 일대에 주거지역이 형성되었기 때문이다. 이 사업은 ICA(국제협조처)의 원조를 받아 국내 은행이 투자해 시작되었다.

이 시기에 이주한 대표적인 인물이 바로 고 김대중 전 대통령이다. 1963년 4월에 전세로 들어왔다가 국회의원 당선 후 형편이 좋아져 집을 구입했는데, 너무 좁아 한 채를 더 사 합쳤고 점점 넓어져 현재의 모습이 되었다. 《김대중 자서전》에 의하면 입주 초기에는 자택 주위가 온통 호박밭이었고, 비만 오면 길이 잠기고 질척거려 장화를 신지 않을 수 없었다고 한다. 한국 현대 정치사의 빼놓을 수 없는 무대인 동교동 자택은 이렇게 시작되었다.

홍익대 정문에서 극동방송국까지 이어지는 길에는 붉은 벽돌집이 많은데, 1950년대 후반만 해도 이곳에는 미국에서 수입한 빨간색, 파란색, 노란색 페인트로 칠해서 이국적인 느낌을 주는 ICA주택들로 가득 차 있었다. 홍대 앞 벽돌거리의 시작은 ICA주택들 사이에 있던 단층짜리 슬래브 집에서 시작되었다. 한 집주인이 건축가 김기석에게 리모델링을 부탁하면서, 김기석 연작의 첫 번째 건물인 '우리마당'이 지어졌다.

1970년대 들어 홍대 앞에 예술가들이 몰려들자, 이 집주인은 1층에 카페를 두고 2층에는 자신이 살 주거 공간을 새로 올리고자 했다. 우리마당이라는 건물 이름도 이 카페에서 유래했다는데, 나중에 고급 경양식 레스토랑의 이름이 되었다. 집주인이 신축 대신 증축을 원한 것은 다분히 경제적인 이유에서였다. 건축가가 외부 마감을 파벽돌로 선택한 것도 운치 있으면서 저렴했기 때문이었다. 파벽돌은 재활용 벽돌로서, 당시에는 건축 자재가 부족해서 옛 건물의 벽돌을 재사용하곤 했다. 지금도 옛 정취를 원하거나 벽돌의 촉감을 살리고 싶은 디자이너들이 종종 파벽돌을 사용하는데, 인위적으로 시간의 느낌을 만들 수 있어 오히려 더 비싸다고 한다. 그렇게 우연히 결정한 자재인 파벽돌이 홍대 앞 벽돌거리의 분위기를 결정했다.

신촌의 4·19

3·15부정선거와 마산의 의거, 김주열의 죽음으로 이어진 폭풍 같던 1960년, 4월 18일이 되자 서울에서도 시위가 벌어졌다. 그날 고려대 학생들이 서울 시내를 휩쓸던 정치깡패들의 기습을 받았다. 서울은 폭발 직전이었다. 19일, 연세대 학생들도 긴장된 모습으로 연희동 교정에 들어섰다.

이날 아침 6시, 연세대 총학생회 간부 및 단과대 운영위원장들은 여학생회관(논지당)에 모여 예배 시간인 12시를 기해 시위를 하기로 논의를 마쳤다. 3교시가 끝난 12시부터 문과대, 정법대, 신과대의 예배가 예정되어 있었다. 11시 50분, 정법대 학생 몇 명이 미리 준비한 플래카드를 들고 학생들이 모이기를 기다렸다. 이윽고 12시, 최종훈 이공대학 운영위원장이 쓴 〈결의문〉이 낭독되자 우레와 같은 박수가 터져 나왔다. "가자, 나가자"고 모두들 아우성이었다.

결의문

발작적 방종이 아닌 민주주의라는 것. 그것은 개인의 의사를 자유로이 표시할 수 있을 뿐 아니라 집회 언론 결사의 자유가 엄연히 보장되어야 함은 물론 국민에 의해서 선출된 정부와 입법부는 국민의 의사를 존중하여 전 국민을 위한 정부가 되어야 하는 것이다.

우리와 자손의 건전한 번영과 행복을 위하여 우리는 선두에 나서지 않으면 안 되는 것이며 보다 나은 앞날의 발전을 위하여 헌법 전문에 기록된 바

사회적 폐습을 타파하고 진정한 민주주의 대한민국을 건설해야 하는 것이다.

몽매한 무지와 편협 그리고 집권과 데모의 제지, 학생살해, 재집권을 위한 독단적인 개헌과 부정선거 등은 이 나라를 말살하는 행위인 것이며 악의 오염을 더욱 증가시키는 것 이외에 그 무엇이 되겠는가?

나라를 바로잡고자 혈관에 맥동치는 정의의 양식, 불사조의 승리를 견지하려는 하염없는 마음에서 우리는 다음의 몇 사항을 엄숙히 결의하는 바이다.

1. 부정(三‧一五) 공개투표의 창안집단을 법으로 처벌하라.
2. 권력에 아부하는 간신배를 축출하라.
3. 국민의 자유로운 의사표시를 허용하라.
4. 경찰은 국민의 권리와 자유를 침해치 말라.
5. 정부는 마산사건의 전 책임을 지라.

처음 플래카드를 앞장세우고 나온 학생들은 수백 명이었지만 순식간에 3,000여 명으로 불어났다. 연세대 시위대 선두가 신촌로터리에 이르자 홍익대 시위대와 하교 중인 수십 명의 이화여대생들도 합류했다.

시위대는 아현시장 부근에서 경찰차와 마주쳤지만 별다른 마찰 없이 서대문로터리까지 이르렀다. 이곳에는 '서대문 경무대'라고 불렸던 이기붕의 집이 있었다. 다른 대학 시위대가 집 앞에 진을 치고 있어 서울역 쪽으로 우회했는데, 당시 서울역 앞에 캠퍼스를 유지하고 있던 200여 명의 세브란스 의대생들이 백의를 입고 합류했다. 거대한 시위대는 〈애국가〉와 〈전우가〉를 부르며 오후 1시 30분, 무교동을 거쳐 화신백화점에 이어 종로4가 동대문경찰서(현 혜화경찰서)를 지나 원남동 쪽으로 향했다. 물통을 들고 나온 시민

1960년 4월 19일, 연세대 학생 시위대.

들이 물을 건네주며 학생들을 격려했다.

　돈화문 앞에 이르자 선도하던 학생들의 의견이 나뉘었다. 종로 방면으로 가자는 의견과 끝까지 중앙청으로 직행하자는 의견이 대립했다. 약 20여 분 동안 행진은 지체되었다. 마침내 대세는 중앙청으로 가자는 쪽으로 흘렀다. 그리하여 2시 30분, 시위대는 안국동으로 향하기 시작했다.

　세브란스 의대생이 선두를 가운으로 하얗게 장식하고, 검은 머리를 곱게 땋은 300여 여학생들이 함께했다. 시위대가 안국동로터리에 있는 종로경찰서 앞에 도착했을 때, 몇 발의 총성이 요란하게 울렸다. 그러나 시위대는 조금도 동요하지 않았다. 종로경찰서 앞에는 바리케이드를 쌓고 총을 겨눈 경찰들이 있었다.

　시위대는 외쳤다. "우리의 시위는 평화적이다. 우리들은 안국동로터리를 돌아서 종로로 나갈 것이다. 중앙청 경무대로는 가지 않을 것이니 총을 쏘지 말라"고 외쳤다. 흰 가운으로 군중의 시각을 모은 의과대 시위대는 구호도 독특했다. "의학도여, 메스를 들라! 썩은 정치 수술하자."

다시 몇 발의 총성이 들렸다. 그렇지만 시위대는 그대로 전진했다. 안국동을 지나 종로로 향하지 않고 한국일보사 앞을 지나 중앙청으로, 다시 경무대로 가는 길목인 해무청(현 해양수산부) 부근으로 밀고 나갔다.

시위대가 중앙청 앞을 돌아 광화문으로 방향을 돌릴 무렵, 경기도청 맞은편 아파트에서 갑자기 총성이 수십 발 울렸다. 몇몇 사람들이 순식간에 쓰러졌다. 이 총격으로 의예과 2학년 최정규가 사망하고, 부상자와 졸도자도 나왔다. 시위대 선두는 20~30미터를 후퇴했고, 나머지 학생들은 연좌시위에 돌입했다.

선두에 있던 의대생들은 무섭게 달아오르는 시위 군중들을 잠시 진정시켰다. 몇 명은 중앙청 정원에서 높이 휘날리던 태극기를 끌어내려 시위대 선두에 펼쳐두고 시위대를 향해 겨누고 있는 경찰의 총부리와 마주했다. 그때 총성이 울리면서 군중 가운데 한 사람이 가슴에 관통상을 입고 쓰러졌다. 그러자 의대생들이 들것을 들고 적십자기를 앞세우며 뛰어 나갔다. 아무리 잔인한 사람이라도 이런 상황이라면 총질을 멈추겠지만 민주공화국의 경찰이란 자들은 적십자 깃발에도 아랑곳하지 않고 다시 발포했다.

학우들의 피를 보고도 이성을 잃지 않은 시위대원들은 다시 일어나 안국동, 종로, 남대문, 서소문을 거쳐서 질서정연하게 신촌으로 돌아왔다. 이날 연세의 건아들은 모두 대강당 앞에 모였다. 백낙준 총장은 감동에 휩싸여 시위에 참가하고 돌아온 학생들에게 다음과 같이 말했다.

연세의 아들딸들아! 너희들이 나아가서 행동으로 내 말을 다했거늘 내가 이

제 무슨 말을 더하랴! 너희들이 올바른 소신을 가졌고 그 소신을 발표할 용기를 가진 것을 나는 자랑스럽게 여긴다. 3·1운동 때의 여러분의 선배인 김원벽 군의 혼이 살아서 다시 돌아온 줄로 안다. 금일 우리들의 이 거사는 정의, 인도, 생존, 번영을 위하는 민족적 요구이니 오직 자주적 정신을 발휘할 것이요 결코 배타적 정신으로 일주하지 말라고 한 3·1정신을 그대로 표현할 줄로 알고 있다. 너희들이 연세의 전통을 다시 세웠으니 후배에게 영원히 교훈이 될 줄로 믿는다.●

최현배 부총장도 눈물을 흘리며 이렇게 감회를 피력했다.

함께 나갔다가 같이 돌아오지 못한 사람이 있음을 서러워하며 슬퍼한다. 그러나 자유는 값비싼 것이다. 이 같은 일은 학교의 자랑이요 나라의 자랑이다. 앞으로도 자유를 위하여 힘껏 싸워주기 바란다.●●

서대문 경무대의 기억

지하철 5호선 서대문역과 앞서 소개한 경교장이 있는 강북삼성병원 사이의 언덕길에 외벽을 하얀 화강석으로 마감한 건물이 보인다. 2000년에 새로 지은 4·19혁명기념도서관이다. 외벽에 한국 현대사의 중요한 변곡점 가운데 하나였던 '4·19혁명'이 새겨져 있는데, 거기에는 이런 사정이 있었다.

도서관이 들어선 터에는 본래 이승만 정권의 2인자였던 이기붕의 저택이

● 〈연세춘추〉, 1960년 4월 27일자.
●● 같은 곳.

이승만 독재의 상징인 '서대문 경무대' 터에 들어선 4·19혁명기념도서관.

자리 잡고 있었다. 이기붕은 국회의장과 서울시장, 국방부 장관, IOC 위원 등을 두루 지낸 당대 최고의 세도가였다. 그런데 그것이 경력의 전부가 아니다. 1954년 말 "초대 대통령에 한해 중임 제한을 없앤다"라는 내용을 골자로 하는 개헌안이 발의되었다. 원칙대로라면 의결 정족수가 차지 않아 부결되었을 것이다. 그런데 이때 '사사오입', 즉 반올림을 통해 개헌안을 가결시켜버리는 사건이 벌어졌다. 이 짓에 앞장선 자가 바로 이기붕이었다.

이후 이기붕은 자신의 친아들 이강석을 이승만의 양자로 입적시킬 만큼 정권의 핵심에 더욱 다가선다. 그 위세가 얼마나 대단했는지 그의 집을 대통령 관저인 경무대에 견줘 '서대문 경무대'라 부를 정도였다. 이윽고 이기붕은 1960년 3월 15일 치러진 제4대 대통령 선거에서 대통령 후보 이승만의 러닝메이트로 출마해 부통령에 당선되기에 이른다.

그런데 당시 대선은 유례를 찾아보기 힘든 부정의 결과였다. 야당을 찍을 것 같은 유권자에게는 아예 투표권을 주지 않고 대리 투표를 시키거나, 몇 명씩 집단으로 투표를 진행하는 등 공개 투표를 실시했으며, 야당 후보 지지표는 무효로 만들어버렸다. 결국 총 유효 투표수의 100퍼센트에 육박하는 표를 얻은 나머지 실제 득표 결과보다 득표율을 낮춰 조정하여 발표하는 기막힌 해프닝까지 벌어졌다. 바로 그 악명 높은 3·15부정선거다.

결국 그동안 쌓여온 국민들의 분노가 폭발하여 4·19혁명으로 이어졌다. 서대문 경무대도 성난 시위대에 의해 초토화되고 말았다. 그때 냉장고에서 나온 수박(당시 4월에는 상상하기 어려운 과일이었다)은 두고두고 화제가 되었다.

이승만은 하와이로 망명했고 이기붕 집안은 집단자살로 추한 종말을 맞고 말았다. 그 뒤 서대문 경무대는 4·19혁명희생자유족회 사무실로 바뀌었고, 얼마 지나지 않아 4·19혁명기념도서관으로 변모했다. 이승만 독재의 상징이 정반대 성격의 공간으로 탈바꿈한 것이다. 그런데 이 사업은 4·19혁명으로 불붙은 민주주의의 열망을 짓밟고 집권한 또 다른 독재정권인 박정희 정권에 의해 진행되었다. 그래서인지 이 도서관에는 당시 시민들이 타면서 환호했던 이기붕의 승용차, 문제의 수박이 있었던 냉장고 등 중요한 유물은 모두 온데간데없이 사라지고 껍데기만 남아 있다.

김수영을 위하여[●]

고등학교 교과서에도 실린 시 〈풀〉과 4·19의 시인으로 유명한 김수영은 1921년 11월 서울 종로에서 8남매의 장남으로 태어났다. 1941년 선린상업학교를 졸업하고 일본 유학을 떠났지만, 학교는 다니지 않고 연극연구소에 출입하면서 시간을 보냈다. 그러다가 징병을 피해 1944년 2월 초 귀국했다. 서울 고모댁 다락방에 피신해 있던 김수영은 곧 어머니를 따라 만주 길림성에 가서 몸을 숨겼다.

그러나 김수영은 한국전쟁 때 미처 피난을 가지 못했다가 의용군으로 강제 징집되었고, 결국 미군 포로가 되어 거제도 수용소 신세까지 지는 고난을 겪었다. 석방되어 귀경한 후에는 1955년 마포 구수동에 정착해 죽을 때까지 지냈는데, 양계업을 하면서 틈틈이 번역을 병행하는 다소 구차한 삶을 살았다. 구수동은 광흥창역 부근인데 현대 서울 대중문화의 중심인 홍대 앞이 지척이다.

김수영은 맏이였지만, 출판사인 현대문학에 다니던 첫째 여동생 김수명에게 자주 의지했다. 술값 때문에, 또는 그냥 돈이 없을 적에도 누이를 찾아갔다고 한다. 이렇게 심약한 인물이었지만 문학뿐 아니라 한국 현대 지성사

[●] 김건우, 《대한민국의 설계자들》, 느티나무책방, 243~246쪽 참조.

에서 그는 중요한 인물이다. '자유정신의 불모지' 한국에서 가장 급진적인 자유주의를 시와 글로 보여준 인물이었기 때문이다.

김수영은 정치 자유, 언론 자유가 곧 예술의 자유이며, 다른 모든 자유와 근본적으로 동일하다는 점을, 또한 역으로 미적·문화적 저항은 곧 정치적 저항이라는 사실을 직관적으로 꿰뚫어본 인물이었다. 그가 그린 사회는 "혼란이 허용되는 사회"이며 "잠꼬대를 써도 용납해주는 사회"였다. 그에게 자유의 '제한'이란 자유의 '부재'를 의미했다. 김수영에게 자유는 사랑과 동의어였고 사랑이 없다면 진보도 없었다. 그는 이렇게 주장하기까지 했다.

> 자유의 방종 여부를 판단하는 기준을 세우기란 대단히 어려운 일입니다. 우리들의 사회에서는 백이면 백이 거의 다, 사랑을 갖지 않은 사람들의 자유가, 사랑을 가진 사람들의 자유를 방종이라고 탓하고 있습니다. 이러한 사회에는 자유가 없습니다.[•]

김수영은 이 정도로 철저한 자유주의자였다. 그런 그에게 민족주의란, 진보적이든 아니든 간에 '위험한' 것이었다. 1960년대 정부에 비판적인 지식인들 대부분이 민족주의로 경도될 때, 그는 민족주의라는 범주 안에 남과 북이 모두 갇혀 있는 것으로 보면서 불안해했다. "이북의 노래도 식민지의 노래에 지나지 않으며, 그것은 너무나 '씩씩하고 건전한' 식민지의 노래다."

김수영이 보기에 통일은, 1960년대 중반 진보적 민족주의자들이 말하듯이 반미를 통해 이루어질 일은 아니었다. 월북한 친구에게 쓰는 편지 형식의 글에서 그는 다음과 같이 주장하기도 했다. 4·19혁명 이후였다.

• 김수영, 〈요즈음 느끼는 일〉, 1963.

이남은 '4월'을 계기로 해서 다시 태어났고 그는 아직까지도 작열하고 있소. …이북은 이 작열을 느껴야 하오. '작열'의 사실만을 알아 가지고는 부족하오. 반드시 이 작열을 느껴야 하오. 그렇지 않고서는 통일은 안 되오.[*]

김수영은 적어도 이남이 이북보다 나은 점이 "4월의 작열"을 경험한 것이라고 말했다. 그에게 민족이란 자유와 사랑의 바탕 위에서만 의미가 있었다. 즉 김수영에게는 자유와 사랑과 혁명이 남북통일보다 우선하는 것이었다.

1960년대 초반 격동기에 김수영은 어떻게 행동했을까?《김수영 평전》의 저자 최하림은 5·16쿠데타가 일어났을 때 그는 지인의 집에 숨어 있었다고 전한다. 어떤 면에서 김수영의 '소심함'은 김명인 교수가 다음과 같이 말한 그대로였다.

김수영의 현실 참여는 1965년 한일협정 반대 서명에 뒤늦게 참여하고 함석헌의 꼿꼿한 저항에 감동하는 것이 고작이었다. 자신이 의용군 출신이라는 것에 기이한 뿌리 깊은 피해의식이 심약한 그에게 늘 족쇄로 작용했다.[**]

최하림은 그의 콤플렉스를 이렇게 서술한 바 있다.

포로수용소 출신의 이 시인에게 '반공'은 너무도 두려운 성이었다. 그는 술이 억수를 취해서도 파출소 앞을 지날 때면 자세를 바로 했다.[***]

---

[*] 김수영, 〈저 하늘 열릴 때〉, 1960.
[**] 김명인,《김수영, 근대를 향한 모험》, 소명출판, 2002, 74쪽.

이렇게 지인들의 회고를 종합해보면, 확실히 그는 "눈이 크고 겁이 많은" 사람이었다. 물론 그 눈은 '시인의 눈'이기도 했다.

좋지 않은 술버릇으로도 유명했던 김수영은 끝내 그 때문에 유명을 달리했다. 1968년 6월 15일 이병주를 비롯한 글 친구들과 술자리를 갖고 귀가하던 도중, 구수동 집 부근에서 과속버스에 치였다. 서대문 적십자병원에서 응급치료를 받았으나 끝내 의식을 회복하지 못하고 다음 날 46세의 아까운 나이로 세상을 떠났다. 신동엽이 〈지맥 속의 분수〉라는 조사弔辭에서 언급했다시피, 한국은 그렇게 "어두운 시대의 위대한 증인을 잃었다".

••• 최하림,《시인을 찾아서》, 프레스21, 1999, 48쪽.

9장

발전의
토대를 닦다

서대문형무소의 희생자들

1959년 조봉암이 서대문형무소에서 억울하게 희생되었고, 그 이후 1960년 4·19혁명 때도 수많은 학생과 시민들이 다시 서대문형무소와 마포형무소를 가득 메웠지만, 이승만이 하야하면서 부정선거 주모자들과 정치깡패들이 그 자리를 채웠다. 그중 최인규, 곽영주, 이정재, 임화수 등이 죗값을 치렀고, 3·15부정선거의 책임자 최인규도 사형을 당했다. 하지만 묘하게도 후임 내무장관으로 4·19혁명 당시 백 명이 넘는 사망자에 대한 책임을 져야 했던 홍진기는 처음에 투옥되어 사형선고를 받았으나 곧 무기징역으로 감형되었다. 그는 얼마 안 가 석방되어 중앙일보사를 세우는 등 죽을 때까지 잘살았다. 잘 알려진 바대로 그의 사위는 이건희 삼성전자 회장이며, 아들은 〈중앙일보〉와 JTBC의 사주 홍석현 회장이다.

민주주의의 봄은 짧았다. 1961년 5·16쿠데타로 군사정권이 시작되면서 서대문형무소는 다시 수많은 억울한 희생자를 낳았다. 그 시작은 조봉암 선생과 거의 비슷한 방법으로 희생된 〈민족일보〉 조용수 사장이었다. 그는 부정선거 주모자들, 정치깡패들과 같은 날인 1961년 12월 21일, 31세의 젊은 나이에 형장의 이슬로 사라지고 말았다. 그가 재심을 통해 명예를 회복하고 국가배상 판결을 받은 때는 2008년 1월이었다.

1962년 10월, 김종필 중앙정보부장은 도쿄에서 오히라 마사요시 일본 외상을 비밀리에 만나 양국의 국교 정상화를 논의했다. 이들은 이른바 '김-오히라' 메모에 합의하고, 일본이 한국에게 '무상 3억 달러, 유상 2억 달러, 상업차관 1억 달러 이상'을 지원할 것을 약속한다. 1964년 초부터 박정희 정권은 그동안 비밀리에 추진하던 한일 교섭을 서둘렀다. 그해 2월, 정부와 여당은 3월 중에 대일 교섭의 기본 방침을 밀고 나가겠다는 결정을 발표했다.

당시 정부는 일본과의 경제협력을 통한 군사정권의 경제적 기반 확충과 한일 수교를 원했던 미국의 압력 등으로 대일 관계 정상화가 시급했기에 이 협상에서 저자세를 취해야만 했다. 당연하게도 반대 여론이 거셌다. 대학생들은 '밀실에서 이뤄지는 굴욕적인 한일회담 반대'를 외치며 거리로 나섰다. 각계의 반대에도 불구하고 정부의 대일 협상이 계속되자, 마침내 6월 3일 일반시민들까지 대거 시위에 가세한 6·3항쟁이 시작된다. 3만여 명의 시민들과 대학생들은 한일회담 반대와 함께 "박정희 군사정권 퇴진하라"는 구호를 외치면서 격렬한 시위를 벌였다.

점차 시위가 거세지자 정권은 4개 사단이나 되는 병력을 투입하여 이날 밤 서울시 전역에 계엄령을 선포하기에 이른다. 시위 주동자와 배후세력으로 지목된 학생·정치인·언론인 등 1,120명이 검거되었고, 이 가운데 348명은 내란 및 소요죄로 서대문형무소에서 6개월간 복역하게 된다. 그중에는 고려대 상대 재학생이었던 이명박도 있었다. 시위를 진압한 이후에도 계엄령은 선포 한 달 넘게 이어져 7월 28일에야 해제되었고, 결국 박정희 정권은 이듬해인 1965년 한일협정에 서명한다.

고 김영삼 전 대통령의 짧은 감옥생활은 이 시기와 겹친다. 그는 5·16쿠

4·19 뒤 재판에서 사형을 선고받은 홍진기 전 법무부장관(위 사진 맨 왼쪽). 재판정의 조용수 사장 (아래 사진 맨 왼쪽).

데타 이후 정치활동정화법으로 인해 정치활동이 중단되었고, 1963년 2월 1일에야 해금되었다. 그해 1월 27일 창당준비 발기인대회를 가진 민정당民政黨은 김영삼을 포함한 300명의 발기인을 추가 발표했다. 민정당은 전열을 정비하고 2월부터는 군정에 대한 공세를 펴나갔다. 그런데 쿠데타 세력은 2월 18일 돌연 민정 불참을 선언하더니, 이를 번복하고 3월 16일에는 군정을 4년 연장할 것을 제안했다. 재야정계는 큰 충격을 받았다. 미국 측도 강력하게 번의를 촉구했고, 재야세력은 전면적인 반대투쟁에 돌입했다.

김영삼 등 야당 인사들은 3월 22일 낮 무교동 백조그릴에서 약혼식을 이유로 집회를 열어 '민주구국선언'을 발표했다. 이는 10·26사태가 일어난 직후인 1979년 11월 24일 명동 YMCA강당에서 결혼식을 내세워 모인 재야인사·학생들이 계엄해제와 유신헌법 철폐 등을 외친 이른바 '위장결혼식 사건'의 1960년대 판이었다.

이러한 소용돌이 속에서 그날 12시 5분 전까지 변영태·김준연·박순천 등 정계인사 150여 명은 약혼식장으로 예약된 무교동 백조그릴로 모여 들었다. 곧이어 윤보선 전 대통령이 정해영·서범석·유진산과 함께 입장하면서 이 모임은 눈 깜짝할 사이에 정치집회로 돌변했다. 각파 인사 88명이 서명한 '민주구국선언'이 낭독되었고, 참석자들은 만세삼창을 마친 뒤 곧바로 가두시위에 나섰다.

백조그릴을 출발한 정치인들은 을지로에서 태평로를 지나 광화문까지 진출했다. 시민·학생들이 합류하자 시위대는 200여 명으로 늘어났다. 곧이어 시위대보다 많은 헌병과 사복경찰이 달라붙어 정치인들을 시경 소속 대형 버스에 태웠다.

화신백화점 앞에서 붙잡힌 김영삼은 종로경찰서로 연행되었다. 서범석·유옥우·유청 등 전 국회의원 등 56명과 함께였다. 경찰은 그들을 수도방위

사령부 보통군법회의 관할관으로부터 포고령 위반으로 구속영장을 발부받아 서대문형무소에 수감했다.

5·16쿠데타로 의원직을 빼앗긴 김영삼은 이 사건으로 구속되고 말았다. 박정희와의 줄기찬 운명적인 싸움은 이렇게 시작되었다. 김영삼은 22일 만에 석방되었다. 그는 이렇게 회고했다.

> 박정희는 4월 8일 비상사태 수습을 위한 임시조치법을 폐지하고 정치활동을 재개한다는 내용의 4·8성명을 발표했다. 4·8성명에 따라 나는 22일 만에 서대문형무소에서 풀려났다. 내가 풀려나던 날 우리를 영접하는 인파가 형무소 앞 광장을 가득 메웠다.
>
> 나중에 안 일이지만 박정희는 케네디 미국 대통령이 '구속정치인 석방'을 요구하는 성명을 발표하자, 미국의 눈치를 보느라고 정치인들을 서둘러 석방한 것이었다. 서슬 퍼렇던 군사재판이 하루아침에 중단되고 구속됐던 사람들이 졸지에 풀려난 우스꽝스러운 일이었다.●

마포 경성형무소를 말하다

서대문형무소와는 달리 마포형무소는 1963년 10월에 폐쇄되고 수형자는 신설된 안양교도소로 이감되었다. 〈경향신문〉 1963년 10월 5일자에는 마포교도소 이전이 지역사회 발전에 도움이 될 것이라고 전망하는 기사가 실렸다.

● 김삼웅, 《김영삼 평전》, 깊은나무, 2017에서 재인용.

경성형무소. 위압적인 모습의 대문이 인상적이다.

남자 기결수만 3,000여 명을 수용하고 있는 마포교도소가 오는 10월 중순
께까지는 경기도 안양읍에 있는 안양교도소로 옮겨간다. …공덕동 주택가
의 한복판이며 한길가에 자리 잡은 이 마포교도소를 우선 도심지에서 교외
로 옮기기로 했다. …이 교도소는 1911년 10월 일제에 의해 창설된 지 꼭
52년 만에 발전적인 폐쇄를 한 셈이다. …주민들은 우선 보기 흉한 붉은 벽
돌이 허물어질 것이니 미관상으로 좋고 자라나는 어린이들에게 푸른 옷
囚衣을 입고 작업을 하는 죄수들을 보이지 않게 되어 기뻐하고 있다. 그뿐
아니라 이 교도소가 떠남으로써 지역사회 발전에도 크게 도움이 될 것이라
는 기대 속에 이 교도소 이전 계획을 크게 환영하고 있다. 교도소 주변의 한
복덕방 할아버지에 의하면 지난 4월경 교도소 이전설이 나오면서부터 부
근의 땅값은 갑자기 오르기 시작하여 지금은 그때보다 평당 2,000원씩이나
뛰었다고 한다.

아현동에서 일제 강점기를 겪었던 주민 중에는 경성형무소 수감자의 모습을 기억하는 이들이 있다. 경성형무소장 관사 부근에 거주했던 박준구 씨는 1941~1942년 당시만 하더라도 집 앞 언덕에서 내려다보면 형무소에 있는 죄수들의 모습이 보였다고 한다. 마포형무소 수감자들이 일하던 마포형무소 농장과 벽돌공장은 1962년 세워진 우리나라 최초의 단지형 아파트였던 마포아파트 자리에 있었다. 일제시기 지도인 《대경성정도大京城精圖》(1936)에는 이 자리가 '형무소연와공장刑務所煉瓦工場'이라고 표기되어 있으며, 《지번입서울특별시가지도地番入서울特別市街地圖》(1958)에도 '형무공장刑務工場'이라고 표기되어 있는 만큼 실제로 수감자들이 일했던 공장 자리로 추정된다.

> 결과적으로 마포형무소는 사형수 아니면 무기수가 수감되었던 곳이야. 그래서 거기 소장이 어디 살았냐면은 공덕동 그 꼭대기에 말이야, 제일 꼭대긴데 관사 밑에 우리가 살았어요. 형무소가 이렇게 마포형무소가 있으면, 마포형무소 밑에 개천이 쭉 있었어. 근데 거기 밭이 많이 있는데 말이야. 중국 사람들이 말이야. 거기다 쭉 모를 심어가지고 말이야. 채소니, 파니, 양파니 심어가지고 말이야, 노상 중국 사람들이 거기서 왔다 갔다 하는 [곳이야]. 우리가 보면 말이야, 거기서 형무소에서 말이야, 죄수들이 말이야, 나와서 거기서 작업을 해요, 밭에서 일도 하고.•
> 　　　 박준구(1928년생, 남)

• 서울역사박물관 편, 《언덕을 살아가는 사람들 아현, 염리》, 서울역사박물관, 2010, 183~184쪽.

1963년 마포교도소가 안양교도소로 이전한 뒤, 1968년에는 이 자리에는 경서중학교가 들어섰다. 경기공업중학교가 경서중학교와 경기공업고등학교로 분리되면서 경서중학교는 마포구 공덕동 105번지 소재 신축교사로 이전한 것이다. 경서중학교는 1970년 학생들이 탑승한 수학여행 버스가 열차와 충돌하면서 큰 인명피해를 겪은 학교이기도 하다. 1993년에는 강서구 가양동에 위치한 신축교사로 이전했다. 현재 이곳에는 서울서부지방법원과 서울서부지방검찰청이 자리 잡고 있으며, 경성형무소 표지석이 세워져 있다.

수색동 천막촌

1950년대 이승만 정권은 무허가건축물 거주자에 대한 무대책 철거 정책을 고수했다. 이에 따라 서울시는 1954년 불량주택, 토막 또는 판잣집 등 무허가건물의 철거 방침을 밝혔다. 그런데 1961년 5·16쿠데타로 집권한 박정희 정권은 도심의 무허가건축물 거주자를 외곽지역으로 집단 이주시키는 계획을 세웠다. 이는 철거민의 반발을 누그러뜨리는 효과와 동시에 도시 외곽지역 개발이라는 두 마리 토끼를 잡을 수 있는 정책으로 여겨졌다.

이렇게 되자 1961년경부터 이른바 '천막촌'이 형성되었다. 서서울에 들어선 가장 대표적인 천막촌은 수색이었다. 천막촌이라는 이름은 정부의 건축자재 지원이 부실하여 거주민들이 직접 산에서 만든 흙벽돌로 천막 내부에 집을 지어 생활한 데서 유래한 것으로 보인다. 천막촌에는 전기, 수도 등이 공급되지 않아서 주민들이 살기에 매우 열악했다.

수색동 천막촌은 오늘날 대림한숲타운 아파트가 들어선 은평터널로 부근에 위치했다. 1972년 항공사진을 살펴보면, 현재 은평터널이 있는 산기슭을 중심으로 많은 가옥이 밀집된 모습을 확인할 수 있다. 1961년 당시 이 천막촌에 약 4,000여 명이 거주했다고 한다. 필자(김미경)는 어릴 때 상경하여 수색에 자리 잡았는데, 그때 천막촌을 보고 놀란 기억을 아직도 간직하고 있다. 새끼줄에 맨 연탄과 물동이를 들고 귀가하는 주민들의 모습이 생생하게 기억난다.

1980년대에 들어서면서 천막촌은 규모가 줄어들었지만, 흙벽돌집과 판자 등으로 보수해가며 그 형태를 유지해왔다. 그러다가 1998년 은평터널로가 개통되고 2001년 8월 대림한숲타운 아파트 입주가 시작한 뒤부터, 천막촌은 아파트촌으로 변모하여 지금은 그 흔적을 거의 찾아볼 수 없게 되었다.

쎄씨봉과 클리프 리처드

2015년 영화화되기도 한 쎄씨봉은 한국 가요사의 전설적인 존재다. 1950년대 초 충무로에 문을 열었다가 1964년 무교동(정확하게 말하면 서린동으로 지금 SK본사 자리이다)으로 옮긴 쎄씨봉은 다방이었지만 실제로는 공연장에 가까웠다.

쎄씨봉은 종로에 위치했지만, 이곳에서 활동한 인물들은 대부분 서서울출신이다. 대표적인 출연자 '트윈폴리오'의 윤형주는 연세대 의대생이었고, 송창식은 대학을 다니지는 않았지만 모교인 서울예술고등학교가 당시 이화여대와 같은 재단이었다. 사회를 맡았던 이상벽은 홍익대 출신이었으며, 가수 이장희도 연세대 출신이었다. 쎄씨봉은 한 세대 이후 시작되는 홍대 앞클럽의 원조 격이었다. 아쉽게도 1969년 5월 임대계약이 끝난 후 다른 장소를 구하지 못해 문을 닫았다.

그런데 5개월 후 엄청난 일이 벌어진다. 당대 최고의 세계적인 청춘가수클리프 리처드의 방한 공연이었다. 1969년 10월 15일, 그가 이 땅에 왔다.다음날부터 사흘 동안 서울시민회관과 이화여대 강당에서 열린 그의 공연은 전회 매진되었으며, 그야말로 열광의 도가니였다. 관객들의 환호와 비명 때문에 정작 그의 노랫소리를 듣기 힘들었고, 특히 〈더 영 원스〉를 부를 때 는 가수가 관객들의 노래를 감상할 수밖에 없을 정도로 열기가 뜨거웠다.

문제의 10월 18일, 이화여대 강당에서 열린 마지막 공연에는 정원 3,000명을 훌쩍 뛰어넘는 많은 인파가 몰렸다. 유리창이 깨져 부상당한 사람들도 있었고, 공연장에 못 들어간 사람들도 떠날 줄 모르고 환호했다. 여학생들이 보여준 이 열광적인 반응에 우리 사회의 기성세대는 크게 놀랐다. 급기야 여학생들이 속옷을 벗어 무대로 던졌다는 소문마저 나돌아, 어른들은 혀끝을 끌끌 찼다. 이것이 바로 그 유명한 '클리프 리처드 내한공연 속옷 투척 사건' 이다.

그러나 여러 관계자의 증언에 따르면, 당시 여학생들이 속옷을 투척했다는 소문은 그야말로 소문에 불과하다고 한다. 실제로는 여학생들이 무대를 향해 리본을 단 사과, 꽃, 손수건, 선물 보자기 등을 던졌는데, 이 가운데 레이스가 달린 손수건을 속옷으로 오인했다는 것이 정설이다.

1970년대 이후 신촌 일대가 도시화되면서 뮤지션들은 사대문 안이 아닌 서서울에서 공연을 시작했다. 1986년 4월 신촌의 카페 '레드제플린'에서 엄인호, 김병호(기타·노래), 이정선(기타·하모니카·노래), 김현식(노래), 한영애(노래) 가 '신촌블루스'를 결성한 이후 신촌은 라이브 공연의 주무대가 되었다. 뒤에 다루겠지만 이런 분위기는 1990년대의 '홍대 문화'로 연결된다.

새로운 주거문화의 선구자, 마포아파트

1962년 탄생한 대한주택공사는 데뷔작으로 마포아파트를 내놓으며 한국 주거문화에 획기적 전기를 마련했다. 마포아파트는 그해 1월 시작된 군사정부의 제1차 경제개발 5개년 계획의 주택 사업 중 일부로 추진되었다. 당시의 목표는 "국민의 재건 의욕을 고취하고 대내외에 건설상을 과시하며 토지 이용률을 제고하는 견지에서 평면 확장을 지양하고 고층화를 시도하는 것, 그리고 생활양식을 간소화하고 공동생활의 습성을 향상시키는 한편 수도 미화에 공헌함으로써 국민에게 현대 문명의 혜택을 제공하는 것"이었다. 이는 다분히 정치적인 의도로서, 국민 주거생활 개선에 정부가 개입하고자 하는 의지가 집약되어 있었다.

전후 복구 시기에도 행촌아파트와 종암아파트 등이 건설된 적이 있었지만, 마포아파트는 한국 최초의 단지식 아파트이자 본격적으로 아파트 문화를 전파한 주역이라는 데 큰 의미가 있다. 또한 마포아파트는 대한주택공사의 아파트 건설에 대한 계획 의도와 의지를 대변하는 것이기도 했다. 전후에 산발적으로 지어진 몇몇 아파트는 부실공사로 당시에 이미 낙후되어 제구실을 하지 못했다. 따라서 주택공사는 아파트 문화의 전기를 마련하고자 중산층을 대상으로 하는 아파트를 계획했던 것이다.

1962년, 대한주택공사는 마포형무소 농장 자리에 Y자 형태의 주거동 A, B형을 각각 세 동씩 짓고, 1964년에는 판상형 건물 네 동을 연차적으로 지어 총 642가구 규모의 마포아파트 단지를 건설했다. 넓은 대지 위에 6층으로 지은 마포아파트는, 당시 기준으로는 넓은 오픈스페이스를 확보하여 녹지 위의 고층 주거로서 풍요로운 햇빛과 바람, 토지를 효율적으로 이용하는 다층 집합주택의 이상을 실현하고자 했다. 건물 디자인도 그전의 아파트와는 비교할 수 없을 정도로 우수했다.

본래 10층 규모로 건설될 예정이었는데, 당시 건축 기술로는 연약한 지반 위에 고층아파트를 짓기에 위험부담이 있어서 6층으로 줄어들었다. 그럼에도 이 단지는 주변에 빽빽하게 들어선 개량 한옥과 다양한 유형의 단독주택군 사이에 떠 있는 섬과 같았다. 이는 이 아파트가 도시 환경과 주변 환경에 대한 고려와 배려보다는, 한 단지 안에서의 생활문화 혁신과 주거문화 변혁을 우선적으로 모색했음을 보여주고 있다.

새로운 주거에 대한 열망이 얼마나 강했는지는, 당시 준공식에 참가했던 박정희가 "현대적 시설을 갖춘 생활 혁명의 상징이 바로 마포아파트이며, 구래의 고식적이고 봉건적인 생활양식에서 탈피하여 현대적인 집단 생활양식을 취하는 성과의 하나로서, 국민들의 생활문화 향상과 도시 집중화를 해결하는 대안으로서의 고층주택"이라고 치하한 것을 봐도 잘 알 수 있다. 그는 마포아파트가 새 시대 생활 혁신의 기수임을 다음과 같이 선포했다.

> 하루라도 속히 빈곤으로부터 벗어나서 잘 입고 잘 먹고 좋은 집에서 잘살기 위해 경제개발 5개년 계획을 수립하고… 이제까지 우리나라 의식주 생활은 너무나도 비경제적이고 비합리적인 면이 많았음은 세인이 주지하는 바입니다. 여기에서 생활 혁명이 절실히 요청되는 소이가 있으며 현대식 시설을 갖춘 마포아파트의 준공은 이러한 생활 혁명을 가져오는 한 계기가 되어… 이러한 시대적 요청에 각광을 받고 건립된 본 아파트가 혁명 한국의 한 상징이 되기를….

마포아파트는 전통적인 주거생활이 서구식으로 바뀌는 전환점이 되었다. 한국 최초로 개별 연탄보일러를 사용하는 난방설비와 일본제 수세식 변소를 갖추었고, 입식 생활을 지향하는 서구식 주생활 개념을 선보였다. 다만 지나치게 호화판이라는 여론 때문에 예정되었던 중앙난방과 엘리베이터는 설치되지 못했다. 마포아파트에서의 삶은 의식주 전반에 걸친 생활양식과 소비 패턴, 의식구조 면에서 빠른 속도로 서구를 닮아갔다. 합리적 주생활을

1963년 완공 직후의 마포아파트. 한국 최초의 단지식 아파트이자 본격적으로 아파트 문화를 전파
한 주역이었다.

선포하면서 건설된 마포아파트는 이를 확산시키고자 하는 정부의 의지를 대변했다.

그런데 준공 당시 마포아파트는 연탄보일러 난방에 따른 가스중독 우려 때문에 입주 희망자가 적어 분양에 상당한 곤란을 겪었다. 심지어 모르모트를 가져다놓고 가스중독 실험을 하기까지 했으나 의심은 가시지 않았다. 급기야 주택공사의 현장소장이 이러한 인식을 불식시키기 위해 완공된 아파트 안에서 하룻밤을 자고 나와서야 입주자들을 안심시켰다는 일화가 있을 정도였다. 그러나 차츰 인식이 바뀌면서 어느 순간 마포아파트는 사람들이 선망하는 주거 단지가 되었다. 1960~70년대에는 이곳을 소재와 배경으로 하는 영화가 많이 제작될 정도로 서울의 명물이 되었다.

김중업의 프랑스 대사관

1960년대 서서울에는 유난히 걸작 건축물이 많이 들어섰다. 그중 최고봉은 충정로의 프랑스 대사관일 것이다. 이 건축물은 김수근의 공간 사옥(현 아라리오 뮤지엄)과 함께, 여러 언론과 전문가가 뽑는 해방 이후 최고 걸작 건축 중 늘 1, 2위를 다툰다.

1886년 수교 이후 수표교 근처 한옥을 잠시 빌려 쓰던 프랑스 공사관은 1889년 서울 정동 28번지(현 창덕여중)에 청사를 신축하여 입주한다. 지상 2층, 지하 1층의 붉은 벽돌 건물인 공사관은 아름다운 프랑스 르네상스 양식 덕분에 곧 서울의 명물이 됐다. 실내 장식도 외관 못지않게 화려해서 미술 전시장으로 사용되기도 했다. 1905년 을사늑약으로 대한제국의 외교권이 박탈되면서 프랑스 공사관은 영사관으로 격하되었다. 그러다 1910년 경술국치 이후 프랑스 영사관은 을사늑약에 격분해 자결한 충정공 민영환의 옛 집터*로 위치를 옮긴다. 나지막한 구릉에 자리한 프랑스 공관은 해방 이후 대사관으로 승격되어 지금까지 같은 곳에 자리하고 있다.

1950년 9월, 미 해병대의 서울 탈환작전으로 대사관 건물이 크게 파괴되자, 신축이 불가피해졌다. 1959년 봄, 당시 로제 샹바르 대사는 건축가를 공모한다. 여기에 프랑스인 6명과 한국인 1명이 응모했는데, 결국 현대건축의 거장 르코르뷔지에의 제자였던 38세의 김중업이 당선되었다. 그는 훗날 올림픽공원 평화의 탑, 31빌딩 등 많은 수작을 설계했는데, 그중 백미가 바로 이 프랑스 대사관이다. 당선 이유는 다음과 같았다. "건물의 조형과 배치에서 한국의 정서와 프랑스의 우아한 품위를 잘 접목했다."

1960년에 착공한 이후 김중업은 아예 현장에 상주했다. 당시에는 노출콘크리트를 이해하는 기술자가 없었다. 그는 비례가 안 맞는다거나 너무 높다면서 뜯어내라고 지시하곤 했다. 거기서 나오는 비용은 본인이 부담했다. 또한 "10센티 높이는 게 낫지 않은가? 12센티가 낫겠는데요. 기둥이 너무 가늘지 않은가? 2센티 두껍게 하는 게 낫겠네요" 하면서 기술자들과 토론을 벌이곤 했다.

착공 이듬해 5·16쿠데타가 일어나고 정국이 불안해지자, 프랑스에서 송금이 중단되었다. 하지만 김중업은 인부들에게 밥을 사주며 책임을 졌다. 명작은 도면만 잘 그린다고 나오는 것이 아니라는 것을 증명하는 일화다.

한국 고건축의 지붕이 그 자체의 엄청난 물리적 무게와 부피에도 불구하고 가볍게 공중에 떠 있는 듯 보이듯이, 콘크리트로 빚어 만든 프랑스 대사관의 지붕도 이처럼 부드러우면서도 날카롭고, 안정되어 있으면서도 날아갈 듯이 가뿐하다. 이제껏 서양의 건축을 베끼는 데 급급했던 한국은 이

---

* 주소는 서울시 서대문구 합동 30이다.

주한 프랑스 대사관의 대사집무실. 개보수를 여러 번 해서 현재 모습과는 조금 다르다.

건물이 완공된 1962년 이후 진정한 현대건축의 길로 들어선다. 김중업은 1965년 프랑스 정부로부터 국가공로훈장과 슈발리에 칭호를 받았다.

하지만 한국 현대 건축의 최고 걸작 중 하나로 꼽혔던 이 건물도 세월 앞에는 어쩔 수 없었다. 건물 이곳저곳에 이상이 생겼는데, 특히 하늘로 날아오를 것 같던 지붕 끝이 부서져 내렸다. 보수가 이루어졌지만 안타깝게도 원래의 날렵한 모습은 사라지고 말았다. 게다가 주변에 고층빌딩이 세워지면서 대로에서는 유심히 보지 않으면 눈에 띄지 않을 정도로 환경이 변한 것도 아쉬운 일이다.

최근 프랑스 정부는 2018년에 대사관 건물의 대대적인 리모델링을 시작한다고 발표했다. 프랑스와 교류가 점차 늘면서 대사관 직원이 급증해 기존 건물만으로는 감당할 수 없게 되었기 때문이다. 파비앙 페논 대사는 "한국의 위대한 건축가 김중업이 설계한 프랑스 대사관이 소중한 문화유산이라는 사실을 고려해 기존 건물의 복원에 초점을 맞추겠다"고 선언했다. 국내 측에서는 건축가 조민석이 이끄는 매스스터디스가, 프랑스 측에서는 사티 건축사무소가 이 리모델링을 함께 맡는다. 김중업이 설계한 본관 등을 복원하면서, 유리벽으로 된 11층짜리 사무동과 라디에이터 형태의 길쭉한 2층짜리 갤러리동을 새로 짓는다는 청사진을 발표했다. 또한 대사관 측은 "리모델링이 이뤄지더라도 공관 건물과 소장 예술품 등을 통해 한국과 프랑스의 문화를 잇겠다는 화합의 정신은 결코 사라지지 않을 것"이라고 강조했다.

해외 공관의 1차 목표는 철저한 보안 속에서 외교관들이 쾌적하고 효율적으로 일할 수 있는 공간을 제공하는 것이다. 그런데 이에 못지않게 중요한 기능이 대사관 건물과 소장품 등을 통해 그 나라의 문화를 뽐내는 것이다. 이 분야에 관한 한 국내에서 프랑스 대사관만큼 특출한 외국 공관도 없다. 건물의 가치는 물론 그 안에 비치한 그림·조각·도자기 등은 물론 가구

하나하나도 세심하게 선별된 예술품이다. 소장 예술품 중 절반이 한국 작가의 작품이라는 사실은 더 돋보인다. 이를 두고 대사관 측은 "프랑스와 한국과의 문화적 화합을 도모하기 위한 노력의 산물"이라고 설명한다.

프랑스 대사관에 들어서면 가장 먼저 거실 벽에 걸린 2점의 대형 작품이 눈에 띈다. 그중 하나는 스페인에서 태어나 프랑스에서 활약했던 달리의 〈공작새 태피스트리〉이고, 다른 하나는 서정적 추상화의 대가 이세득의 그림이다. 관저 곳곳에 배치된 가구에도 동서 화합의 정신이 담뿍 묻어 있다. 세련된 서양식 소파 사이에 고색창연한 반닫이와 한의원에서 쓰던 약장藥欌 등 한국 고가구가 멋지게 어우러져 있다. 또 현관 장식장에 진열된 4개의 푸른색 도자기 중 2개는 한국 자기, 나머지 2개는 프랑스의 유명 브랜드 세브레스 제품이다. 그중 화합의 정신을 가장 상징적으로 보여주는 작품은 소파 옆에 놓인 푸른색 추상화 접시다. 세브레스 접시에 이응노의 추상화를 그려 구워낸 작품이다. 프랑스 대사관이 보유한 예술품은 모두 100여 점으로, 달리의 작품 이외에도 프랑스 신사실주의의 기수 아르망Arman의 조각품 〈왜곡된 바이올린〉, 황규백의 서정적 판화 등도 포함돼 있어 웬만한 미술관 이상이다.• 2018년에 새로 선보일 새 대사관은 기대를 모을 수밖에 없는 존재이다.

한국 건축의 거장, 김중업

김수근과 함께 한국 현대건축의 쌍벽을 이루는 김중업은 서서울과 깊은 인연을 맺고 있다. 그는 홍익대가 와우산 자락으로 이전한 직후인 1956년

• 〈중앙일보〉 2017년 7월 31일자, "남정호의 '대사관은 말한다'" 참조.

이 학교 교수가 된 이후, 프랑스 대사관과 서강대 본관, 홍익대 본관과 인문사회관 3동, 제1공학관, 연희동 장석웅 씨 주택, 마포구 서교동 홍명조 씨 주택 등을 서서울에 남겼다. 스승 르코르뷔지에는 제자를 곁에 두고 싶어 했지만, 김중업은 1956년 2월 건축 불모지였던 조국으로 돌아왔다. 당연하게도 귀국하자마자 정부와 기업 등의 건축 의뢰가 쏟아졌다.

김중업은 라이벌 김수근처럼 원하기만 하면 얼마든지 건축가로서 품위와 경제적 여유를 즐기며 살 수 있었다. 하지만 그는 박정희 정권의 불도저식 도시개발과 졸속개발에 대한 비판을 서슴지 않았다. 정확히 말하면, 그저 건축가로서 해야 할 말을 했을 뿐이었다.

그 대표적인 경우가 이 책에도 등장할 '와우아파트 사건'이다. 어느 건축가도 이 사건을 거론하지 않고 침묵을 지키는 가운데, 그는 동아방송 라디오에 직접 출연하여 김현옥 서울시장을 향해 조목조목 따지며 비판을 거듭했다. 도시개발의 총책이 정부였기 때문에 김중업의 비판은 사실상 박정희를 겨눈 것이나 다름없었다. 그는 여기서 그치지 않았다. 도시빈민의 삶에도 주목했던 그는 1971년 8월에 발생한 '광주대단지 사건'을 피해가지 않았다.

광주대단지란 1970년대 초 박정희 정권이 서울 내 판자촌의 빈민들을 서울 외곽인 경기도 광주군(현 성남시 구시가)으로 대거 이동시킨 '주거지'였다. 정부는 판자촌 빈민 10만 명에게 외곽지역으로 이주하면 땅을 싼 값에 제공하고, 각종 편의시설도 제공하겠다고 약속하면서 이 사업을 추진했다. 하지만 실제 빈민들이 이곳에 들어섰을 때 아무런 편의시설도 없는 천막 단지에 불과했다. 분노한 빈민들은 대규모 봉기를 일으켰다. 시위 관련자들이 체포되었지만, 이들의 요구를 대부분 들어주면서 사건은 정리되었다. 김중업은 이 사건 직후 〈동아일보〉에 글을 기고하여 서울시와 정권을 향해 가차 없이 비판을 가했다.

문제는 당시 시대가 할 말을 할 수 없었던 때였다는 점이다. 이런 일련의 사건으로 인해 김중업은 정권의 블랙리스트에 오르고 말았다. 유신 정권은 그를 해외로 강제 추방했고, 표적성 세무조사로 거액의 세금을 추징하여 거의 알거지로 만들었다. 다행히 그는 세계적 명성을 얻은 건축가였다. 프랑스가 그런 그를 품어주었으며, 미국 하버드 대학의 초청을 받아 교원으로 활동하기도 했다.

김중업은 1979년 10월, 유신 정권이 무너진 후에야 귀국한다. 그토록 자신을 힘들게 한 조국이었음에도, 그는 1988년 눈을 감을 때까지 자신의 일을 묵묵하게 해냈다.

자동차 시대로 진입하다

박정희 정권의 가시화된 업적 가운데 가장 대표적인 것을 꼽으라면, 누구나 경부고속도로를 택할 것이다. 그런데 이는 1967년에야 시작되었고, 사실을 말하면 그 이전인 1961년부터 서울 주위의 도로망 확충에 나섰다.

전통적으로 한국의 도로망은 사대문을 중심으로 한 방사형이었다. 서서울에서는 1961년 방사상 도로의 표본인 국도 1호선부터 도로 확장이 시작되었다. 독립문을 기점으로 홍제동 – 녹번동 – 갈현동 – 구파발 구간 7.4킬로미터 구간이 1969년까지 노폭 35~40미터로 확장되었다. 1962년 신촌 – 연세대 – 사천교 – 수색 구간이 처음으로 포장되었고, 1969년까지 35미터로 노폭이 넓어졌다.

1962년 6월 20일에는 제2한강교 즉 양화대교를 착공하여 1965년 1월 25일에 개통했다. 제1한강교만으로는 격증하는 교통량을 감당하기 힘들었기 때문이었다. 한강 하류에 놓인 양화대교는 길이 1,053미터로 당시에는

아현고가도로의 흔적. 조형물처럼 서 있는 기둥을 두고 천 년 후의 사람들은 어떤 상상을 펼칠까.

한국에서 가장 긴 다리였다. 이 다리는 많은 역할을 했다. 시대적 상황 때문인지 일차적으로는 건설 목적에 군사적 이유가 컸다. 이 다리를 통해 한강 남쪽에서 서부전선으로의 이동이 훨씬 쉬워졌기 때문이다. 하지만 의도한 군사적 목적보다는 서서울과 영등포가 직접 연결되면서 두 지역의 도시화가 빨라진 점이 훨씬 중요했다. 다리 건설과 함께 아현동 – 신촌 – 동교동 – 양화대교 – 양평동 – 경인고속도로 간 도로가 확장되거나 신설되었고, 이어서 양평동 – 등촌동 – 김포국제공항 간 도로도 크게 확장되었다. 서서울은 점차 이용객이 늘어나는 김포공항과 서울 도심을 연결하는 역할을 맡으면서 발전 속도가 빨라졌다.

아현고가도로도 이 시기에 주목할 만한 교통시설이다. 청계고가도로가 우리나라 고가도로의 대명사처럼 인식되지만, 최초는 1968년 9월에 개통한 아현고가도로였다. 아현고가도로는 청계고가도로를 타고 시청 앞과 서소문을 거쳐 신촌으로 이어주는 역할을 했다. 경의선 위를 통과하는 서소문육교가 이미 1966년에 완공되어 있었고, 최종 목적지는 김포공항이었다. 이로써 김포공항에서 출발한 차량이 양화대교, 신촌로터리를 거쳐서, 아현고개에서 아현동로터리의 정체에 구애받지 않고 청계고가도로를 타고 동쪽 끝의 워커힐까지 빠르게 이동하는 것이 가능해졌다. 당연히 이 길은 김포공항을 통해 입국하는 국빈과 외국인들의 주 통행로가 되었다. 그러나 이 경로는 그렇게 오래가지는 못했다.

놀랍게도 이곳에 고가도로가 처음 계획된 때는 일제 강점기인 1930년대 말이었다. 1938년 2월 18일 〈동아일보〉에 실린 "서소문정·아현정 간 고가도로를 신설"이라는 기사는 "[경성]부 토목과에서는 200만 원의 예산으로 서소문정 입구에서 아현정에 빠지는 [경성]시구개수의 간선도로 일천오백 메돌[미터] 공사를 사수할 계획을 세우고 작년도부터 용지 매수에 착수하여 이미 그 매수를 마치었다"고 기록했다. 당시로선 생소했을 이 공중 구조물을 설명하기 위해 기사는 "전차, 포장도로, 열차 등을 눈앞에 내려다볼 수 있는 초현대적 고가도로"라고 썼다. 그러나 포장도로도 부족했던 당시에는 반응이 호의적이지 않았고, 이 계획은 착공조차 되지 않았다.

서울 도심을 관통하는 고가도로 건설 계획은 이처럼 오래도록 묻혀 있다가 1966년 12월 30일에 다시 발표되었다.* '불도저' 김현옥 서울시장이 해외 시찰을 마치고 돌아온 지 보름도 지나지 않은 때였다. 아현고가도로는 청계고가도로보다 6개월 늦은 1968년 2월 3일에 착공했지만, 7개월 15일 만인 9월 19일에 공사를 마쳤다. 말 그대로 속도전이었다. 당시 신문기사는 길이 942미터, 폭 16미터의 이 공중 구조물을 짓는 데 물량으로는 철근 1,200

---

* 이세영, 《건축 멜랑콜리아》, 반비, 67~73쪽 참조.

톤과 시멘트 4만 부대, 예산 액수로는 2억 8,000만 원이 투입됐다고 전한다.

아현고가도로가 완공되자 신문들은 상공에 헬기를 띄워 사진을 찍고 '내일을 딛는 거보巨步', '서울의 지붕 위로 뻗은 탄탄대로' 류의 제목을 뽑아 대대적으로 보도했다. 관광엽서와 외국인용 홍보책자에는 고가를 질주하는 자동차들의 불빛 궤적을 장시간 노출로 담아낸 야경 화보가 자주 실렸다. 개발과 성장이 정권을 지탱하는 정치적 정당성의 중요한 원천이 되면서, 도시 경관 자체가 국민적 동의를 만들어내는 강력한 수단으로 기능하게 된 결과였다.

통치자들은 마천루와 광장, 사방으로 뚫린 도로망에 집착했다. 특히 고가도로는 그 입체성과 단순명료한 기계적 미학 덕분에 발전과 효율, 성장을 과시하는 매체가 되기에 적합했다. 이처럼 청계고가도로와 아현고가도로는 단순히 도심과 외곽을 연결하는 교통로가 아니라 전쟁의 참화를 겪은 변방 국가의 눈부신 성장을 과시하는 최적의 상징물이 되었다. 묘하게도 같은 해 경부고속도로가 공식적으로 착공되고 오랫동안 서울시민의 발이었던 전차 노선이 사라지면서 '마포종점'도 없어지고 말았다. 1968년은 자동차 시대의 본격적인 개막을 알리는 해라고 해도 과언은 아닐 것이다.

마포종점

밤 깊은 마포종점 갈 곳 없는 밤전차
비에 젖어 너도 섰고 갈 곳 없는 나도 섰다
강 건너 영등포에 불빛만 아련한데
돌아오지 않는 사람 기다린들 무엇하나
첫사랑 떠나간 종점 마포는 서글퍼라

저 멀리 당인리에 발전소도 잠든 밤

하나둘씩 불을 끄고 깊어가는 마포종점

여의도 비행장엔 불빛만 쓸쓸한데

돌아오지 않는 사람 생각한들 무엇하나

궂은비 내리는 종점 마포는 서글퍼라

이 노래는 도화동에 살았던 정두수 작사가와 박춘석 작곡가가 전차가 사라진다는 아쉬움을 담아 지은 곡으로, 1967년 봄 은방울자매가 불러 히트했다. 청량리에서 마포까지 운행하던 전차는 1968년 11월 30일 운행을 정지했고, 여의도 비행장도 사라졌다. 이 노래의 가사에 따르면 현재의 불교방송국 앞에 위치했던 전차종점에서는 여의도는 물론이고 강 건너 영등포의 불빛도 보였고, 서쪽으로 당인리발전소까지 분간할 수 있었음을 알 수 있다. 〈마포종점〉의 가사로만 보면 1960년대의 마포 일대는 최소한 야간에는 상당히 적막했다.

현재 마포어린이공원에는 〈마포종점〉 노래비가, 마포역 복사꽃공원에 전차 모양 공중화장실이, 그리고 용하게 남은 전차 한 대가 서울역사박물관 앞길에 전시되어 지금은 사라져버린 그 시절을 기념하고 있다.

서강대의 탄생

지금까지 주로 공공영역에서 서서울의 변화를 살펴보았다. 이제 민간영역에서의 변화를 알아보고자 한다. 1960년대에 민간부분이 서서울에서 일으킨 변화는 묘하게도 종교 그것도 가톨릭과 개신교와 깊은 관련을 맺고 있다. 싫건 좋건 우리나라의 근대화가 신구교를 막론하고 기독교에 깊은 영향을 받았다는 증거가 아닐 수 없다.

개신교는 연세대와 이화여대 등 많은 대학을 세웠지만, 신학대학 이외에는 일반 대학이 없었던 가톨릭은 해방 이후 대학 설립 계획을 시작했다. 서강대는 미국 위스콘신 예수회가 설립을 맡아 1960년 4월, 6개 학과 158명의 신입생으로 개교했다. 이로써 서강대는 신촌 대학가의 막내로서 그 일원이 되었다. 당시 서강대의 유일한 건물이었던 본관은 프랑스 대사관을 설계한 김중업의 작품인데, 당시 가장 현대적이라는 평가를 받았으며 지금도 건재하다.

개교 이후 서강대는 특유의 학문적 탁월성과 커리큘럼, 엄격한 학사제도, 탄탄한 재정과 첨단시설, 교수 대비 학생 수의 유지 관리, 진보적 교육관 등에 힘입어 새로운 대학의 모습을 보여주었다. 전 세계에 퍼져 있는 예수회의 성격 때문에 외국 유학의 기회가 주어지리라는 기대로 우수한 학생들이 모여들었다. 이는 1966년 경향교육상 수상을 통해 국내 최우수 모범대학으로 선정되는 영예로 이어졌다.

서강대의 학풍은 기본기를 배양하는 데 중점을 두며, 미국 대학을 원형으로 하여 미국인 신부들이 직접 가르친 개교 이후의 역사 등의 영향으로 학생 입장에서는 복수전공 선택이나 학문적인 접근방식 등에서 매우 자유로운 분위기다. 태생부터 일제교육의 잔재 등을 찾아볼 수 없고, 미국 대학교육 시스템을 잘 받아들여 체계화된 덕분이다. 1974년 2월 22일에 개관한 로욜라 도서관이 우리나라 최초로 개가식으로 운영되었다는 것도 이런 학교 분위기와 무관하지 않을 것이다.

1969년 12월에는 서강대의 종합대학 인가가 이뤄졌다. 우연의 일치인지 이듬해인 1970년 1월, 영애인 박근혜가 서강대 시험에 응시했고, 종합대학으로서의 개교는 신학기 시작에 맞춰 두 달 후에 이루어졌다.

서강대학교 본관. 학생회관으로 가는 길목인 본관 건물 앞에 게페르트 신부의 동상이 있다.

이후 위스콘신 예수회에서 한국 예수회가 독립하면서 현재 서강대는 한국 예수회 소속이다. 초대 이사장은 같은 예수회 계열인 일본 조치 대학에서 교편을 잡았던 테오도르 게페르트 신부였는데, 그는 김수환 스테파노 추기경의 일본 유학시절 은사이기도 하다.

다음으로 서강대에서 주목해야 할 인물은 1957년 34세의 나이에 한국에 온 베이슬 프라이스 신부이다. 그는 게페르트 신부와 함께 서강대 설립에 앞장섰으며, 1966년부터 2000년까지 우리나라 최초의 노동문제 전문연구소인 '산업문제연구소'를 서강대에서 운영했다. 노동자들에게 노동법과 노조활동, 단체교섭 방법 등을 가르친 우리나라 노동운동의 선구자다. 이 연구소를 거쳐 간 노동 관련 인사는 1만여 명에 이른다고 한다.

그리고 정일우 신부가 있다. 그의 본명은 존 데일리로, 1935년 11월, 미국 일리노이주의 아일랜드계 가정에서 태어나 1953년 8월 예수회에 입회했다. 고등학교 은사인 프라이스 신부의 영향으로 1960년 9월 21일 배를 타고 부산에 도착했고, 이때부터 반세기가 넘는 한국과의 인연이 시작되었다. 그는 서강대에서 교편을 잡았다가 3년 후 귀국하고 1966년 6월 사제 서품을 받고 정식 신부가 되어 다시 한국으로 돌아왔다. 그의 한국 이름 정일우는 한자로 '鄭日佑'로 쓰는데, 이름 존이 정과 비슷해서 정을 성으로 삼았고, 데일리라는 이름이 날 '일'과 비슷해서 '일' 자를, 돕는다는 의미의 '우' 자를 이름으로 삼았다고 한다.

1969년 9월, 그는 자신이 가르치는 제자들이 경찰들에게 무자비하게 끌려가는 모습을 보고 단식과 1인 시위에 들어갔다. 가슴에 "대한아 슬퍼한다. 언론자유 시들어간다!"라는 글을 써 붙인 채였다. 미국인 신부의 1인 시위는 상당한 주목을 받았다. 추방당할 뻔 했지만 다행히 그것만은 면했다. 이때부터 '입으로만 복음'을 달고 살았다고 느꼈던 그는 민중의 삶 속으로, 그것도 가장 밑바닥이라 할 수 있는 판자촌으로 들어갔다.

1973년 11월, 정일우 신부는 한양대 뒤편 송정동 판자촌에서 먼저 들어가 있던 9살 아래의 한 청년을 만났다. 그와 지음의 관계가 될 서울대 제적생 제정구였다. 정 신부가 그 살벌했던 1970년대 초반에 '똘기' 충만한 젊은 운동가 제정구를 만난 사건은 누군가의 표현대로 우연을 가장한 역사적인 부름이 아닐 수 없었다. 그 뒤로 둘은 양평동, 목동, 상계동에서 고락을 같이 나눴다. 그들이 이끌었던 한국 도시빈민운동과 철거반대운동, 그 대안인 공동체 마을 건설은 한국 민주화운동의 한 축을 맡았다. 의기투합한 둘은 1975년 11월 양평동 판자촌 생활을 시작으로 철거민 집단이주 마을인 복음자리 마을(1977), 한독주택(1979), 목화마을(1985)을 건립했다.

양평동 판자촌 일대가 재개발되면서 주민들을 이끌고 집단 이주해 조성한 공동체가 복음자리 마을이다. 유명한 복음자리 딸기잼을 만드는 곳이기도 하다. 1980년대에는 목동, 상계동 등 강제철거에 맞서 도시빈민운동에 함께 했다. 1985년 천주교 도시빈민회, 1987년 천주교 서울대교구 빈민사목위원회를 교구장 자문기구로 설립하는 데 기여했으며, 1988년 민중주거 쟁취 아시아연합 설립에도 도움을 주었다. 이런 공로를 인정받아 정 신부는 1986년에 아시아의 노벨상으로 불리는 막사이사이상을 제정구와 공동으로 수상했다.

정 신부는 1991년에는 마포구 공덕동 빈민촌에 '한몸공동체'를 세웠다. 청소년 쉼터, 외국인 노동자 쉼터, 농촌의 누룩공동체 등 예수회 사회사도직은 도시빈민, 이주노동자, 약물청소년, 아이들 공부방, 농촌 분야로 확산되었다. 1997년 아예 한국인으로 귀화한 그는 도시빈민운동이 교회와 사회에서 자리 잡아가면서 산업화 과정에서 값싼 노동력 제공과 저가 미곡정책으로 희생을 강요당한 농촌으로 눈을 돌려 농민들을 위한 신앙과 생활 공동체인 '예수회 누룩공동체'를 충북 괴산군 삼송리에 세웠다.

이후 누룩공동체에서 농부생활 8년을 마감한 정 신부는 2002년 4월 예수회 사회사도직위원회 초대 위원장으로 임명되어 2006년까지 예수회 제3수련장을 맡았다. 그는 2004년 70살 생일을 앞두고 63일간 지속한 단식으로 건강이 악화되어 평창동 성 이냐시오집에서 요양하다가 2014년 6월 2일 선종했다. 필자(한종수)는 서강대에서 거행된 정 신부의 장례미사에 참석했는데, 집전을 맡은 예수회 신부의 추도사가 인상적이었다.

> 보통 장례 때는 천국에 가시라고 기도하지만 이번은 그럴 필요가 없을 것 같습니다. 정일우 신부님도 천국에 못가시면 우리 같은 자들은 어떻게 가겠습니까?

어느 학교나 마찬가지겠지만 서강대 역시 다른 얼굴을 가지고 있다. 서강대 하면 떠올리게 되는 '서강학파'는 1970년대에 수출주도형 성장모델의 이론적 기반을 완성해 한국의 고도성장을 기획했던 서강대 교수 출신 경제 관료 집단을 칭하는 고유명사다. 이들은 경제기획원, 재무부 등에서 테크노크라트로 활약하여 한강의 기적에 일조했다는 평가를 받는다.

서강대 경제학과 교수들이 경제개발 과정에서 활약하게 된 이유는 이들 대다수가 미국에서 '선진 경제학'을 배워온 인물들이었기 때문이다. 1965년 당시 국내 대학 경제학과 교수 가운데 미국 박사학위 취득자는 서강대 3명, 연세대 2명뿐이었고, 1971년에도 서강대 5명, 연세대 3명, 서울대 2명에 불과했다. 그 시절 서강대 경제학과는 경제학 전공 미국 유학 1세대 가운데 3분의 1을 교수진으로 영입했다. 우수한 교수진을 대거 확보했으니만큼 당시 경제정책 입안자들의 인재풀이 될 수밖에 없었다.

남덕우 전 총리, 김만제와 이승윤 전 부총리, 김병주 교수 등이 서강학파 1세대로, 제2금융권 육성(1972), 부가가치세 도입(1976) 등의 정책을 주도했다. 전형적인 성장주의자였던 이들은 재벌 우선, 수출지상주의, 선성장·후분배 등을 주장했다. 2세대로는 김덕중 전 교육부 장관, 김종인 전 청와대 경제수석 등이 꼽히고, 3세대로는 김광두 국민경제자문회의 부의장, 조윤제 주미대사, 남성일 서강대 교수 등이 대표적이다. 그 아래 세대로는 시대 변화 때문인지 이렇다 할 인물이 나오지 않았다.

서강학파에 대한 평가는 엇갈린다. 고도성장에 기여했다는 찬사만큼이나 논란의 대상에도 올랐다. 제2금융권 육성은 외환위기를, 부가가치세 도입은 부마항쟁을 유발했다는 비난도 나왔으며, 재벌 위주의 경제성장을 추구한다는 비판도 받았다. 서강학파의 공과功過에 대해 다양한 견해가 있지만, 이들이 근대화와 경제성장이라는 시대적 소명에 충실했음은 확실하다. 또한 서강학파는 서강대 경제학과를 한국 유수의 경제학과로 성장케 하는 원동력이 됐고, 서강대의 인지도 향상에 크게 기여했다. 정작 서강대는 지금까지 공식적으로 단 한 번도 서강학파를 홍보한 적이 없다.

박근혜 대통령의 취임 이후로 이 서강학파 밑에서 수학한 학생 세대가 주류를 이룬 서강대학교 출신 금융인 모임, 일명 '서금회'가 새로운 경제인 세력으로 부상해 금융권 장악 논란이 일기도 했다. 현 문재인 대통령의 경제 분야 보좌진 중에도 서강대의 조윤제, 김광두 교수가 참여했다. 조 교수는 주미대사로 임명되었다.

절두산 순교성지의 조성

가톨릭에는 순교지에 성당을 짓는 전통이 있다. 바티칸의 베드로 성당이

1967년 완공 당시의 절두산 성당. 상단에 양화대교가 보인다.

사도 베드로의 순교지 위에 세워진 사실은 유명한데, 명동성당과 약현성당도 마찬가지로 이런 연고로 세워졌다. 많이 늦긴 했지만 1967년, 절두산 순교성지에도 성당과 기념관이 병인박해 100주년을 기념하여 건축가 이희태의 설계로 세워졌다.

양화대교와 당산철교를 오가는 자동차와 전철에서도 쉽게 눈에 띄는 이 건물은 죄인의 목에 채우는 칼을 형상화한 종탑과 선비의 갓이나 초가, 기와를 모두 연상시키는 지붕, 한국적인 선을 지닌 기둥으로 호평받고 있다. 노아의 방주와 한강포구에 떠 있는 돛단배를 연상시키기도 해서 강변이라는 자연 경관을 훼손하지 않고 잘 어울린다는 평을 받고 있다. 또 순교지의 성스러움을 기독교적으로 잘 표현했으며 민족주의와 서양 종교의 충돌을 화해로 승화시키는 용서와 화합의 정신을 잘 구현했다는 평도 있다. 명동성당으로 대표되는 고딕식 성당을 벗어나 동서양의 융합을 이루었다는 의미가 크다.

1984년에는 교황 요한 바오로 2세가 이곳을 방문하기도 했다. 경내에는 척화비를 옮겨놓았고, 우리나라 최초의 신부 김대건 안드레아의 동상을 세웠다. 김대건 신부는 병인박해 20년 전에 용산 새남터에서 순교했으므로 이곳과는 직접 관련이 없지만, 순교자의 대표라는 상징성 때문에 세운 것으로 보인다. 그는 우리나라 최초로 근대 서구식 교육을 받은 인물이기도 하므로, 앞으로는 이런 면도 부각되었으면 하는 바람이다.

1967년 완공 직후 찍은 항공사진은 당시의 풍경을 그대로 담고 있다. 양화대교가 개통된 지 2년밖에 되지 않았기 때문에 주변은 거의 미개발 상태이며, 지금의 기준으로 보면 무척 촌스러운 개통 기념탑이 서 있었다. 50여 년이 지난 지금과 비교해보면 서서울의 발전이 얼마나 빨랐는지 잘 느낄 수 있다.

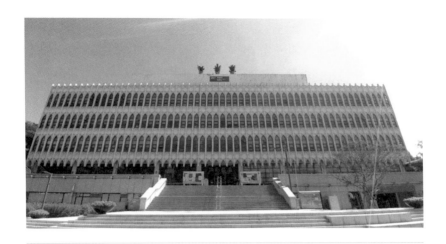

연세대 학생회관.

연세대 학생회관과 극동방송국

1960년대 서서울에 건설한 건물 중 연세대 학생회관을 빼놓을 수 없다. 하얀색 고딕식 아치창이 전면을 덮어 강한 인상을 주는 이 건물의 건축 의도는 단순한 미적 조형성이 아닌 '종교적 신실성'을 드러내기 위해서였다. 건물 입주를 앞두고 초대 학생회관장에 임명된 반피득 교수가 〈연세춘추〉에 기고한 글에 이 점이 자세하게 드러난다.

그는 하늘로 치솟은 고딕식 아치창이 그 수직의 조형성으로 신과 인간의 관계를 표상하고, 아치의 갈빗살이 교차하며 횡으로 결속된 창들은 인간과 인간, 인간과 세계의 관계를 나타낸다고 풀이해놓았다. 말하자면 이 건물은 건축의 어휘로 번안된 종교적 상징이다.

하지만 한국의 현실에서 이러한 건축주와 건축가의 의도는 순조롭게 관철될 수 없었다. 공교롭게도 건물이 완성된 해는 서구와 북미의 학생운동이 절정에 달했던 1968년이었다. 이 시기 〈연세춘추〉에도 유럽과 미국의 학생 운동 동향을 다룬 특집 기사가 꾸준히 실렸다. 4·19혁명과 6·3항쟁의 여운 이 채 가시지 않았던 당시 대학에는 지구 반대편에서 벌어진 동년배들의 봉 기가 적잖은 자극으로 작용했던 게 분명해 보인다. 결국 1980년대에 이르러 이 건물은 독특한 자리에 오르게 된다.

극동방송국은 앞서 이야기한 홍대 벽돌거리의 마지막 건축물이다. 이 방송국은 미국에 본부를 둔 팀선교회가 전파매체를 통해 소련을 비롯한 북한·중국·몽골 등 공산권 지역에 선교하는 것을 목적으로 세웠다. 1956년 12월 23일 인천시 학익동에서 재단법인 한국복음주의방송국으로 개국했는 데, 설립 당시 호출부호는 HLKX, 주파수는 1,230킬로헤르츠, 출력은 20킬 로와트였다. 1957년 러시아어 방송을 추가했고, 1959년 9월에는 출력을 50킬로와트로 증강했다. 1961년 1월에 명칭을 국제복음주의방송국으로 변 경했고, 1962년에는 일본어 방송을 추가했다. 1966년 12월 현재의 위치인 상수동으로 이전했고 1979년 현재의 명칭인 극동방송으로 개칭했다. 신동 아그룹 최순영 회장이 1980년 이사장을 맡아 1986년 본관을 신축했다.

팟캐스트 '나꼼수'의 멤버였던 김용민이 한때 이곳에 근무했는데 결국 자 의반 타의반으로 퇴사했다고 한다. 나꼼수의 수장 김어준이 인근 홍익대 컴 퓨터공학과 출신인 데다 팟캐스트 녹음장소도 멀지 않은 성산 성미산의 마 포FM이었고, 이들의 오프라인 거점인 '벙커1'도 충정로에 있다는 사실은 묘한 느낌이 들게 한다.

애오개 언덕의 돔: 성 니콜라스 성당

지금은 탑만 남아 있지만, 정동의 옛 러시아 공사관 터는 아관파천 때문인지 제법 알려져 있다. 하지만 그 옆, 정확하게 말하면 지금의 경향신문사 자리에 정교회 성당이 있었다는 사실은 별로 알려져 있지 않다.

1968년 한국정교회는 정동의 옛 성당을 매각하고 마포로가 굽어보이는 애오개언덕, 즉 마포구 아현동 424-1에 새 성당을 지어 올린다. 그 시절 성당의 종 6개 중 하나가 성당 종탑에 걸려 있는데, 구한말 러시아 모스크바에서 제작한 것이라고 한다. 한국전쟁 때 참전한 그리스 군인들의 헌금이 종자돈이 되었다고 한다. 한국정교회의 본산인 이곳은 마포로에 고층 오피스텔 빌딩들이 들어서기 전만 해도 백색의 아치 위로 솟아오른 청동 돔 때문에 어디서나 쉽게 눈에 띄었다. 주변 아이들은 이곳을 '대머리 교회'라고 불렀다. 정식 명칭은 '정교회 한국대교구 성 니콜라스 성당'이다.

21세기 들어서 더욱 강력하게 추진된 재개발사업은 성 니콜라스의 성체가 안치된 이 언덕도 비켜가지 않았다. 다행히 성당 자체는 사업 구역에서 제외되었지만, 주위에 거대 자본의 브랜드 아파트들이 들어서면서 고층 아파트에 둘러싸인 고도가 되었다. 인접한 프랑스 대사관과 비슷한 운명이라고 보아야 할 것이다.

이 성당은 처음부터 비잔틴식으로 설계되지는 않았다. 의뢰받은 건축가 조창한이 처음에 참조한 모델은 프랭크 로이드 라이트가 1956년 미국 위스콘신주 밀워키에 지은 정교회 성당이었다고 한다. 그러나 그의 설계안을 받아 본 정교회에서는 형태가 너무 현대적이라며 난색을 표시했다. 건축가는 이렇게 회고한다. "건축주는 이 건물이 한국정교회의 모교회라는 점을 강조했다. 이스탄불의 총대주교청에 허락을 구해야 한다는 말도 덧붙였다. 그분들 얘기가 이번엔 비잔틴의 전통 양식으로 하고, 조 선생의 설계안은 다음 성당을 지을 때 시도해보자는 것이었다."

결국 건축가가 한 발 물러섰다. 조창한은 정교회 초대 한국인 신부의 아들*인 김창식의 도움으로 설계에 착수했다. 아테네 대학에서 신학을 공부하고 돌아온 김창식은 비잔틴 양식에 조예가 깊었다. 그리스 쪽에 요청해 비잔틴 양식 성당의 도면과 사진이 공수되었다. 정방형의 그리스식 십자가 평면에 철근 콘크리트로 아치와 지붕을 세우고 중앙에 철골 돔을 얹은 형태로 확정했다. 전통적인 방식으로 지으려면 시간과 비용이 너무 부족했기 때문이었다.

가장 큰 문제는 돔이었다. 당시 국내에 있던 돔 구조물은 놀랍게도 일제강점기에 지은 중앙청과 서울역이 거의 전부였는데, 이 건물들의 돔은 내부 구조를 완벽히 장악하는 형태와는 거리가 멀었다. 조창한은 이렇게 회고한다. "종교 건축과 관공서 건축은 다르다. 비잔틴 양식 성당에서 돔은 하늘을 상징한다. 건물 전체를 돔이 지배하는 형태로 만들어야 했다."

그는 철골로 반구 형태의 뼈대를 만들고 철판을 붙여 구조체를 완성한 뒤 원통형 드럼 위에 올렸다. 돔 표면에는 동판을 덧대고, 돔을 중심으로 퍼져나간 십자형 지붕에는 에게해 풍의 붉은 기와를 얹어 정교회 측을 만족시켰다.**

높은 첨탑으로 이뤄진 고딕 성당이 대세였던 당시에서 돔과 반원형 아치가 도드라진 비잔틴 성당의 생소함은 많은 오해를 불러일으켰다. 이슬람 모스크가 아니냐는 것도 그중 하나였다. 성당 관계자는 "모스크 양식이 비잔틴의 영향을 받은 것이라서 외형적 유사성이 적지 않다. 멀리서 성당을 본 외국인 무슬림들이 모스크인 줄 알고 가끔 찾아오곤 한다"고 할 정도다.

이 성당은 건축사를 공부하는 이들에게 살아 있는 교재가 되었다. 국내에

• 정교회는 주교가 아닌 평사제는 결혼을 허용한다.
•• 이세영, 《건축 멜랑콜리아》, 반비, 2016, 105~106쪽.

정교회 성당. 국내에서는 보기 드문 상당히 이국적인 모습의 건축물이다.

서 비잔틴 양식을 육안으로 확인할 수 있는 곳은 이곳이 유일하기 때문이다. 성당 안은 말 그대로 아치의 향연이다. 직경 10미터의 중앙 돔은 네 개의 아치로 지탱되는데, 그 유명한 성 소피아 성당의 축소판인 셈이다. 벽돌이나 석재를 주재료로 삼은 비잔틴 전통 성당과 달리 철근 콘크리트를 사용했다는 차이는 있지만 말이다. 서서 미사를 보는 본토와는 달리 긴 의자가 있다는 점도 차이라면 차이다.

성당을 방문하면 프레스코화와 더불어 아치형 창문에서 쏟아져 나오는 햇살에 압도된다. 하늘을 상징하는 천장 돔에는 예수상이 그려져 있다. 성당 내부의 프레스코화는 아테네 대학 누디스 교수팀이 맡았다. 프레스코화와 함께 그리스, 슬라브 성화 특유의 '초월적 평면성'을 그리스도와 성모, 성인들의 모습을 담은 목판 채색화로 잘 구현했다. 이콘*이라는 이 그림들은 카

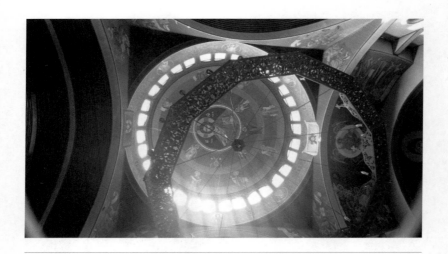

정교회 성당 내부.

타콤에 남아 있던 이미지들에 로마의 초상화 기법이 가미돼 그 형식이 완성된 뒤 치열한 내부 논쟁을 거쳐 787년 니케아 공의회에서 전례물로 공인됐다. 성당에 들어서는 신자들은 입구 안쪽의 좌우편에 모셔진 니콜라스 성인과 성모자의 이콘에 입을 맞춘 뒤 신자석으로 향한다.

고유의 이콘 신학이 말해주듯, 정교회는 개인의 의지와 수행를 중시하는 영성의 교회다. 한국에 전파된 지 100년이 넘도록 신도 수가 3,000명 안팎에 머무르는 이유도 이런 특징과 무관하지는 않을 것이다. 현대식 설계의 두 번째 성당은 아직 지어지지 못했고, 이 성당은 한국정교회의 유일한 성당으로 반세기를 지켜오고 있다.

조금 지나친 생각일지도 모르겠지만 서서울은 속된 말로 '영빨'이 강한

• icon. 영어식 발음으로는 아이콘이며, '얼굴'이란 뜻이다.

곳이 아닌가 싶다. 불교의 명찰, 개신교와 가톨릭의 근거지와 성지, 한국정교회의 총본산이 모두 있기 때문이다. 나중에 일어난 일이지만 통일교의 본부도 마포에 자리 잡는다.

지금은 사라진 수색 연탄공장

서서울에는 이렇다 할 공장이 없지만 수색동만은 예외였다. 1955~1966년에 수색동에 자리 잡기 시작한 삼천리연탄과 1971년에 수색으로 이전한 삼표저탄장과 대성저탄장, 한일연탄 등 연탄공장이 많이 있었기 때문이다. 1990년대까지 수색동에는 연탄공장들이 자리 잡고 있었기 때문에, 물의 색깔이라는 예쁜 동네 이름과는 달리 한때는 '까마귀 동네'라는 좋지 않은 별명을 얻기도 했다.

> (수색동에서 유명한 것으로 수색변전소와 더불어) 한일연탄이랑… 여기 다리 넘자마자 여기 큰 거 있지. 수색교 넘자마자 좌측이 한일연탄 공장 자리이고. 지금 또 저기 엘지아파트 선 거 있지. 이마트 그곳이 삼표연탄 공장 자리야. 그리고 조금 올라오면 수색역 지금 새로 생긴 데 앞에 삼성전자 크게 마당에 거기가 삼천리연탄 공장이고. …(자이아파트 자리)가 거기가 삼표연탄이야.●
>
> __ 김대익(1948년생, 남, 수색초등학교 전 총동문회장)

수색동에 연탄공장이 많이 들어선 이유는 철도 때문이었다. 수색동의 철

● 은평구청 도시환경국 도시계획과 편, 《물빛 고운 동네: 수색, 증산》, 은평구청, 2011, 76쪽.

로를 따라 강원도 탄광에서 연탄공장까지 원료를 직접 운반할 수 있었기 때문에, 서울과 경기권에 공급할 연탄공장이 발달하게 된 것이다.

한때 거대한 규모를 자랑하던 수색동의 연탄공장은 점차 연탄 수요가 줄고 도시가스 보급이 확대됨에 따라 쇠퇴하기 시작했다. 한일연탄은 1980년대 후반 폐쇄했고, 1992년에는 삼천리연탄 공장이, 1999년에는 삼표연탄 수색공장이 문을 닫았다. 지금 수색동은 상암동 개발과 함께 상전벽해에 가까운 완전히 다른 모습을 보여주고 있어 옛 모습을 기억하는 이들에게는 놀라움을 안긴다.

1960년대 서서울에 들어선 중요한 건축물은 공공분야의 작품이거나 민간 부문이더라도 종교와 대학, 외국대사관 등 비영리 분야가 대부분이었다. 이는 1960년대 한국 기업들은 이런 분야에 투자할 정도의 역량이 없었다는 좋은 증거가 아닐 수 없다. 사실 21세기가 될 때까지 기업들은 서서울에 이렇다 할 랜드마크를 남기지 못했다.

이렇게 1960년대를 마무리하고 1970년에 진입하면서, 서서울의 3개 구 (은평구는 1979년에야 독립하지만)에는 적어도 지역사에서 큰 의미를 지니는 시설들이 들어온다. 마포의 와우아파트, 서대문의 유진상가, 은평의 기자촌이다. 수많은 민주인사들이 서서울을 근거지로 군사독재정권과 맞서 싸웠다.

10장

개발의 시간,
반독재의 공간

와우아파트 붕괴 참사

마포 서강로에서 서교동까지 걸쳐 있는 나지막한 산은 누운 소의 형상을 닮았다 하여 '와우산臥牛山'이라 불린다. 이제는 삼성래미안 아파트와 근린 생활공원이 그 주변에 들어서서 흔적도 찾기 어렵지만, 와우산 중턱 창전동 산2번지에는 이 산의 이름에서 따온 시민아파트인 와우아파트가 있었다. 그러나 이름 탓이었을까. 와우아파트는 지어지자마자 마치 누운 소처럼 쓰러져버렸다.

모두 5층 높이의 16개 동으로 이루어진 와우아파트는 1969년 6월 26일에 착공되어 불과 반 년만인 12월 26일에 준공되었다. 박정희 대통령이 직접 준공식에 참석해 테이프를 끊을 정도로 '축복' 받은 아파트였다. 하지만 준공된 지 불과 3개월여 뒤인 1970년 4월 8일 오전 6시 반 경, 이 아파트 15동이 무너지고 말았다. 이 사고로 15동 입주자 15가구 70명 가운데 32명이 사망하고 38명이 부상당했다. 또 아파트가 붕괴하면서 그 잔해에 판잣집 한 채가 깔려 한 명이 사망하고 두 명이 부상당했다. 사고 30분 만에 경찰과 소방대원, 예비군과 미8군 공병대까지 출동해 수습에 최선을 다했지만, 이 아비규환에서 생존자를 찾기란 쉽지 않았다. 그나마 다행히도 입주 예정이던 30가구 가운데 아직 반 정도만 입주한 상황이었다. 만약 모든 가구가 입주한 상태에서 사고가 났다면 피해 규모는 훨씬 더 컸을 것이다.

그런데 이미 와우아파트는 붕괴 전에 충분한 징조를 보였다고 한다. 13~16동의 입주가 3월 12일에 시작되었는데, 그때 벽의 균열이 발견됐다. 그러나 주민 신고를 받은 구청에서는 현장을 확인하러 나오는 공무원도 없었다. 일주일쯤 흐른 어느 날, 이번에는 건물 1층에까지 금이 가고 있는 것이 발견됐다. 신고가 반복되자 구청장이 직접 현장을 방문해 확인한 후 각 동에 철제빔을 대는 보강공사를 하도록 했다. 사고가 난 4월 8일에는 15동의 보강공사를 할 예정이었다. 하지만 15동은 하루를 더 견디지 못하고 바로 그날 무너지고 말았다.

쿠데타로 권력을 장악한 박정희는 취약한 정치적 정당성을 고도성장으로 보완하고자 했다. 강권으로 급속하게 고성장을 이루고자 한 개발독재는 와우아파트 참사의 근본 원인이었다. 박정희 정권은 서울을 정권의 능력을 과시하기 위한 거대한 정치 선전장으로 만들었다. 당연히 서울 곳곳에 있던, 판자촌으로 상징되는 빈민지역도 급속히 해체되어야 할 대상으로 간주했다. 빈민지역 해체에는 두 가지 방법을 병행했다. 그중 하나는 빈민을 경기도 광주군(현 성남시)이나 서울 신림동과 봉천동, 미아동, 상계동 등 변두리로 이주시키는 배제 정책이었다. 또 하나는 서울 시내 각지에 '빈민들도 살 수 있는 수준'의 시민아파트를 지어 입주시키는 포용 정책이었다.

시민아파트 건립 계획이 수립된 지 고작 6일 만인 1968년 6월 18일, 제1호인 금화아파트 기공식이 열렸다. 18동 규모로 들어선 금화아파트는 독립문 네거리 남서쪽인 금화산 중턱에 있었다. 와우아파트 건설 당시에 이 아파트의 설계도가 거의 그대로 복제되어 쓰였다. 훗날 철거되기 전 금화아파트

와우아파트 터. 참혹했던 붕괴의 흔적은 오늘날 찾아볼 수 없다.

는 영화 〈소름〉의 무대로 등장하기도 했다.

　이를 시작으로 김현옥 서울시장은 12월 3일 '69 시민아파트 기본건립계
획'을 발표했다. 그 골자는 이듬해부터 3년 동안 산비탈 고지대의 판잣집을
헐고 시민아파트 2,000동 10만 호를 짓는다는 것이었다. 시청 현관에 "시민
위한 아파트 2,000동, 450만 우리의 용기이다. 훈장이다"라는 구호가 내걸
렸다. 김 시장은 하루 동안 아침 7시부터 한밤중까지 무려 16군데의 시민아
파트 기공식에 참석하여 건설을 독려했다. 당시 서울시 공무원이었던 고 손
정목 서울시립대 교수는 김 시장에게 '신기'를 느꼈다고 회고한다.

　그 결과 1969년 한 해 동안 서울에만 406개 동, 1만 5,840가구분의 아파
트가 들어섰다. 김현옥은 훗날 시민아파트에 대해 이렇게 돌아보았다.

60년대 말 서울의 판잣집은 기어이 해결해야 할 과제였습니다. 도심, 외곽 할 것 없이 들어찬 판자촌은 한마디로 서울의 행정을 마비시킬 정도였으니까요. 내 발상은 간단했습니다. 쓰러질 듯 누워 있는 판잣집을 번듯하게 일으켜 세우자는 게 그것이었습니다. 바로 아파트지요.[•]

그러나 그가 무모하게 세운 시민아파트는 정말로 '판잣집을 번듯하게 일으켜 세운 것'이었기 때문에, 판잣집보다 훨씬 더 위험한 주거시설이었다. 시간과 자원이 모두 부족한 상황에서 시작한 사업이라서 많은 문제가 따를 수밖에 없었다. 방 안으로 분뇨가 새서 화장실 사용이 중지된 아파트도 있었고, 난간이 없는 옥상에서 놀던 어린이가 추락하기도 했다. 공사비를 절감하려고 전기·상하수도·온돌·정화조 설치는 물론 옥상과 계단 난간까지도 입주자가 알아서 설치하도록 했기 때문이다. 당장 먹을 것도 부족했던 입주자들이었으니 공동 시설을 위한 투자에는 인색할 수밖에 없었다.

시민아파트를 시공한 건설사는 33곳으로 대부분 부실했다. 그중 와우아파트 13~16동의 시공을 맡은 대룡건설은 이런 규모의 공사 경험이 한 번도 없었는데, 심지어 공사가 끝나기도 전에 부도를 내고 잠적해버리고 말았다. 실제 공사는 대룡건설에 커미션 500만 원을 주고 사업권을 따낸 무면허 건축업자 박영배가 맡았다. 그는 고급아파트의 평당 공사비가 8~10만 원일 때 그 10분의 1인 1만 1,742원으로 아파트를 짓는 '신기'를 보여주었다. 예를 들면 기둥 하나에 19밀리미터 철근이 70개씩 들어가도록 되어 있었는데, 5개 정도밖에 쓰지 않는 식이었다. 그러니 6개월 만에 끝난 공사는 부실 덩어리일 수밖에 없었다.

•《월간중앙》, 1994년 12월호.

기초적인 측량조차 없이 급하게 시작된 날림 공사였다. 구청 담당직원이 뇌물을 받는 등 관리 감독마저도 이뤄지지 않았다. 무조건 '최소의 비용으로 최대의 효과'를 내야 승진도 하고 훈장도 받는 시대였다. 그것이 당시의 상식이었다.

설상가상으로 대부분 시민아파트는 산비탈에 들어섰다. 와우아파트만 해도 70도의 급경사 위에 지어졌다. 금화아파트 건설 당시 서울시의 한 간부가 김현옥 시장에게 "공사도 어렵고 살기도 힘든데 왜 이렇게 높은 곳에다 아파트를 짓느냐"고 묻자, 김 사장은 "야 이 새끼들아, 높은 곳에 지어야 청와대에서 잘 보일 것 아냐!"라고 답했다고 한다. 그 시절에는 이렇다 할 고층건물이 없었기에 높은 곳에 지으면 멀리서도 볼 수 있는 '선전 효과'가 있었다. 실제로 당시 청와대 뜰에서 서쪽을 바라보면 금화아파트가 정면으로 보였다고 한다. 군부독재를 고발한 시 〈오적〉에서 "모든 집은 와우식으로!"라고 한 김지하 시인의 일갈은 그렇게 생겨났던 것이다.

와우아파트 붕괴사고 당시는 건축 관련 제도들이 여러 면에서 부실했고, 그나마 있는 제도들도 제대로 시행되지 않고 있었다. 독재는 본질적으로 제도를 무시하는 체제로, 독재자 개인의 의지와 판단을 제도보다 훨씬 더 중시하기 때문이다. 당연히 독재는 제도와 실행의 괴리를 키우고 부패와 부실을 낳고 만다. 대규모 시민아파트의 급속한 건설은 박정희의 의지에 따른 사업이었다. 그럴듯해 보였던 이 새로운 주택정책은 문제를 더욱 악화시키는 촉매제가 되고 말았으며, 와우아파트 붕괴사고는 이 사실을 처참하게 입증했다. 그 뒤에 전문가들을 모아 급하게 시작한 전체적인 안전진단의 결과는 이러한 문제를 더욱 명확하게 보여주었다.

안전진단 결과 총 대상 405동 중 보강해야 할 건물이 349동에 달했다. 그중 크게 보강해야 할 건물이 20동, 중간 정도 보강이 72동, 소 보강이 257동으로 밝혀졌다. 15억 8,600여만 원의 예산을 투입하여 1·2차로 나누어 보강했고 결국 1개 동은 철거되었다. 1970년 4월 7일, 신임 양택식 시장에게 임명장을 수여하는 자리에서 박정희는 시민아파트 계획을 전면 백지화하고 건설을 중지하라고 지시했다. 그러나 서울시 입장에서는 건설 준비 중인 아파트도 있었기 때문에 갑자기 중단할 수 없었다. 그해에도 용산구 산천지구 등에 모두 12개의 시민아파트가 더 세워졌다.

철거분을 제외하면 1968·1969·1970년 건립분을 합쳐 1970년 말에는 서울 시내에 모두 447개 동 1만 7,300가구분의 시민아파트가 남아 있었다. 그중 많은 아파트가 보강되었으나, 부실하게 건설된 아파트는 철거하기 시작했다. 1977년 말, 서울시 주택관리과에서 조사한 바에 의하면 1971~1977년 사이에 101동이 철거되었고 여기에 소요된 비용은 447동 건립비에 거의 맞먹는 50억 700만 원에 달했다고 한다.

와우아파트 참사는 또 하나의 일화를 남겼다. 최근 그림 대작 문제로 물의를 빚고 유죄선고를 받은 가수 조영남이 참사 직후 시민회관에서 〈신고산타령〉의 일부를 "신고산이 와르르, 와우아파트 무너지는 소리에"라고 바꾸어 불렀던 것이다. 이 '노가바'(노래 가사 바꾸기)가 의도적이었는지 아니었는지는 알 수 없으나, 어쨌든 그는 경찰이 체포하려 한다는 소문에 도피 생활을 하다가 군대에 끌려가고 말았다. 박정희 정권의 역점 사업을 그런 식으로 비꼬았으니 곱게 보였을 리 없다.

와우아파트 참사와 시민아파트 사업의 포기는 엄청난 영향을 주었다. 이후 정부가 여의도와 강남개발로 상징되는 중상류층 아파트 건설 정책으로 돌아섰기 때문이다. 다만 이 책의 주제와는 거리가 있으므로 이 정도로 줄이기로 하겠다.

거대한 바리케이드, 유진상가

와우아파트 참사와 같은 해인 1970년에 지어진 서울 서대문구 홍은동의 상가아파트 유진상가는 와우아파트와 달리 아주 튼튼해서 지금도 건재하다. 1, 2층은 상가이고 3층 이상은 아파트인데, 당시로서는 아파트 면적이 초대형이라고 할 수 있는 최소 33평에서 최대 68평이고 난방도 기름을 사용하는 중앙집중식이었다. 1980년대만 해도 청와대와 정부청사, 법원이 가까워서 고위층이 많이 살았다고 한다. 하지만 이제는 낡았을 뿐 아니라 지하주차장이나 엘리베이터 같은 편의시설도 없어서 주거지로서 매력은 크게 떨어졌다. 더욱이 1994년 내부순환도로가 바로 옆을 지나면서 건물 일부가 뜯겨나간 데다 소음과 분진도 심해졌다.

지금은 몇 안 남은 상가아파트이자 세운상가의 축소판처럼 보이는 유진상가에는 다른 상가아파트와 구별되는 또 다른 용도가 있었다. 바로 군사적 방어기능이다. 이런 기능을 갖게 된 계기는 '김신조 사건'이었다. 1968년 1월 21일, 북한 민족보위성 정찰국 소속 124군부대 무장게릴라 31명이 청와대 기습을 목표로 서울에 침투한 사건이다.

1월 16일에 황해도 연산군을 출발한 북한 특공대 31명은 18일 자정에 휴전선 군사분계선을 돌파했다. 이들은 파주군 법원리 산봉산, 고양군 앵무봉을 거쳐 비봉, 승가사로 이어지는 산길을 타고 서울로 들어왔다. 21일 밤 9시 50분경, 세검동파출소 관할 자하문 초소에서 처음으로 검문에 걸렸다. 초소대원 두 명이 거동이 수상한 괴한 1명을 불심검문하자, 갑자기 수류탄을 던져 초소대원들을 쓰러뜨리고 약 400미터 정도 더 나아갔다. 두세 명씩 짝을 지은 이들이 자하문을 거쳐 청운동 어귀까지 다다랐을 때 연락을 받고 긴급출동한 종로경찰서장 최규식이 제지했다. 그러자 그에게 사격을 가해 죽였고, 현장을 달리던 시내버스에 수류탄을 던져 승객들에게 부상을 입힌 후 뿔

유진상가. 건물의 내력 때문인지 외양부터 군사시설 같아 보인다.

뿔이 흩어져 북쪽으로 도주했다.

갑작스런 총성에 세검동 등 현장 부근 주민들이 놀라 뛰쳐나왔다. 세종로·효자동·삼청동·청운동·홍제동 일대의 통행도 완전 차단되었다. 서울 시내는 경찰이, 경기도는 군이 맡아 소탕작전을 전개했다. 퇴로를 포위 추격한 군경합동수색대는 1월 31일까지 26명을 사살하고 김신조를 생포했다. 이들이 도주하면서 가한 공격으로 제1사단 제15연대장 이익주 대령을 비롯해 23명의 우리 측 장병이 전사했으며, 5, 6명의 민간인 사망자도 나왔다.

엄청난 충격을 준 이 사건으로 전국이 거의 준전시 상태가 되었다. 휴전선에서 서울에 이르는 주요 도로에 방어선이 다시 구축되었는데, 구파발의 전차방어선은 서울 도심에서 가장 가까운 방어선이었다. 만일 북한 기갑부대가 이를 돌파하여 청와대나 세종로 정부중앙청사 방면으로 진출하려면 반드시 유진상가가 있는 홍은동 네거리를 거쳐야 했다. 이곳은 수도 서울 방어의 전략적 요충지였던 것이다.

북한 전차의 기동을 저지·지연하기 위한 건물답게 유진상가는 기둥과 상판뿐 아니라 외벽에도 다른 건물보다 월등히 많은 철근과 콘크리트를 투입해 건설되었다. 1층 일부에는 기둥만 서 있고 2층부터 짓는 방식, 즉 필로티 방식으로 지은 이유도 대전차 방호시설로서의 군사적 설계였다. 아군의 기갑차량 엄폐 기능과 함께 적군의 기갑차량이 진입했을 때 1층 기둥을 폭파해 상부의 아파트 건물이 도로를 덮치게 하여 적군의 전차가 기동하지 못하도록 설계한 것이다. 유진상가 전체가 초대형 낙석이 되도록 한 셈이다.

이런 점에서 유진상가는 "싸우면서 건설하자"라는 정권의 구호를 구체적으로 표현한 준전시체제의 상징물이다. 하지만 시대가 변하면서 군사적 가치는 크게 줄어들었다. 현재 유진상가는 그 역할을 다한 채 철거를 기다리고 있다.

저널리스트들이 모여 살던 곳

파란만장했던 1960년대 말, 한국기자협회는 청와대 출입 기자이자 마당발로 유명했던 〈경향신문〉 오전식 정치부 차장을 주택건설위원장으로 하여 서울시 편입을 전제 조건으로 서울·경기 경계지역에 무주택 기자들을 위한 주택단지 건설을 추진했다. 청와대는 지금의 논현동도 권했지만 당시 강남은 한강변을 낀 쓸모없는 갈대밭 사이로 온갖 새들이 노닐던 인적 없는 허허벌판이었다. 만일 그때 기자들이 논현동을 선택했다면, 한국 현대사가 꽤 바뀌었을지도 모를 일이다.

어쨌든 1968년 12월 20일부터 이듬해인 1969년 4월까지 부지를 매입하고 택지를 조성하여 주택 300동을 건립, 서울 시내에 거주하는 무주택 회원들에게 분양하겠다는 계획이 〈기자협회보〉 제60호를 통해 발표되었다. 이어서 1969년 1월 4일에 열린 회장단 분과위원장 연석회의는 주택분양지침을 발표했으며, 3월 24일에는 파주세무서에서 입찰을 통해 현재의 기자촌 부지인 경기도 고양군 신도면 소재 국유지 임야 4만 3,625평을 6,720만 원(평당 6,540원)에 매입했다. 26일에는 주택조합 창립총회를 개최하여 주택건립추진위원회로부터 그동안 추진 경과와 예산에 대한 설명을 듣고 사업계획과 규약을 확정했고, 29일에는 드디어 기자협회 임원, 주택조합원과 그 가족, 각계 인사 등 300여 명이 참가한 가운데 주택건립 기공식이 열렸다. 6월 30일에는 2차로 국유지 임야 9,810평을 2,020만 원(평당 2,050원)에 매입했다. 당시 이 부근의 전답 1평 값이 3,000원이었으니 전답과 임야의 가격 차이를 고려하면 국가가 무주택 언론인에게 토지를 비싸게 판 셈이다.

기공식으로부터 3년여 만인 1972년 3월, 420여 명의 조합원에게 토지와 건물에 대한 등기권리증을 전달함으로써 기자촌 건설은 마무리되었다. 물론 지금의 주택단지와는 하늘과 땅처럼 큰 차이가 있었다. 다만 기자촌 일대는 약속대로 1973년 서울에 편입되었다. 이것이 서울의 마지막 확장이었다. 서울의 행정구역은 45년째 더 이상 넓어지지 않았다.

당시 53평씩 분양받은 언론인들은 두 차례에 걸쳐 180만원을 냈다. 은행 융자와 쌈짓돈에 집 없는 기자들에 대한 다소간의 정부 지원이 더해졌다. '무주택 현직 언론인'이 기자촌의 유일한 입주 자격이었다.

입주 초기의 불편함은 지금으로서는 상상하기 어려울 정도였다. 대부분의 집은 비가 샜고, 창호공사가 지연되면서 한겨울에 창문 없이 추위에 떨기도 했다. 또 성토지역에 성급하게 집을 지은 탓에 비온 다음날 아침에 집 벽체가 내려앉기도 했다. 택지조성 공사는 설계를 몇 번씩이나 변경해야 했다. 상수도가 없어서 왕복 1킬로미터 거리의 우물까지 가서 물지게로 마실 물

기자촌의 옛 정경. 건물들은 사라졌지만 수많은 이야기들이 아직 남아 있다.

을 길어 오고 빨래를 해야 했다. 도로포장도 되어 있지 않아 기자촌에서 구파발 삼거리까지 1킬로미터가 넘는 길은 비만 오면 진흙탕이 되어 차량 통행이 어려웠고, 심지어는 손을 집어넣어 빠진 신발을 빼내야 할 정도였다. 길이 엉망이니 난방과 취사용 연탄 값도 아랫마을보다 20퍼센트는 비쌌다. 그나마 배달마저 제대로 되지 않아 큰 어려움을 겪었다. 큰 비라도 내리면 축대가 무너질까봐 밤잠을 설치기 일쑤였다. 하지만 1960년대는 대다수 국민들이 어렵게 살던 시절이기는 했다.

반면 퇴근길에 마주친 경쟁 언론사 동료들과 기자촌 주변 대폿집에서 주고받던 막걸리 한 사발 같은 소박한 즐거움도 적지 않았다. 장미넝쿨이 온 집안을 휘감는 화사한 봄날이면 아이들에게 동네는 천혜의 놀이터였다. 어른들도 북한산의 사계를 벗 삼아 지냈다. 총각이었던 기자들은 결혼을 해서 아이를 낳고 인생의 황금기를 그렇게 꽃피웠다.

안병훈 〈조선일보〉 부사장, 장행훈 전 〈동아일보〉 편집국장, 황선필 전 MBC사장, 구월환 전 〈연합통신〉 상무, 송진혁 〈중앙일보〉 논설실장 등 내로라하는 언론인들이 이곳을 거쳐갔다. 언론계에서 정관계로 진출한 인사도 적지 않다. 구 여권에서는 이경식 전 공보처 차관, 이민섭 초대 문화체육부 장관, 최재욱 환경부 장관, 김정남 전 국회의원, 이경재 전 방송통신위원장, 고흥길 전 국회의원이 있고, 현 여권 출신으로는 김원기 전 국회의장, 고 김태홍 전 국회의원 등이 기자촌에서 살다가 이른바 외지로 떠난 인사들이다. 박정희 정권과 싸우다가 해직된 기자들도 이곳에서 울분을 삭혔다. 동아투위 출신인 심재택 전 〈말〉지 사장, 박지동 광주대 교수, 조선투위의 백기범 전 〈문화일보〉 상무 등이 대표적이다.

기자촌의 언론인들은 서민 정신과 동료의식을 기반으로 1970년대의 언론탄압에 저항했다. 1980년대에 들어서는 '기자촌에 불이 꺼지는 날이 없다!'는 말이 나올 정도로 시대의식이 있었다. 기자촌의 이웃의식과 문학정신은 내부는 물론 그 주변에서도 많은 문인을 배출했다. 박기원(전 〈서울신문〉 문화부 기자, 대표작《귀향》), 박범신(전 KBS 이사, 대표작《은교》), 서기원(전 KBS 사장, 전 〈서울신문〉 사장, 대표작《암사지도》), 한승헌(인권변호사·전 감사원장, 대표작《유머집》), 천관우, 송건호, 백기완, 이호철, 김훈, 신달자 등이 그들이다. 최근 가장 '핫'한 작가 중 하나인 유시민도 자신의 작품 중 가장 많이 팔린《거꾸로 읽는 세계사》를 수배 도중 은평구 신사동의 연립주택 반지하 자취방에서 썼다.

기자촌 문인 중 돋보이는 인물이라면 김광주 - 김훈 부자를 들 수 있다. 김광주(1910~1973)는 젊은 시절 중국으로 건너가 백범 김구를 보좌하면서 독립운동을 하던 중 해방을 맞았다. 귀국해서는 〈경향신문〉 문화부장 등을 지내면서 대표작《악야惡夜》등 많은 작품을 남겼다. 말년에는 은평구의 기자촌에 살면서 《정협지》를 발표하여 국내 1세대 무협지 작가로서도 필명을 날렸다.

아들 김훈은 "아버지로부터 간결하고 군더더기 없는 글을 쓰는 법을 배웠다"며 "그러나 아버지는 우리가 숱하게 이사를 다녔는데 이사 간 집을 모를 정도로 가정에 무심했다. 오히려 이사 간 집에 찾아와서도 '배산임수'가 아니란 이유로 식구들을 타박했다"고 회고했다.

김훈은 "중학생 때 '아버지는 어디를 그렇게 다니십니까' 물었더니 '광야를 달리는 말이 마구간에 머물 수야 있겠느냐'고 대답하셨다"며 "아버지는 나라 망할 때 태어났고 나는 나라를 막 만들 때 태어났다. 나는 1948년생이다. 사실 아버지는 광야가 아니라 폐허를 살았다"고 덧붙였다. 가정에 무심한 가장 탓에 고생은 고스란히 어머니의 몫이었다. 어쨌든 김훈은 아버지와 마찬가지로 언론인과 작가의 길을 그대로 따라 간 셈이다.

기자촌은 들어선 지 30년 후에도 여전히 미개발 지역이었다. 집도 마음대로 지을 수 없는 그린벨트인 데다 북한산 자락에 위치한 탓에 공원녹지지역으로도 지정돼 있다. 거기다 군사보호지역으로 묶여 말 그대로 마당에 삽 한번 뜨려 해도 정부의 허락이 필요했다. 도시가스조차 들어오지 않았다. 그래서인지 인근의 복덕방 주인들은 기자촌에 남아 있는 기자들을 이렇게 '비판'했다고 한다. "기자들이면 뭐해, 세상 멍청한 사람들이지. 집을 마음대로 지을 수 있나. 땅값이 올랐나. 벌써 영리한 기자들은 다 떠났어."

그럼에도 미련스럽게 기자촌을 지켰던 전 현직 언론인들은 한결같이 "기자촌만큼 살기 좋은 곳이 별로 없다"고 말한다. 이곳엔 박봉에 시달리며 내집 마련을 가장 큰 소망으로 꼽던 1960~70년대 언론인의 서민 정신이 녹아 있다. 한 동네에 모여 살며 동업자들 간에 주고받은 애틋한 우애가 이들의 기억 한편에 자리 잡고 있다.

30년간 이곳을 지켜온 〈조선일보〉 논설위원 출신 이홍우 씨의 설명은 이러하다. "집은 파는 곳이 아니지요. 당연한 얘기일지 모르지만, 사는 곳입니다. 공기 맑고, 물 맛있고, 게다가 경치 좋은데 뭐 하러 고생스럽게 도심 속으로 들어갑니까." 이런 예찬론자도 있지만, 기자촌의 주민 수는 점차 감소했다. 1990년대 후반에는 퇴직 언론인이 주류가 되었고, 2000년대가 되자 44가구만 남았다.

은평 뉴타운 사업이 시작되자, 기자촌 주민들은 이곳이 그린벨트 지역이라 사업에서 제외될 것이라고 생각했다. 사실 처음에는 정비구역에 포함되지 않았다. 그러나 개발 이익을 기대한 주민들이 기자촌을 뉴타운 지역에 포함시켜달라며 서울시에 민원을 제기했고, 결국 이곳도 포함되고 말았다.

기자촌의 초창기 입주자인 송복 연세대 교수는 언론인에서 교수로 전직하고 여든이 넘은 지금까지도 이곳에 살고 있지만, 이제 그의 집은 아파트로 변했다.

김대중과 동교동 자택

1971년 대통령 선거로 시작하여 1979년 10·26으로 끝난 1970년대는 박정희 정권과 민주화운동이라는 양대 세력이 충돌한 격동기였다. 김영삼이 살던 상도동과 문익환, 전태일, 장준하 등의 근거지였던 서울 동북부도 큰 역할을 했지만, 서서울에도 수많은 민주인사들이 모여 살았다. 서대문형무소가 있는 지역 특성상 서서울의 비중은 더 컸다고 보아야 할 것이다.

그 시작은 김대중의 집이 있는 동교동이 될 수밖에 없었다. 40대의 나이에 1971년 4월 27일 제7대 대통령 선거에서 신민당 후보로 출마한 그는, 현직 대통령이자 민주공화당 후보였던 박정희에게 94만 표 차이로 석패했다.

김대중도서관은 김 전 대통령 자택 옆에 지어졌다.

그런데 이 대선을 전후하여 그에게 크고 작은 사고가 잇달아 일어난다.

선거를 앞둔 1971년에는 1월, 동교동 자택 마당에서 담뱃갑의 은박지로 싼 장난감 권총용 화약에 배터리를 연결한 사제 폭발물이 폭발하는 사건이 일어났다. 처음엔 당시 15세였던 김대중의 조카 김홍준 군이 자신의 장난이었다고 자백하면서 해프닝으로 일단락되는 듯싶었지만, 김 군이 경찰의 위협과 가혹행위 때문에 허위 자백했다며 진술을 번복하자 수사는 미궁에 빠지고 만다. 결국 김홍준 군은 검찰의 구속 소명자료가 불충분하여 석방 판결을 받았다.

또 대선이 끝나고 총선 유세가 한창이던 그해 5월, 지원 유세에 나선 김대중이 탄 차량이 14톤 대형트럭과 충돌하는 사고가 전남 무안에서 발생했다. 이 사고로 김대중은 골반 관절 부위에 큰 부상을 당했고, 평생 다리를 절게 되었다.

일련의 사건사고로 신변에 위협을 느낀 그는 교통사고 후유증을 비롯한 지병을 치료하기 위해 일본을 왕래하기 시작한다. 1972년 10월 11일에는 정계 순방을 이유로 일본으로 건너갔는데, 며칠 뒤인 17일 비상계엄령과 동시에 10월 유신이 선포되자 그는 미국 망명을 택한다. 유신 직후부터 그는 일본과 미국을 오가며 외신을 통해 유신 체제를 비판, 규탄했다. 1973년 7월 6일 미국 워싱턴에서 한국민주회복통일촉진국민회의(한민통)을 조직하여 초대 의장으로 취임하고, 교포 사회를 중심으로 반정부 투쟁을 벌였다.

그해 8월, 김대중은 한민통 일본 지부를 조직하기 위해 일본에 입국한다. 그는 도쿄 히비야 공원에서 열릴 반反 박정희 집회 참가를 앞두고 그랜드팰리스 호텔 2212호에 투숙하고 있었다. 8일, 그는 같은 호텔에 머물던 양일동 민주통일당 대표의 초청으로 회담을 마치고 나오던 중 괴한에게 습격을 당한다. 비어 있던 2210호실에 감금되었고, 이 방에서 마취를 당해 의식이 없는 상태에서 납치되고 만다.

훗날 김대중은 "배를 탈 때 다리에 무게 추를 달았다"라고 증언했다. 그가 바다 한가운데서 수장될 위험에 처해 있을 때, 동해의 해상자위대 함정이 추격해왔다. 발각을 우려한 납치자들은 계획을 바꾸어 한국으로 돌아가 그를 서울의 동교동 자택 앞에 풀어주었다. 이런 '엽기적인 방법'으로 10개월 만에 귀국한 그는 바로 가택연금을 당하고 말았다.

가택연금은 이후에도 계속되었고, 이런 엽기적인 귀국은 없었지만 김대중은 결국 '엽기적인 출국'을 당하고 만다.

1975년 4월 9일의 '사법살인'

1970년대에 들어와서도 서대문형무소는 여전히 한국 현대사의 중심이었다. 동베를린사건, 민청학련사건 등 많은 시국사건으로 수많은 민주인사들이 옥고를 치렀지만, 도예종 등 민청학련 관계자 8명이 이곳에서 말 그대로 '사법살인'을 당하면서 절정에 올랐다. 1975년 4월 9일 새벽, 이 8명에 대한 사형 판결이 확정된 후 불과 18시간 만에 사형이 집행된 것이다.

서대문형무소에는 격벽으로 된 재소자 운동시설이 있었는데, 그 인근에 '지옥의 삼정목ㅌㅜㅂ'이라고 불리는 삼거리가 있었다. 교도관이 재소자들을 데리고 운동시설을 지나 키 큰 미루나무 한 그루가 서 있는 쪽으로 가면, 그 바로 옆에 높은 담장으로 둘러싸인 15평 정도의 일본식 목조건물이 있다. 이 건물이 바로 '넥타이 공장'이라 불리던 사형장으로, 수많은 독립투사와 민주인사가 세상을 떠난 한 맺힌 장소이기도 하다.

지금은 베어져 사라졌지만, 이 벽 안쪽에도 키 작은 미루나무 한 그루가 더 있었다. 놀랍게도 두 나무를 같이 심었다고 하는데, 교도관들이 전하는 말에 따르면 안쪽의 미루나무는 사형수들의 한 때문에 제대로 자라지 못했다고 한다. 사형장에 들어서기 전 독립투사와 민주투사들은 키 큰 미루나무에 손을 짚고 오열했다고 한다. 그래서 이 나무에는 '통곡의 미루나무'라는 별명이 붙었다. 정호승 시인은 이 나무를 시로 읊었다.

서대문공원●

서대문공원에 가면
사람을 자식으로 둔 나무가 있다

● 정호승,《내가 사랑하는 사람》, 열림원, 2014, 160쪽.

폐허인 양 외따로 떨어져 있는
사형집행장 정문 앞
유난히 바람에 흔들리는
미루나무

미루나무는 말했다
사형 집행이 있는 날이면
애써 눈물은 감추고 말했다

그래 그래
네가 바로 내 아들이다
그래 그래
네가 바로 내 딸이다

그렇게 말하고
울지 말고 잘 가라고
몇날 며칠 바람에 몸을 맡겼다

'넥타이 공장'은 시신을 외부로 반출할 수 있는 통로인 시구문까지 지하에 완비하고 있었다. 놀랍게도 이런 형태의 사형장이 정작 본바닥인 일본에서는 모두 사라져 가끔 일본 법조계에서 견학을 온다고 한다. 감옥 지하의 취조실에서는 일제 강점기와 마찬가지로 온갖 고문과 만행이 자행되었다. 달라진 것은 가해자와 피해자가 같은 민족이라는 사실뿐이었다.

유신 정권은 민청학련 관계자 8명의 목숨을 빼앗는 데 그치지 않았다. 고

특전사 시절의 문재인 대통령.

문의 증거가 뚜렷하게 남아 있는 시신을 그대로 유족에게 넘겨줄 수 없었기 때문이다. 그중 여정남의 시신에는 열 손가락에 손톱이 하나도 없었다고 한다. 장례식은 30대 초반 청년이었던 함세웅 신부가 주임을 맡은 응암동 성당에서 열릴 예정이었다. 그러나 경찰은 수백 명의 병력을 동원해서 녹번동 삼거리에서 영구차를 막았다. 크레인까지 동원해 관을 끌어다가 벽제 화장장에서 태워버리고 남은 유골만 유족에게 전달했다.

　이 사건은 전국을 진동시켰다. 이틀 후인 4월 11일, 서울대 농대생 김상진이 할복자살로 항거했고 대학가는 폭풍에 휩싸였다. 이때 구속된 인물 중에는 경희대 법대생이던 22살의 문재인과 19세의 박원순도 있었다. 문재인 대통령의 자서전《운명》에는 이때의 수감생활에 대해 서술한 대목이 있다.

　　서울구치소 수감생활은 견딜 만했다. 잘 지낸 편이었다. 원래 시국사범은 노란딱지 요ᄋᆞ사찰이어서 독방에 수감된다. 그때는 시국사범이 넘쳐서 일반사범 방에 수용했다. 한 방에 8명 정도였다. 어떤 사람들은 독방이 좋다고 했는데, 나는 일반사범과 함께 있는 혼거混居방이 좋았다. 세상 공부, 인생 공부가 됐다.

옆방에 한승헌 변호사가 반공법 위반으로 구속되어 계셨다. 내가 옆방에 수감되자 교도관을 통해 러닝셔츠와 팬티 한 벌씩을 보내주셨다. 아무 준비가 없던 때여서 큰 도움이 됐다. 같은 방에 있던 사람들은 모두 나를 '학생'이라고 부르며 잘 대해줬다. 나도 명색이 법대 4학년이고 사법고시 1차 시험에 합격한 경력이 있어서, 재소자들이 탄원서나 진정서를 쓸 때면 도움을 줬다. 그러자 다른 감방 사람들까지 도움을 청하곤 했다.

문재인은 징역 8월에 집행유예 1년을 선고받고 석방된다. 출소 후 강제 징집을 당해 특전사에 입대한다.

불광동 성주 천관우의 쓸쓸한 말로

지금은 거의 잊혀진 인물이지만 불광동의 작은 국민주택에 살던 천관우를 빼놓고 1970년대의 서서울을 이야기할 수 없다. 그는 충북 제천시 태생으로 소년시절부터 신동으로 소문이 났다고 한다. 경성제대와 서울대를 나오고 언론계에 투신하여 33세에 〈조선일보〉 편집국장이 되는 대기록을 세웠다. 지금도 건재한 '만물상' 코너를 처음으로 만든 이도 그였다. 언론인이었지만 실학 연구 등 역사 저술에도 큰 족적을 남겼다. 미국 유학에서 돌아와 쓴 기행문 〈그랜드 캐년〉은 교과서에도 실렸다.

〈동아일보〉로 옮긴 그는 1975년 언론자유투쟁 때에는 정신적 지주가 되었다. 직접 현장에 나타나 고함을 치며 기자들의 대량해직에 항의하기도 했다. 그는 재야 민주화투쟁의 최선봉에 섰으며, 언론자유투쟁의 리더였다. 거구와 두주불사로 유명하여 '千關羽'라는 별명까지 얻었다.

그의 불광동 국민주택은 늘 언론인과 재야 민주투사로 붐볐다. 경찰이나 정보부원들이 이중, 삼중으로 그 집을 감시했다. 민주인사들은 불광동 자택 방문을 성지순례처럼 여겼다. 남재희 전 노동부 장관은 그때가 그의 일생에서의 정점이라고 보면서, 명동의 김수환 추기경, 안국동의 윤보선 전 대통령 다음 자리에 불광동 성주城主 천관우가 민주 세력의 우뚝한 거봉이 아니었던가 싶을 정도로 높이 평가했다.

하지만 전두환이 정권을 잡자 천관우는 "통일에는 여야가 없다"는 명분으로 민족통일중앙협의회 의장과 국정자문위원 등을 맡았다. 그러자 재야 인사나 언론계 후배들이 거의 발길을 끊었다. 그 대표적인 인물이 불광동과 지척인 역촌동에 살던 송건호였다. 송건호는 변절이라 비판하면서 그와의 교류를 끊었고, 나중에 회고하기를 "지성이라 부를 만한 사람은 많지 않은 것 같아요. 열 길 물속은 알아도 한 길 사람 마음을 알 수 없다고, 친한 친구라고 생각했던 사람들이 나중에는 현실과 타협해버린 경우가 있어서 결국 사이가 서먹서먹해지고 그러는데 죽은 사람이지만 천관우가 그런 사람입니다"라고 했다.

유홍준의 《나의 문화유적답사기 8: 남한강 편》에는 천관우의 고향인 제천시에서 박달재 비문을 둘러보는 장면이 나온다. 그 비문이 천관우의 작품이었다. 책에서는 답사단의 일원이었던 언론인 임재경이 그는 1980년에 죽었다며 더 말하지 말라고 했다.

말년에 천관우는 정말 외로웠다고 한다. 폐 수술을 받는 등 병마에 시달리기도 했지만 그보다는 외로움과 '변절자'란 비난의 화살에 더욱 괴로워했다. 그가 1991년 세상을 떠났을 때 남재희는 뒤늦게 비보를 알고 서울대병원 영안실로 서둘러 갔으나 간발의 차로 떠난 영구차의 뒷모습과, 아무도 남은 사람 없는 쓸쓸한 광경만 보았다며 저서*에서 회고했다. 부인은 〈한국일보〉와의 인터뷰에서 "남편은 암이나 술로 죽은 것이 아니라, 주위의 비난 화살에 괴로워하다 죽었다"라고 말했을 정도였다.

재야의 마당발이자 같은 불광동 주민이기도 한 청와대 교육문화사회수석비서관수석 김정남은 "그분은 그 무렵 너무 지쳐 있었고, 자신을 지켜나가기 힘들 만큼 가난에 쪼들리고 있었다"고 판단하면서, "왜 그 한때를 이전처럼 의연하게 버티어주지 못했나. 그것이 안타깝다"고 안타까움을 섞어 회고했다.**

역촌동의 언론투사, 송건호

한마디로 집안일에는 무심하셨지요. 100점 만점에 10점 정도일 거예요. 본인 월급이 얼만지도 몰랐고, 돈에 대해서는 거의 무감각하셨어요. 1985년도쯤 서울 역촌동에 살 적에 비가 굉장히 많이 왔는데, 지하실 서고에 물이 찼어요. 그런데 제가 길가다 다쳤던 때보다 몇 배나 놀라셔서 아침 7시에 친구들을 난데없이 다 부르라는 거예요. 4명 정도가 왔는데, 12시간 정도 물 빼는 일을 했지요. 일을 끝내고 나니까 설렁탕 사먹으라고 10만 원을 주

• 남재희, 《남재희가 만난 통 큰 사람들: 그들의 꿈, 권력, 술 그리고 사랑이 얽힌 한국현대사》, 리더스하우스, 2014.
•• 김정남, 〈되새기는 잊혀진 거목〉, 천관우 선생 추모문집간행위원회, 《거인 천관우》, 일조각, 2011, 512쪽.

시는 거예요. 그 당시 설렁탕 값이 1천 원 밖에 안 됐거든요.

한두 시간 등산을 하고 나서 들른 곳이 바로 역촌초등학교 앞의 고서점이

었지요. 그 서점에 들어설 때 아버지는 굉장히 행복한 모습이었어요. 몰입

해서 책을 찾고, 여러 책을 구입했지요. 무슨 서점이 아침 8시부터 문을 여

는지 그 서점이 원망스러웠어요. 매우 배가 고팠거든요.

앞서 등장한 김훈 작가와 비슷한 취지인 송건호의 차남 재용 씨의 회고다. 그는 돈보다 책이 더 중요한 천생 글쟁이였지만 시대 상황 때문에 언론투사로 살아야 했다. 1926년 충북 옥천군에서 태어난 그는 서울대 법대를 나와 1953년 대한통신사 기자 공채에 합격하면서 언론인의 길로 들어선다. 〈조선일보〉 외신부를 거쳐 〈한국일보〉와 〈동아일보〉 논설위원을 지냈다. 1972년 그는 10년 동안 살던 흑석동 집을 정리하고 역촌동으로 이사했다. 아마도 인근에 기자촌이 들어섰기 때문일 것인데, 2001년 세상을 떠날 때까지 그 집을 떠나지 않았다.

역촌동으로 이사온 지 2년 후, 송건호는 신문기자로서는 최고의 자리인 〈동아일보〉 편집국장 자리에 오른다. 하지만 역촌동 시절은 끝없는 고난의 연속이었다. 편집국장 된 바로 그해, 〈동아일보〉 기자들이 '10·24자유언론실천선언'을 발표했고, 12월 10일부터는 그 유명한 광고탄압이 시작되었다. 동교동 자택에 연금되어 있던 김대중을 시작으로 한국현대사의 전설인 자발적 격려광고가 밀려들었지만 신문 경영진은 끝내 정권에 굴복하고 말았다. 그는 편집국장직을 사임했다. 이후 번역과 집필로 겨우 생계를 이어나갔지만, 한국현대사 연구와 유신 정권에 대한 싸움은 멈추지 않았다.

1980년 5월 17일 0시, 전두환을 정점으로 한 신군부는 계엄령을 전국으로 확대하고 김대중 내란음모사건을 조작하여 그들에 반대할 만한 인사들

을 모조리 얽어매었다. 송건호도 예외가 아니었다. 피신하기는 했지만, 과년한 딸이 넷이나 사는 역촌동 집에 구둣발로 들어와 장롱을 마구 뒤졌다. 그는 사흘 만에 잡혀 광화문 보안사와 그 악명 높은 남영동 대공분실로 끌려가 모진 고문을 당했다. 서대문형무소로 끌려가 반 년 만에 풀려났지만, 아무 일도 할 수 없었다.

1982년부터 송건호는 오랜 동지이자 가까운 불광동에 사는 이웃이기도 한 소설가 이호철의 권유로 '거시기 산악회'에 참가했다. 회원들은 전부 박정희, 전두환 정권에서 투옥되었다가 석방되거나 직장에서 쫓겨나 할일이 없는 '낭인'이었다. 이돈명 변호사, 리영희 교수, 백낙청 교수, 경제학자 박현채, 변형윤 교수, 정치인 김상현, 다산연구가 박석무, 출판인 윤형두 등이었다. 여름에는 아침 7시, 겨울에는 9시 이렇게 일요일마다 10여 명이 등산을 했다. 송건호도 빠지지 않고 이들과 산에 올랐다.

그들에게 등산은 산행 이상의 의미가 있었다. 동병상련의 처지가 비슷했고, 안으로만 삭일 수 없는 분노를 터놓고 이야기할 수 있어서 좋았던 것이다. 송건호는 고문 후유증으로 파킨슨 증후군이 나타나기 시작한 1990년까지 일요등산을 거의 빠지지 않았다.

1984년에 송건호는 해직언론인협의회 회원들이 중심이 된 민주언론운동협의회 의장이 되고, 기관지 〈말〉을 창간했다. 〈말〉의 첫 근거지는 묘하게도 한겨레신문사가 들어설 만리동고개 아래쪽이었다.

1987년 6월 항쟁 이후 국민을 주주로 한 새 신문창간운동이 일어난다. 그는 자연스럽게 대표자 역할을 하면서 창간에 발 벗고 나섰다. 이 새 신문이 바로 〈한겨레신문〉이다. 2만 7,223명에게서 50억 원이 모였다. 1987년 12월 한겨레신문주식회사 창립총회가 열리고 송건호는 대표이사가 되었다. 다음 해인 1988년 2월에는 첫 신입사원 공채시험을 열었다. 수습기자 23명,

마포 공덕동 한겨레신문사 사옥. ⓒ쉰지식인

사원 10명을 뽑는 데 무려 8,052명이 응시했을 정도로 열기가 뜨거웠다. 〈한겨레신문〉 창간호는 그해 5월 15일 세상에 모습을 드러냈다.

　이렇게 그는 13년 만에 언론현장으로 돌아왔다. 1991년 12월에는 한겨레신문사 사옥이 마포구 공덕동 만리재 중턱에 들어섰다. 신문의 특성상 〈한겨레신문〉에는 대기업 광고가 많이 들어오지 않아서 만성 적자를 벗어나기 어려웠다. 1993년 7월, 송건호는 대표이사라는 무거운 직책을 내려놓는다.

　사회적으로는 자유인이 되었지만, 이제는 고문 후유증이 그의 몸을 자유롭게 놔주질 않았다. 자신의 운명을 예감한 송건호는 담담히 주변을 정리했다. 1996년 9월, 소장도서 1만 5,000여 권을 한겨레신문사에 기증했다. 그의 호를 딴 이 '청암문고'는 13년 후 국회도서관으로 옮겨져 '송건호 문고'로 재탄생했다.

말년에 그는 상복이 많았다. 심산상을 비롯하여 호암상 언론상, 한국언론상 본상, 정일형 자유민주상, 금관문화훈장까지 받았다. 하지만 이 상들이 그의 병을 치료해주지는 못했다. 2001년 12월 21일 그는 역촌동 자택에서 영면에 들었다. 유언 중에는 미처 완성하지 못한 원고에 대한 고료 200만 원을 돌려주라는 부탁도 있었다.

유족들은 그의 유산을 출연하여 송건호 언론상을 만들었다. 수상자 중에는 영화 〈택시운전사〉의 주인공 위르겐 힌츠페터, 손석희 JTBC 보도부문 사장, 고인이 된 조용수 〈민족일보〉 사장도 있다.

분단문학의 거장, 이호철

여기서 송건호의 지인이자 분단문학의 거장 이호철 작가 이야기를 하지 않을 수 없다.

한국전쟁은 우리 민족에게 여전히 진행 중인 깊은 상처이지만, 역설적으로 한국 서사문학의 무궁무진한 자원이 되었다. 1950년대 이후 한국소설사의 걸작 중 상당수가 한국전쟁이 없었다면 나올 수 없었다. 최인훈의 《광장》(1960), 황순원의 《나무들 비탈에 서다》(1960), 이호철의 《남녘사람 북녘사람》(1996) 등이 대표적인 작품들이다.

묘하게도 최인훈과 이호철은 둘 다 은평구 주민이었다. 특히 은평에서 죽을 때까지 산 이호철은 평론가들이 분단문학을 논할 때 가장 앞자리에 서는 소설가다. 분단이 야기한 상처와 질곡을 두루 겪은 그가 집필한 작품은 남다른 진정성을 지니기 때문이다.

조금이나마 북한체제를 체험한 사람과 그렇지 못한 사람이 쓴 글은 다르다고 봅니다. 저는 북한에서 1945년부터 1950년까지 살면서 북한 정권 수립 전후의 사회적 분위기를 겪어보았습니다. 그리고 인민군으로 참가하면서 전쟁도 겪었습니다. 분단문제를 다루는 소설을 쓰는 데 있어 이 체험을 녹여냈기에 더 리얼리티에 접근했다고 생각합니다.•

19살에 인민군으로 한국전쟁에 참전했다가 포로가 된 작가의 경험은 《남녘사람 북녘사람》에 녹아 있다. 분단문학의 기념비로 남은 이 작품은 1999년부터 현재까지 미국, 독일, 프랑스, 일본, 스페인, 폴란드, 중국, 헝가리, 러시아 등 9개 언어로 번역, 출간되었다. 그가 지금껏 써온 분단소설은 장·단편을 합쳐 200여 편이 넘는다. 궁극적으로는 전쟁의 상처를 넘어 화해를 이야기하는 작품들이다.

> 김정일이 감동하는 소설 한 편을 쓰고 싶어요. 제 소설을 읽을 리 만무하지만, 그리고 기대도 하지 않지만, 이 사람의 생각을 바꿀 수 있겠다 싶은 소설을 쓰고 싶어요. 통일은 쉽지 않습니다. 통일, 통일, 구호로만 이뤄지는 것이 절대 아닙니다. 물이 차오르면 넘치듯이 그렇게 통일도 이뤄져야 합니다. 통일은 남과 북이 한 살림으로 돌아오는 일입니다. 말하자면 남과 북 사람들이 형편만큼 한솥밥을 먹는 일이 늘어나고 많아져야 하지요. 그 시기요? 급하게는 안 되지요. 우리 산천의 운세와 맞물려 있다는 것이 저의 생각입니다.••

• "인민군이었던 19세 소년, 분단문학의 거장이 되다", 〈고양신문〉, 2010년 11월 2일자.
•• 같은 곳.

분단문제는 곧 통일문제로 이어진다. 이호철은 소속되어 있던 '은평클럽'에서 이러한 문제를 논의하곤 했다. 은평클럽은 은평구에 사는 문학인들이 출범시킨 모임으로 매달 한 번씩 만나서 은평구를 중심으로 문학인이 뜻 있는 일을 해보자는 이야기를 해가고 있었다. 연신내, 불광 2동에 살던 1918년 생 박연희 선생을 좌장으로 모시고 몇 차례 설왕설래하면서, '우리네 은평구가 북한산 서북쪽 끄트머리에 자리해 휴전선도 가깝고 판문점으로 가는 길목이기도 하니, 남북통일 다시 말해서 북한 문제 등에 대해서도, 그 어떤 새로운 방법 같은 것을 우리네 문학인들대로 한번 모색해보면 어떻겠는가' 하는 의견들도 조심스럽게 나눴다.

이호철은 그동안 그래왔던 것처럼 북한을 어떤 식으로 표현할 수 있을까 고민했다. 그는 "나이가 들수록 고향 생각이 더 심해져 땅 냄새, 흙냄새까지 맡아지는 것 같아 지금껏 소설을 쓸 수밖에 없었고 앞으로도 그럴 것"이라고 회고했지만, 그토록 바라던 통일을 보지 못하고 2016년 9월 18일 세상을 떠나고 말았다.

2017년 은평구는 전 지구적으로 일어나고 있는 전쟁과 분쟁, 여성과 인종, 종교 차별, 난민, 폭력 등으로 인해 발생하는 문제를 함께 생각하고 극복하기 위해 '이호철 통일로 문학상'을 제정했다. 제1회 수상자는 재일교포 작가로서 4·3문제에 천착한 김석범이 선정되었다.

"흐린 하늘도 의미가 있습니다"

인권변호사의 대명사 중 하나인 한승헌은 전북 태생이지만 인생의 대부분을 갈현동과 대조동 등 은평구에서 보냈다. 그는 문필가이자 특유의 유머로도 유명하다.

1980년 이른바 '서울의 봄' 당시 그는 생업인 출판업(삼민사)과 재야활동으로 바쁜 나날을 보내고 있었다. 운명의 날인 5월 17일 밤 10시쯤, 갈현동 언덕바지에 있는 그의 집에 세 사람의 기관원이 들이닥쳤다. 무려 두 시간 동안이나 수색을 하고는 그를 남산 중앙정보부의 지하실로 끌고 갔다. 학생 선동, 폭력 시위로 내란을 일으켜 정부를 전복하고 김대중이 집권하도록 음모를 한 것으로 꾸며나갔다.

한 변호사는 단호히 부인했지만 응답은 폭력과 고문이었다. 그는 구속영장도 없고 가족 면회도 없는 채 거의 두 달 동안 지하실에서 지옥 같은 밤낮을 보내야 했다. 이 방 저 방에서 고문에 따른 비명이 들렸다고 한다. 그는 서대문의 서울구치소로 이송되면서 거의 두 달 만에 하늘을 쳐다보았을 때의 감격을 잊을 수 없다며 이렇게 회고한다.

> 서대문에 있는 그 건물에 닿자 나는 무악재의 하늘을 다시금 의미 깊게 우러렀다. 9사 하 30방에 수용된 나는 손바닥만 한 창이라도 하나 있는 것을 다행으로 생각했다. 내 키보다 훨씬 높은 곳에 좁다란 정방형 공간을 뚫어놓은 것은 수감자가 바깥을 내다볼 수 없도록 설계된 탓이리라. 그러니 다만 채광과 통풍을 고려했다는 시늉을 낸 것뿐이다. 그나마 북쪽으로 나 있어서 햇볕은 하루 종일 거의 들지도 않았다. 그런 곳에서 언제 끝날지 모르는 옥살이를 하다가는 건강을 지탱할 수 있을까 걱정되었다. 서너 달쯤 지난 뒤에 나는 같은 사의 상, 즉 2층으로 전방되었다. 그 방은 남쪽으로 통풍창이 나 있어서 우선 덜 음침하고 햇볕도 하루에 30분 정도는 들어왔다.
> 싸늘한 쇠창살 너머로 파랗게 보이는 하늘, 바로 그 창살 사이를 뚫고 들어와 마룻바닥에 조각보처럼 펼쳐졌다 사라지는 햇볕 - 그것이 감격스럽고 감사했다. 조명 앞에 서 있는 연기자처럼 나는 햇볕 공간의 이동에 따라 잠시

라도 더 '일광욕'을 하고자 자리를 움직이기도 했다. 되풀이 말하지만 파아
란 하늘을 볼 수 있다는 것은 큰 경이로움이었다. 아니, 흐리면 흐린 대로의
하늘도 의미가 있었다.

신석정 선생님의 시가 생각났다. 생전의 얼굴도 떠올랐다. 그분의 시에는
'하늘'이란 말이 유난히도 많이 나온다.

푸른 산이 흰 구름을 지니고 살 듯
내 머리 위에는 항상 푸른 하늘이 있다.

이렇게 시작되는 시를 배우던 생각도 났다.

푸른 웃음 엷게 흐르는 나직한 하늘을
학 타고 멀리멀리 갔었노라.●

엄혹한 시절 한 줄기 불빛이었던 인권변호사들 중 빼놓을 수 없는 강신옥,
황인철 변호사도 자택과 사무실을 마포에 두고 활동했다. 강신옥은 1988년
통일민주당 공천으로 마포 을 지역구에서 국회의원으로 당선되기도 했지
만, 정치가 체질은 아니었는지 초선에 그치고 말았다.

마포를 뒤흔든 여의도 개발

영등포구에 속하는 여의도의 개발은 1970년대 이후 서서울의 발전에 큰

● 한승헌, 〈5·17 사태와 나〉,《피고인이 된 변호사》, 범우, 2013.

영향을 미쳤다. 1966년 서울을 덮친 대홍수 이후 김현옥 시장은 여의도 개발을 강력하게 추진했다. 수해를 방지하는 한편, 아예 택지를 조성하고 그 부지 위에 신도시를 개발하여 두 마리 토끼를 잡겠다는 계획이었다.

김 시장은 장마가 오기 전에 최대한 공사를 서둘러야 한다고 생각했다. 기공식은 엄동설한인 1967년 12월 27일 오후에 거행되었다. 실제 공사는 해를 넘겨 시작되었지만 진행 속도가 엄청났다. 심지어 1월 21일에 터진 김신조 사건조차도 김 시장의 발목을 잡지 못했다.

섬 이름이 '아무나 가져라'라는 뜻이라고 할 정도로 별 볼일 없었던 여의도가 천지개벽 수준으로 다시 태어나는 동안, 밤섬은 그와는 완전히 다른 운명을 맞이했다. 여의도를 막더라도 한강 흐름에 지장이 없게 하려면, 대신 밤섬이 사라져야 했던 것이다. 더구나 윤중제(강둑)를 쌓기 위해서는 많은 돌이 필요했는데, 밤섬의 돌이 안성맞춤이었다.

당시 1만 7,793평의 밤섬에는 78가구 443명이 거주하고 있었다. 석씨, 마씨, 인씨, 선씨 등 희성들이 많이 살았고 조선 초기부터 17대째 사는 이들도 있었다. 병도 도둑도 없는 신비의 마을이었다고 한다. 주민들은 삶의 터전인 섬을 내주고 섬이 내려다보이는 와우산 기슭에 지은 연립주택으로 강제 이주해야 했다. 그들은 아직도 자신들의 신을 모시고 공동체 생활을 이어오고 있다. '밤섬 부군당제'는 그들의 수호신인 부군을 모시는 제사인데, 서울시 무형문화재 제35호로 지정되었다.

1968년 2월 10일, 전투기까지 동원된 밤섬 폭파 작전이 시작되었다. 밤섬은 여의도를 위해 11만 4,000세제곱미터 분량의 돌을 내어주고 사람이 아닌 철새들의 섬으로 바뀌었다. 하지만 사라진 밤섬에 대한 이미지는 꾸준히 서울 시민들의 마음에 남았다. 이곳은 영화《김씨 표류기》의 무대가 되기도 했다.

개발 전의 여의도. 오늘날과 비교하면 그야말로 '상전벽해'다.

　윤중제 공사는 무자비한 속도로 진행되었다. 연인원 52만 명, 중장비 연 5만 8,400대가 동원된 공사는 110일간의 혈투 끝에 6월 1일에 마무리되었다. 이조차도 여의도 개발의 시작에 불과했다.

　윤중제 공사가 한창이던 2월 28일에는 서울대교(현 마포대교)가 착공되었다. 여의도를 연결하는 첫 번째 한강 다리였다. 전장 1,390미터로 양화대교를 능가하는 당시 한국에서 가장 긴 다리였다. 마포 쪽에는 하프클로버형 입체교차로를 적용했는데 한국 최초의 시도였다. 이 다리는 '속도전'의 시대답게 2년여 만인 1970년 '5월 16일'에 완공되었다.

　여의도의 상징은 누가 뭐래도 여의도동 1번지, 즉 국회의사당이다. 옛 국회의사당은 지금의 태평로 서울시의회에 있었는데 누가 보아도 너무 좁아서 이전을 기정사실화하고 있었다. 하지만 이런저런 이유로 이전은 계속 지연되었다. 남산이나 종묘 앞이 후보로 결정되어 착공까지 했다가도 모두 실패하고 말았다. 박정희에게 국회란 불필요하고 거추장스러운 존재였지만 어쨌든 대외적으로는 형식상으로나마 '민주공화국'인 이상 국회를 폐지할 수는 없었다. 대신 그는 국회를 청와대에서 되도록 멀리 떨어뜨리기를 원했기에 결국 여의도가 선택되었다고 한다. 국회의사당은 윤중제 공사가 끝난 다음 해인 1969년에 기공하여 1975년 8월 15일에 완공되었다. 또 남산에 있던 KBS는 1976년 12월에, 동양방송은 1980년에, MBC는 1982년에 여의도에 입성했다.

이렇게 해서 여의도에 들어선 국회의사당과 방송국은 다리 건너 마포에도 큰 영향을 미쳤다. 대표적인 사건이 제1야당인 신민당의 당사 이전이다. 1977년 신민당은 관훈동에 당사가 있었지만 서울시 도시계획에 포함되어 철거를 기다리고 있었다. 그렇기에 숙원이던 당사 신축지로 국회가 들어온 여의도와 인접한 마포를 결정했다. 신민당은 사유지를 임대하여 1978년 6월 22일 당사를 착공했고 다음 해 입주했다.

마포 '귀빈로'의 탄생•

1979년 6월 말 이루어진 지미 카터 미국 대통령의 방한은 주한미군 철수와 유신 정권의 인권탄압이라는 두 가지 이유 때문이었다. '주한 미 지상군 철수'는 카터가 1976년 미국 제39대 대선에 출마했을 때부터 내세운 공약이었고, 실제로 1978년 12월에 213명의 주한미군이 제1진으로 떠난 바 있

• 손정목,《서울 도시계획 이야기 2》, 한울, 2003, 179~184쪽 참조.

었다. 그러나 주한미군 철수문제는 한국 정부와 민간 분야를 크게 자극했을 뿐 아니라 미국의 의회에서도 좋은 평가를 받지 못했다. 인권탄압 문제 제기는 대통령 공약사항이라기보다는 조지아 주지사 재임 시 주 사상 최초로 흑인을 주정부 공무원으로 채용하기도 했던 카터 자신의 인생관이었다.

1979년 한국은 유신 정권 말기였다. 박정희 정권의 민주·인권 탄압이 극에 달해 국제사회에도 널리 알려져 있었다. 이른바 박동선 사건도 이때였고, 김지하 〈오적〉시 사건, 윤보선·문익환 등의 민주구국헌장사건, 크리스천아카데미사건, 가톨릭농민회사건, 민청학련사건 등이 연이어 터지고 있었다.

카터의 입장에서는 한국에 가서 "휴전선을 돌아보았더니 미군 철수는 시기상조라고 판단되었다"라고 발표할 필요성이 있었다. 박정희의 입장에서도 "한국이 대내외적으로 매우 어려운 처지에 있으니 어느 정도의 인권탄압은 관대히 봐달라"는 부탁 아닌 부탁을 해야 했다. 양측 모두 두 정상의 만남으로 두 나라 간에 오랫동안 지속되어온 불편한 관계가 해소되기를 바라고 있었다. 이 회담의 결과를 논하는 것은 이 책의 주제와 거리가 머니 이쯤에서 생략하겠지만, 카터의 방한에 따른 마포의 변화는 다룰 가치가 충분하다.

과거 방한했던 아이젠하워·존슨·포드 등 세 대통령은 한강대교 – 용산 – 시청 앞 – 청와대 길을 오갔으니, 중앙청에서 한강대교까지의 길 양측 정비만으로 충분했다. 그런데 카터는 6월 30일에 여의도광장에서 열리는 시민환영대회에 참석하고, 7월 1일에는 여의도침례교회에서 예배를 보고 국회의사당을 방문할 예정이었다. 여의도와 마포를 두 번이나 왕복하는 일정이었다.

5월 24일, 서울시는 김포공항 – 여의도 – 마포로 – 서소문 – 시청 구간을 '귀빈로'로 명명하여 외국 귀빈들의 새로운 통과코스로 삼겠다는 계획을 발표했다. 6월 말까지 2억 6,200만 원을 들여 대대적인 정비작업을 시행한다

서울가든호텔. 한국관광공사 제공.

는 것이었다. 누가 들어도 귀빈로라는 이름은 어딘가 불편했다. 유신독재
가 판을 치는 시대였으니 서울시 고위공무원의 머리에서 이런 엉뚱한 표현
이 떠올랐을 것이다. 서울시가 마포로 남단에서 공덕로터리 - 아현삼거리를
거쳐 서소문·서대문에 이르는 가로변 43만 3,000제곱미터를 재개발지구
로 지정해달라고 상신한 시기는 보름 후인 6월 9일이었다. 이는 9월 21일자
건설부고시 제345호로 지정되었다.

　카터 대통령은 6월 29일 밤 9시에 김포공항에 도착하여 곧바로 헬리콥터
로 동두천에 있는 미 제2사단 숙소로 가서 하루를 묵었다. 30일에는 오전
9시 반부터 서울 여의도광장에서 열린 시민환영대회에 참석했다. 100만이
넘는 인파가 그를 환영했다. 훗날 카터는 자신이 이런 환영을 받은 적은 처
음이자 마지막이었다고 회고했다. 환영대회를 마치고 마포대교 - 아현동 -

서소문 – 시청 – 광화문을 거쳐 청와대에서 정상회담을 가졌다. 이날은 미국 대사관저에서 하룻밤을 묵었다. 7월 1일은 일요일이었다. 카터는 가족들과 함께 오전 11시부터 여의도침례교회에서 예배를 본 뒤 12시 10분에 국회를 방문하여 다과회를 가졌다. 그는 그날 오후 5시 50분에 김포공항을 통해 미국으로 돌아갔다.

마포로의 좌우 시가지가 재개발지구로 지정됨으로써 새로운 모습으로 탈바꿈하게 된 데는 여의도 개발이라는 또 하나의 배경이 있었다. 1956년 3월 3일 개장한 이래 만 13년 이상 계속되어온 중구 명동의 증권거래소가 1979년 6월 30일 문을 닫고 7월 2일부터 여의도의 새 증권거래소로 옮겨갔다. 명동·남대문로가 중심이었던 증권·금융계의 상당 부분도 이를 따라 여의도로 이전하면 남대문로(명동) – 서소문 – 마포로 – 여의도를 잇는 대규모 증권·금융·오피스빌딩 벨트가 새롭게 형성될 것이라고 전망되었다.

보통 도화동이라고 하는 마포종점 일대, 길 너비가 40~50미터나 되는 마포대로는 1970년대 후반부터 서서히 일반시민에게 알려진다. 1979년 8월에는 마포 전차종점이 있던 자리의 동편에 객실 394개의 가든호텔이 준공 개관한다. 그런데 8일 후 바로 건너편에서 엄청난 일이 벌어진다. YH무역 여공들이 신민당사에 들어가 농성을 시작했기 때문이다.

YH사건의 무대: 마포 신민당사

YH무역은 1966년 10여 명의 직원으로 출발한 가발회사다. 가발 수출의 호경기와 정부의 수출 지원 정책에 힘입어 창립 4년 만인 1970년에는 종업원 3,000명의 국내 최대 가발업체이자 수출 순위 15위의 대기업으로 성장했다. 그러나 YH무역을 경영하던 창립자 장용호와 그 친인척들은 미국으로 외화를 반출하기도 하고, 불법 해고, 부당 전직과 전출, 감봉 등을 자행했다.

회사의 처사에 견디다 못한 여성 노동자들이 들고 일어났다. 1975년 3월, 담당 감독의 독단적인 인사이동 등 제반 문제를 제기하며 건조반 200여 명의 노동자들이 작업을 거부했다. 이를 계기로 5월 24일 전국섬유노조 YH지부가 결성되었다.

회사 측의 부당행위는 끝이 없었다. 이에 노동조합은 1978년 5월 9일 회사의 위장 휴업 등을 지적하면서 농성에 돌입했다. 그러자 1979년 3월 29일, 회사는 부채와 적자 운영, 노조의 임금 인상 요구 등의 이유를 제시하며 4월 말로 폐업한다는 공고를 붙였다. 노동자들의 주간 조업과 야간 농성이 이어지는 가운데, 8월 6일, 회사는 일방적으로 폐업 공고를 내고, 7일에는 기숙사 식당까지 폐쇄한다. 또 퇴직금과 해고수당을 8월 10일까지 수령하지 않으면 법원에 공탁한다고 공고했다.

이에 YH노동자들은 야당인 신민당에 호소하기로 결정했다. 8월 9일, YH 여성노동자 187명은 도시산업선교회의 알선으로 사회적 파급효과가 큰 마포 신민당사에 들어와 회사 정상화와 노동자 생존권 보장을 요구하는 농성투쟁을 시작했다.

이때 총재 김영삼을 비롯한 신민당 인사들이 보여준 모습은 감동적이기까지 하다. 김영삼은 "여러분이 마지막으로 우리 당사를 찾아준 것을 눈물겹게 생각한다"면서, "우리가 여러분을 지켜주겠으니 걱정 말라"고 YH노동자들을 위로하고 안심시켰다. 박권흠 대변인과 황낙주 원내총무 등 당직자들은 당사 주변을 배회하던 사복형사를 보는 대로 화를 내며 쫓아내기도 했다. 또한 김영삼을 비롯한 신민당 국회의원들은 여당인 민주공화당이나 노동청(현 고용노동부)에 여러 번 전화를 걸어 협상 테이블로 끌어내어 해결하려고 노력했다. 하지만 그들은 무시로 일관했다.

유신 정권이 관계부처 회의를 열어 강제해산을 결정했다는 소식이 전해지자 여공들은 불안해했다. 그러자 김영삼은 "내 이름 석 자와 신민당의 명예를 걸고 조속히 여러분들의 정당한 요구를 관철시키겠습니다. 경찰이 신민당사에는 절대 쳐들어오지 못합니다. 나와 당원들이 여러분들을 지키고 있으니 걱정 마십시오"라고 위로하기도 했다. 그러나 유신 정권은 '전쟁'을 택했다.

무려 2,000명에 가까운 경찰병력이 동원되었다. 그런데 이들이 신민당사에 진입하기 직전, 김영삼의 모습은 압권이었다. 이순구 서울시경국장이 전화를 걸어 총재를 바꾸라고 고압적으로 말하자, 그는 건방지다며 전화를 끊어버렸다. 진압 작전이 시작되어 신민당사 밖에 경찰들이 몰려와 있는데도, 그는 지휘자인 마포경찰서장에게 다가가 "네놈이 저 여공들을 모두 죽이려하나!"라면서 뺨을 쳤을 정도로 당당한 모습을 보였다.

하지만 8월 11일 새벽 2시, 이른바 '101작전'이 개시되었다. 경찰이 신민당사에 난입하여 여공들을 강제로 연행한 것이다. 작전은 23분 만에 종료되었다. 그 짧은 시간 동안 신민당원들과 여공들에게 무자비한 폭력을 가했으며 마음대로 기물을 부수고 닥치는 대로 연행했다.

이 과정에서 당시 21세였던 김경숙 노조집행위원이 죽음을 당했다. 신민당 의원과 당원, 취재 중인 기자, 신민당사 경비원들도 중경상을 입었다. 박권흠 대변인도 경찰에 폭행당해 갈비뼈가 골절되고 얼굴이 뭉개졌으며, 박용만 의원은 다리가 부러졌고, 황낙주 원내총무도 어깨를 얻어맞았다. 김영삼 총재는 구속되지는 않았지만 형사들에게 욕설을 들어가며 구타를 당했고, 결국 상도동 자택으로 강제로 끌려 나가는 수모를 겪어야만 했다.

이날 경찰은 노조지부장 최순영 등 여공 172명과 신민당 당원 26명을 강제 연행했다. 정부는 YH무역 노조의 신민당 농성을 배후조종한 혐의로 인명진과 문동환 목사, 이문영 전 고려대 교수, 고은 시인 등 8명을 구속했다. 정작 이런 엄청난 사건을 일으킨 당사자인 사주 장용호와 그 가족들은 미국에서 잘 먹고 잘살다가 세상을 떠났다고 한다.

이 사건 이후 신민당은 김경숙 사인 규명, 책임자 문책 등을 요구하며 농성을 벌였다. 미국 국무부에서도 "경찰의 강제해산 조치는 분명 지나치고 가혹하다"고 성명을 냈다. 이에 박정희 정권이 반발하자 미국 국무부는 "지난번 성명의 입장을 고수한다. 한국 당국은 관련자를 징계하는 적절한 조치를 취하기 바란다"고 다시 논평했다. 유신 정권은 김영삼의 정계 축출을 시도하여 결국 성공했지만, 이는 부마항쟁을 유발했고 결국 10·26의 비극으로 이어지고 말았다.

지금 그때의 신민당사는 사라진지 오래다. 그 자리에는 한 대기업의 오피스텔 건물이 들어서 있다. 인도 바닥에 박힌 작은 동판이 그 엄청난 사건이 일어난 장소였다는 사실을 전할 뿐이다.

1979년, 10·26으로 박정희는 죽었지만 1980년대에 민주주의가 곧바로 오지는 않았다. 그 대신 유신이 키운 정치군인 전두환이 정권을 잡았다. 1982년부터 시작된 3저 호황을 바탕으로 경제는 고성장을 구가했다. 마포대로도 놀라울 정도로 변화하게 된다.

마포 돼지갈비와 주물럭의 탄생

한국전쟁 이후 전국에 이른바 텍사스 골목 또는 텍사스촌이 생겨났다. 기지촌에서 미군을 상대로 하는 술집이 모여 있는 곳을 이렇게 불렀는데, 이곳에서는 술과 함께 양공주의 성적 서비스가 따랐다. 서울에만도 천호동, 이태원, 미아리, 구로동 등에 텍사스 골목이 있었거나 지금도 있는데 그 주변에

'이런저런 술집'이 몰려 있는 것은 비슷하다.

마포 만리동고개에도 텍사스 골목이 생겼다. 《서울을 먹다》의 저자 정은숙과 황교익은 '마포 텍사스 골목의 맥이 조선의 색주가, 특히 마포의 색주가에 닿아 있지 않을까'라는 화두를 던진다. 이 책에 따르면 이런 유흥가 전통, 특히 남자들의 '은밀한 사생활'을 공유하는 공간의 전통은 의외로 끈질기게 유지된다고 한다. 그런데 바로 이 텍사스 골목에서 마포 돼지갈비가 탄생했다고 한다. 어쩌면 17세기 말 반인들이 경영하던 애오개 푸줏간이 이어져 내려온 것일지도 모를 일이다.

한국전쟁 직후 마포 텍사스촌에는 이른바 색싯집이 20여 곳 있었다. 돼지고깃집도 다섯 곳 있었는데 이중 두 집이 자리는 옮겼지만 지금도 성업 중이다. 두 집 모두 '최대포'라는 이름을 쓰면서 서로 원조임을 강조한다. 물론이 책에서는 누가 원조인지를 밝힐 수도 없고 그럴 의도도 없지만, 이곳에선 아직도 텍사스촌 시절을 연상시키는 드럼통을 개조한 식탁을 쓰고 있다.

처음에는 돼지의 여러 부위를 소금구이로 팔다가 간장양념을 한 돼지고기도 팔았다. 지금은 간장양념을 한 돼지고기 구이를 돼지갈비라고 부르지만, 이것은 그리 오래된 요리가 아니다. 사실 돼지갈비는 뼈에 붙어 있는 살이 그리 많지 않아서 주로 쪄 먹었던 부위로, 오래전부터 돼지갈비찜을 하는 식당들이 있었다. 구이로 하려면 갈비살만으로는 부족하므로 다른 부위를 섞어서 내놓는 것이 일반적이다. 그런데 이것을 하필이면 돼지갈비로 부르게 된 이유가 엉뚱하다.

1970년대부터 서울 강남에서는 복부인들로 대표되는 투기세력이 땅과 아파트를 사고팔면서 부를 축적했다. 강남 졸부가 탄생한 것이다. 업자들은 이들의 허영을 만족시키는 '가든'이라는 이름의 고급식당을 열었다. 이 가든의 주 메뉴는 쇠갈비구이였다. 1970~80년대 쇠갈비구이는 성공한 서울

시민의 상징이 되었고, 삼원가든을 비롯한 강남의 가든에서 먹어야 성공한 자로 인정받았다. 그런데 절대다수의 서울 시민은 강남에 있는 가든의 쇠갈비를 뜯을 수 없었다. 이들에겐 "너만 갈비 뜯냐? 나도 뜯는다"라는 대체품이 필요했던 것이다. 맛 칼럼니스트 황교익은 '돼지갈비'가 이렇게 탄생했다고 주장한다. 양념도 같고, 양이야 어쨌든 돼지의 갈비 부위가 섞여 있으니 이를 두고 돼지갈비라 불러도 되리라고 보았을 것이다. 특히 지글지글 고기 굽는 기분도 만끽하게 해주었다. 중국과의 수교 이후에는 값싼 중국산 숯이 들어와 숯불구이가 보편화된 것도 돼지갈비의 보급에 큰 기여를 했다.

마포 돼지갈비의 탄생은 주물럭과도 관련이 있을 것이다. 토정길 주변은 마포 주물럭이 처음 시작된 곳이다. 전차가 다니던 시절, 종점이었던 이곳에 손님들이 붐비자 마포나루의 고깃집들이 손님들의 다양한 입맛을 맞추기 위해 양념에 잰 돼지갈비와 간장, 마늘로 버무린 쇠고기 등 안줏감을 내놓으면서 지금의 '마포 갈비·주물럭 거리'가 시작되었다고도 한다.

'주물럭'이라는 이름은 주방기구가 변변치 않던 시절이어서 주문이 들어오면 바가지에 고기를 담아 소금을 넣고 주물러 섞었다는 데서 유래했다고 한다. 그중 '마포갈매기'는 돼지의 횡격막에 붙어 있는 고기로, '가로막'이란 순우리말이 변해 '갈매기살'이 되었다. 당시만 해도 손질이 까다로워서 그냥 버리던 부위를 먹기 좋도록 개발해서 내놓은 것이다.

1974년에 마포 텍사스 골목이 헐리면서 그곳의 돼지고깃집들은 공덕로터리 쪽으로 이전했다. '밝은 곳'으로 진출한 것이다. 텍사스 골목 안에서 조금씩 쌓였던 내공이 마포의 재개발과 더불어 폭발하면서 마포 돼지갈비와 주물럭의 명성이 세워졌다. 공덕동 족발 골목 역시 이런 흐름의 연장선상에서 형성되었으리라 여겨진다.

응암동 감자탕

돼지갈비는 현대에 등장한 요리라지만, 돼지고기 자체는 먼 옛날부터 우리 조상들에게 중요한 단백질 공급원이었다. 돼지는 아무것이나 잘 먹는 데다가 먹이를 살로 만드는 비율이 소의 네 배나 되고 새끼도 많이 낳기 때문이다. 그러나 돼지고기도 그리 넉넉하진 않았다. 따라서 돼지를 잡으면 악착같이 살을 발라 먹었다.

돼지고기 중에도 살을 잘 발라낼 수 없는 부위가 있다. 바로 등뼈다. 굴곡이 져서 아무리 칼로 발라내도 살을 발라내지 못하는 부분이 있다. 이렇게 등뼈에 붙어 있는 살을 마지막까지 가장 쉽게 먹는 방법은 삶는 것이다. 그러니까 '감자탕', 정확하게 말하면 '돼지등뼈탕'은 돼지를 사육했던 먼 옛날부터 있었던 음식이라 볼 수도 있다.

감자탕이란 명칭에 대한 논란은 많은데, 여기에 대해서도 황교익의 설명이 가장 그럴듯하므로 여기서 소개하고자 한다.

> 뼈다귀탕에 언제부터 감자가 들어가게 되었는지는 알 수 없다. 추측할 수 있는 것은, 일제 강점기 때 감자 재배가 부쩍 늘었는데, 그즈음에 지금의 감자탕 모양이 만들어졌을 수 있다는 것이다. 일제는 한반도에서 쌀을 빼앗아 가면서 한반도 사람들이 먹고살 식량으로 감자와 고구마를 적극적으로 보급했고, 그렇게 하여 흔해진 감자가 뼈다귀탕에도 들어갔을 것이다.
>
> 뼈다귀도 그렇고 감자도 그렇고, 감자탕은 태생에서부터 하층민의 음식이었다. 쇠뼈의 설렁탕도 못 먹고 쌀밥도 못 먹던 사람들의 음식이었다. 그러니 감자탕은 어느 특정의 지역에서 유래한 음식도 아니었을 것이다. 여기저기에서, 하층민이 사는 곳이면 어디든 이 음식이 있었을 것이다. 이 감자탕을 서울 음식에 넣자 생각한 것은 그 하층민이 가장 큰 집단으로 모였던

곳이 서울이기 때문이다. 한국전쟁 이후 농촌을 떠나 서울로 와 노동을 팔았던 그 수많은 사람들에게 돼지등뼈와 감자는 안주 겸 끼니가 되어주었을 것이다.

뼈다귀탕이 감자탕이라는 이름을 가지게 된 것은 서울에서의 일이었다고, 농촌을 떠나 서울로 온 노동자들이 붙인 이름일 것이라고 나는 추측하고 있다. 고향을 떠나 서울에 와서 먹는 게 '돼지의 뼈다귀로 끓인 탕'이니, 뼈다귀탕이라는 이름이 자신의 가난을 노골적으로 드러내는 것이 아닌가 싶었을 것이다. 감자는, 고향에서 흔히 먹었던 그 감자는, 향수를 불러오고, 그래서 내가 먹는 음식이 낯선 도시의 하층민 음식이 아니라 누군가의 고향에서 먹었던 음식이었으면 하여, 감자 겨우 한두 알 든 돼지등뼈탕을 감자탕이라 이르게 되었을 수도 있다는 것이 내 추측이다.●

감자탕은 돼지감자뼈, 시래기, 묵은지처럼 쉽게 구할 수 있는 값싼 재료를 쓰는 데 비해 영양가가 높고 술안주로도 제격이다. 그렇기에 서민들의 음식이 될 수밖에 없었고, 자연스럽게 영등포, 응암동, 천호동 등 서울 변두리에서 즐겨 먹는 요리가 되었다. 감자탕은 소갈비를 대신한 돼지갈비처럼, 쇠뼈를 삶은 설렁탕도 못 먹고 쌀밥도 못 먹던 사람들의 음식이었던 셈이다.

응암오거리에는 서서울에서 가장 유명한 감자탕 거리가 있다. 응암동의 명소인 감자탕 거리는 응암오거리에서부터 북가좌삼거리 방면으로 5분쯤 걸어가면 나온다. 1968년 응암시장이 문을 연 이래 인근에 감자탕 집들이 속속 들어서면서 이곳은 점차 유명해졌다. 1972년 필자(김미경)가 서울에 자리 잡았을 때도 이곳에 감자탕 집들이 있었다. 과거에는 수십 곳이 있었지

● 황교익·정은숙,《서울을 먹다》, 따비, 2013, 148쪽.

한양주택. 잘 가꾸어진 동네가 사라져 안타까울 따름이다.

만, 이제 열 곳 정도가 남아 성업 중이다.

아름다운 마을 '한양주택'

유신 정권은 그 종말을 맞이하는 1979년에 서서울에 마지막 흔적을 남긴다. 기자촌과 인접한 '한양주택'이다. 한양주택은 서울시 은평구 진관내동, 정확하게 말하면 지하철 3호선 구파발역에서 북쪽으로 300미터 정도 떨어진 곳에 있었던 단층 주택단지를 가리킨다. 예전에 서울 지하철 3호선을 타고 일산과 서울을 오가는 사람들은 지하철 고가 위에서 한양주택을 내려다볼 수 있었다. 한양주택이라는 이름은 같은 이름의 건설회사가 지었기 때문에 붙었다.

한양주택은 유신 말기인 1979년 박정희의 지시로 만들어졌다. 당시 그는 근처의 골프장을 즐겨 찾았는데, 어느 날 그곳으로 가던 박정희의 차가 마침 밭으로 똥을 퍼 나르던 농부를 쳤다고 한다. 똥통이 구르면서 사방에 똥냄새가 퍼졌고, 그 냄새를 맡은 박정희가 차 밖으로 나와 그 모습을 보게 되었다. 그는 주변의 초라한 풍경에 마음이 상해서 부근을 말끔하게 정리하라고 명령했다. 박정희의 명령을 받은 당시 서울시장 구자춘은 주변의 땅과 주택을 강제수용해서 단층 주택단지를 조성하도록 했다고 한다. 이렇게 해서 한양주택이 만들어졌다고 하는데, 진짜인지는 알 길이 없다.

　겉보기에는 멀끔했지만 입주 초기 한양주택은 대단히 부실했다. 서울의 북서쪽 통로인 통일로 옆에 선전용 주택단지로 지어졌기 때문이었다. 무엇보다 전기와 수도가 제대로 공급되지 않아서 뒤에 주민들이 새로 돈을 내서 이러한 기반시설을 갖추었다. 더욱이 집 자체도 겉보기와 달리 방풍과 난방이 대단히 허술했다. 결국 주민들이 많은 돈을 들여 집을 제대로 가꾸어야 했다. 또한 대지 50평, 건평 28평에 양기와를 얹은 시멘트 주택을 줄지어 지어서 단지 전체의 풍경이 아주 삭막했다. 그러나 주민들은 오랜 시간에 걸쳐 정원을 가꿔서 이런 풍경을 크게 바꿔놓았다.

　이런 이유로 이후 서울의 생태문화적 미래를 꿈꾸는 사람들에게 한양주택은 어느 마을보다 중요한 곳으로 여겨지게 되었다. 그 가치를 서울시로부터도 인정받아 한양주택은 1996년 10월 '제1호 아름다운 마을'로 지정되기에 이른다. 하지만 얼마 뒤 이곳 역시 개발이라는 대세를 피하지는 못했다.

　한편 한양주택이 들어선 1979년, 은평구가 서대문구에서 독립하면서 서부 3개 구가 공식적으로 형성되었다.

11장

민주화와
경제발전

마포로의 천지개벽

1980년대의 경제발전은 서울 도심부의 재개발을 획기적으로 촉진한다. 그중에서도 귀빈로에서 이름이 바뀐 마포로의 변화는 엄청났다.

공덕오거리에서 서남쪽으로 약간 들어간 자리인 도화동 532번지에 신원빌딩이 들어섰다. 지상 15층, 지하 4층인 이 빌딩은 1980년 7월 30일에 건축허가가 났다. 가든호텔이 지어진 지 1년 만에 들어선 마포로의 첫 번째 본격적인 오피스 빌딩이자, 마포로의 스카이라인이 형성되는 시작이었다.

마포대교 북단에서 공덕로터리를 지나 아현삼거리까지 이르는 마포로는 길이가 2,700미터밖에 되지 않는다. 이 길 양쪽에 1980년대에만도 고층건물이 28동 들어선다. 당시의 경제성장이 초래한 '소리 없는 공간혁명'이었다. 한화, 효성, SK, 롯데, 삼성 등 쟁쟁한 대기업이 세운 빌딩도 많다. 지금은 대부분 혁신도시로 이전했지만 국민건강보험공단, 근로복지공단, 신용보증기금, 국립공원관리공단 등 공기업들도 많이 자리 잡은 바 있었다. 기관들의 서울지사와 지방재정회관, 노사발전재단, 별정우체국 연금관리단 등은 아직도 건재하다. 20세기 끝머리에는 충정로 〈동아일보〉 빌딩에 해양수산부가 들어선다. 노무현은 2000년 8월 제6대 해양수산부 장관으로 취임했는데, 그는 여기서 쌓은 행정 경험이 훗날 대통령 직무 수행에 큰 도움이 되었다고 회고했다.

1980년대 마포로를 장식하는 빌딩 중 하나가 서울 올림픽이 열린 1988년에 완공된 지하 4층, 지상 15층의 도원빌딩이다. 외관도 이름도 평범하지만 설계자와 건물주는 결코 평범하지 않다. 설계자는 세종문화회관, 소공동 롯데호텔, 과천 제2정부청사 등 대작을 남긴 엄덕문이고, 건물주는 문선명이 이끄는 통일교이기 때문이다. 도원빌딩 머릿돌에는 지금도 '통일'이라는 글자가 선명하게 적혀 있다. 엄덕문은 1951년 부산의 피난지에서 한 살 위의 문선명을 만나 그의 종교관에 감화를 받아 통일교에 입교하여 신심 깊은 신자로 활동한 바 있었다. 이런 이력이 1980년대에는 큰 걸림돌로 작용해 별다른 작품을 남기지는 못했다고 한다. 경위야 어쨌든 그는 개신교인으로 돌아와 2012년 7월 1일 세상을 떠났는데, 공교롭게도 두 달 뒤 문선명도 저세상 사람이 되었다.

마포로는 정치, 금융, 방송의 중심인 여의도에 인접했기 때문에 신민당사의 뒤를 이어 정치권과 방송 관련 기관이나 단체가 많이 자리 잡았다. 양김이 창당했다가 김대중 세력이 빠져나가 반쪽이 되었고 3당 합당으로 사라진 통일민주당이 입주했던 공덕로터리의 제일빌딩이 대표적이고, 불교방송국도 있다. 각급 선거에서 여야의 주요 정치인의 캠프나 외곽단체가 마포에 자리 잡는 경우도 많다. 안철수가 창당한 국민의당도 처음에는 마포에 사무실을 얻고 출범한 바 있다.

1990년대 반도체로 엄청난 돈을 벌면서 삼성은 그 자금으로 마포 일대의 땅을 사들여 대규모 아파트 단지를 만들었다. 앞서 이야기한 마포아파트도 이 과정에서 사라졌다. 다른 대기업들도 아파트 단지 건설에 참여했는데, 그중에는 쌍용도 있었다.

여기서 재미있지만 아쉬운 에피소드를 소개한다. 쌍용건설은 마포에 아파트 단지를 만들면서 기반공사를 하다가 금맥을 발견했다. 전문가의 조사에 의해 서울 땅이 아니라면 충분한 경제성이 있는 금광이라는 결과가 나왔지만, 땅 자체가 훨씬 가치가 있는 곳이라 그냥 묻어버리고 아파트를 올릴 수밖에 없었다. 그 대신 아파트 이름에 '황금'을 붙여서, 사정을 모르는 이들에게는 다소 엉뚱한 이름인 '쌍용황금아파트'가 되었다.

1980년대의 동교동

1980년, 광주를 피로 물들이며 정권을 장악한 전두환 일당에게 '개인'으로서 최대의 적은 김대중이었다. 그래서 자신들의 권력욕으로 일으킨 '광주사태'를 '김대중 내란 음모사건'으로 조작하여 뒤집어씌우고 사형선고까지 내렸다. 하지만 미국을 비롯한 해외 우방들의 눈치를 보지 않을 수 없었다. 1982년 2월에는 20년형으로 감형했다가 그의 건강이 좋지 않았기에 같은 해 12월 16일 서울대병원 특실로 이송했다. 그 사이 외국행을 집요하게 권유했다. 어차피 국내 활동이 불가능했던 김대중은 고민 끝에 수락했고, 일주일 후 구급차를 타고 공항으로 떠나야 했다.

'당연하게도' 구급차는 공항청사를 거치지 않고 바로 활주로로 향했다. 그를 태운 노스웨스트 항공기는 워싱턴으로 날아갔다. 그런데 활발한 강연과 기고 등을 통해 미국의 정계와 학계 인사, 대중과 교포들을 만나며 한국의 민주화를 호소하던 김대중에게 충격적인 사건이 벌어진다. 1983년 8월 21일, 아키노 필리핀 상원의원의 암살 사건이었다. 전 세계에 큰 충격을 준 이 사건은 김대중의 귀국 때에도 같은 일이 벌어질지 모른다는 우려를 낳게 하기에 충분했다.

1983년 김영삼 전 신민당 총재의 단식 투쟁이 시작되고, 학생들을 비롯한 민주화 세력이 다시 일어났다. 해외 우방들의 눈치를 보지 않을 수 없었던 전두환 정권 역시 정치 규제를 푸는 등 일정 부분의 양보를 하지 않을 수 없었다. 1985년 2월 12일에 총선을 치르는 것이 결정되자 김대중은 조금이라도 선거에 도움을 주기 위해 귀국을 결심한다. 그러자 미국 하원의원 두 명과 미 국무부 전직 차관보를 포함한 37명이 '인간방패'를 자처하며 동행하기에 이른다. 그가 '제2의 아키노'가 되는 것을 막기 위해서였다.

2월 8일 오전 11시 40분, 김대중 일행을 태운 노스웨스트 NWA 191편이 김포공항에 도착했다. 수만 명이 넘는 인파가 "김대중 선생 환영!" "행동하는 양심, 드디어 우리의 품으로" 등의 플래카드를 들고 공항과 주변 도로를 가득 메웠다. 이민우 신민당 총재와 아들 김홍일 씨가 공항 청사에 나와 있었다. 하지만 김영삼 전 총재는 상도동 자택에 연금되어 집 밖에 나오지도 못했다. 공항과 주변 도로에 엄청난 경찰병력이 배치되었음은 말할 필요도 없다.

김대중 일행이 비행기에서 내려 청사에 들어서자 바로 사복경찰 50여 명이 김대중과 이희호 여사를 분리시키려 달려들었다. 그들은 최우방국인 미국의 현직 의원과 전직 고관도 거칠게 다루었다. 주먹질과 발길질조차 서슴지 않았다. 그리고 나서 김대중 부부를 엘리베이터 안으로 밀어 넣고 하얀 마이크로버스에 강제로 태워 공항 뒷길로 빠져나갔다. 수만 명이 그를 보기 위해 나왔지만 한 명도 목적을 이루지 못했다. 김대중은 준비했던 귀국성명서를 주머니에서 꺼내지도 못했다. 그 대신 같이한 일행들은 공항에 나오자마자 인파에 둘러싸여 엄청난 환영을 받았다.

커튼이 쳐진 버스를 타고 동교동에 도착한 김대중은 다시 가택연금을 당하는 신세가 되고 만다. 이후 1987년 7월까지 동교동 일대는 전쟁터나 마찬가지였다. 김대중은 일산으로 이사를 가서야 대통령에 당선되었지만, 결국 정든 집으로 돌아왔다. 지금은 바로 옆에 김대중도서관이 들어섰고, 그가 2009년 8월 세상을 떠난 후에는 이희호 여사가 동교동 집을 지키고 있다.

홍대 앞의 시작

1980년대 이후 홍익대는 미술대학 특성화 정책을 더욱 발전시켰다. 입학 정원이 늘어나고 미대 진학생이 늘어나면서 홍대 정문에서 산울림소극장까지 화방, 공방, 미술학원, 갤러리, 미술전문서점 등 미대 입시와 예술 관련 상권이 형성되었다. 이로 인해 약 1킬로미터 남짓한 와우산로는 '미술학원거리'로 변모했다.

여기에 1984년 지하철 2호선의 개통은 지금의 홍대 앞을 형성하는 결정적인 계기가 되었다. 2호선은 대학 이름을 딴 역이 여러 개 있을 정도로 대학가 상권 발달과 밀접한 관련이 있다. 다음 해인 1985년에는 소극장 운동을 주도한 산울림소극장이 신촌 가는 길목에 문을 열었다.

이 시기, 정확히 말하면 1988년에는 천장에 매달린 그네로 더 잘 알려진, 홍대 도예과 졸업생이 만든 카페인 '흙과 두 남자'와 안상수체로 유명한 홍익대 안상수 교수의 '카페 일렉트로닉스'도 문을 열었다. 카페 일렉트로닉스에서는 최초의 디지털 영화인 〈핑크 플로이드의 벽The Wall〉을 비롯해, 개방 전 중국과 동유럽의 애니메이션이나 일본의 실험적인 영상들을 상영했고, PC통신을 이용한 예술적 퍼포먼스도 이뤄졌다.

이후 홍대입구역과 홍익대 정문에서부터 이어지는 서교로를 중심으로 지역 상권이 발달했다. 독특한 카페들이 길거리를 따라 생겨났고, 홍대 앞은 피카소 거리 등으로 불리면서 다양한 카페 문화를 경험할 수 있는 곳으로 변모했다. 커피를 마시며 문화와 예술을 논하던 작업실 공간이 자연스럽게

미술학원거리.

카페 문화 공간으로 진화한 것이다.

　지금의 화려함이 있기 전 이곳은 조용한 주택가였다. 홍대 앞에서 가장 유
동인구가 많은 걷고 싶은 거리에는 예전에 당인리 화력발전소에 쓰일 무연
탄을 수송하던 당인리선 철로가 있었다. 그 길을 따라 기차처럼 길게 늘어선
독특한 건물인 '서교365'가 한때 철거될 운명에 처하기도 했다는 사실을 아
는 이는 드물 것이다.

　이때만 해도 홍대입구역에서 올라오는 옛 철로변을 중심으로 자연발생적
으로 형성된 '먹자골목'은 막걸리를 파는 주점들이 늘어선 곳이어서 토속적
이고 서민적인 성격이 강했다. 건축가 조한은 저서《서울, 공간의 기억 기억
의 공간》에서 그때의 기억을 이렇게 표현한다.

선배 작업을 도와준다는 핑계로 종종 작업실에서 밤을 새우곤 했다. 새벽
에 당인리발전소에서부터 이어지는 기찻길을 따라 걸어 나와 판잣집 먹자
골목에서 떡볶이와 순대를 먹기도 하고, 기찻길을 따라서 있는 건물의 '시
장골목 곱창집'을 찾기도 했다. 배가 출출한 새벽에 먹는 쫀득쫀득한 곱
창과 소주 한 잔은 정말 천상의 맛이었다. 기찻길 입구에 있던, 인심 후한
'경상도 왕순대집'도 생각난다. 초등학교, 중학교, 고등학교 시절까지 집
과 학교만 왔다 갔다 하던 나에게 이러한 작업실 생활은 자유로움 그 자체
였다.•

출판 문화의 중심지가 되다

출판업은 사회적으로 가치 있는 지적 생산물과 콘텐츠를 만들어내는 문
화산업이자 지식산업이며 대표적인 도심산업이기도 하다. 홍대 앞을 중심
으로 한 서서울 일대에는 수천 개가 넘는 출판·인쇄 그리고 관련업체가 자
리 잡고 있다. 전국 최대 규모의 출판단지라고 할 수 있다.

그러나 홍대 앞 출판 지구의 규모를 한눈에 파악하기는 어렵다. 출판 관련
업체들이 창천동, 서교동과 동교동은 물론 마포와 합정동 일대까지 흩어져
있고, 외관상으로는 일반주택으로 보이는 곳도 많기 때문이다.

1970~80년대에는 출판사들의 밀집지가 종로와 광화문 일대였다. 전통
적인 문화 중심지인 데다가, 무엇보다 최대의 서점이었던 교보문고와 종로
서적이 있었기 때문이었다. 그러다 점차 디자인 관련 회사와 필름출력소 등
출판 관련 인프라가 탄탄하고 대학이 여럿 입지한 서서울 일대로 출판사들

• 조한,《서울, 공간의 기억 기억의 공간》, 돌베개, 2013, 16쪽.

이 몰려들기 시작했는데, 중심은 홍대 앞이었다. 당시에는 임대료가 상대적으로 저렴했던 것도 중요한 이유였다. 대형서점이 있는 종로와 인쇄산업단지가 조성된 일산 장항동 사이의 중간 지점이라는 지리적 이점도 영향을 미쳤다.

현재 이 일대에는 문학과지성사, 해냄, 실천문학, 바다출판사, 푸른나무, 길벗, 작가정신, 지학사, 창해, 교학사 등 쟁쟁한 출판사들이 포진하고 있다. 2005년 파주출판단지가 조성되면서 사계절, 돌베개, 열린책들 등 중대형 출판사들이 이전했다. 하지만 파주출판단지는 '서서울 출판단지'의 연장이라고 볼 수 있고, 이후 마포로 되돌아온 출판사도 적지 않다. 출판사를 비롯하여 인쇄, 디자인, 제본, 유통 등 다양한 출판 관련 업체 수천 곳이 서서울에 자리 잡고 있다.

출판 활동의 근본적인 조건은 다름 아닌 자유다. 현대사에서 자행된 검열과 억압에 맞서 많은 출판사와 출판인이 앎의 자유, 지식의 자유를 위해 분투했다. 그중 많은 작가와 출판사가 서서울에서 활동했다. 조금 과장하면 600년 전의 진관사 독서당, 한강 누정에서의 풍류, 연희전문의 한글 연구, 윤동주와 정지용을 비롯한 수많은 문인, 기자촌과 문화촌 등 서서울의 오랜 문화적 전통이 '홍대 앞'으로 상징되는 자유와 연결된 것이 아닌가 싶다. 서서울의 자유로운 분위기는 출판과 가까울 수 있는 하나의 중요한 요인이 되었을 것이다. 이는 출판에 그치지 않고 다른 문화 전반에도 큰 영향을 미쳤다.

김수근의 마지막 작품: 불광동 성당

한국 현대 건축의 쌍벽인 김수근은 김중업과 마찬가지로 홍익대 교수로 일하기는 했지만 그와는 달리 서서울에 불광동 성당 외에는 다른 작품을 남

불광동 성당. 이토록 경건한 건물을 설계한 건축가 김수근은 가장 공포스러운 공간을 설계하기도 했다. ©roh931

기지 않았다.

불광동 성당은 마산 양덕성당, 서울 경동교회와 함께 그가 남긴 3대 종교
건축물이다. 붉은 벽돌로 만든 이 성당은 정면에서는 기도하는 손을, 하늘에
서 내려다보면 노아의 방주를 연상시킨다. 경동교회와 비슷하면서도 다른
모습이다. 제3지구를 대표하는 지구좌 성당이자 한국건축가협회상을 수상
한 귀중한 작품이다. 염수정 추기경이 젊은 시절 이 성당의 보좌신부를 거친
바 있었다.

이 성당은 50대 중반에 세상을 떠난 김수근의 마지막 작품으로도 유명하
다. 이른 나이에 세상을 떠난 것은 불행한 일이고 건축계의 큰 손실임에는
틀림없지만, 어찌 보면 본인에게는 다행일지도 모른다. 그가 세상을 떠난 지
정확하게 반 년 후, 그가 설계한 남영동 대공분실에서 박종철 고문치사사건
이 일어났기 때문이다. 남영동 대공분실은 최근 개봉한 영화 〈1987〉에서도
가장 중요한 무대로 등장하는데, 그곳에 가본 사람이라면 그 건물은 누가 보
아도 고문을 하기 위해 만들었다는 사실을 인정할 수밖에 없다. 사건이 일어
나기 전에 세상을 떠났으니 망정이지 아니면 큰 비난을 면하기 어려웠을 것
이다.

6월 항쟁의 중심: 연세대 학생회관

1980년대는 1970년대를 능가하는 집회와 시위의 시대였다. 1980년 '서
울의 봄'이 좌절된 이후, 이 방면에서 서서울의 중심은 연세대 학생회관이
되었다. 명지대와 경기대, 추계예대, 서울기독대가 1980년대 중반 서서울에
새롭게 자리를 잡았지만, 규모가 크고 역사가 긴 연세대가 중심이 될 수밖에
없었다.

연세대 학생회관은 앞서 이야기했듯이 건축가와 건축주가 구현하려던 '종교성'을 나타낸 건물이지만, 이 성격은 1974년 건물 후방에 신축된 루스채플*에 '격리, 연금'되고 만다. 대신 1980년대다운 '전투성'이 이곳을 지배하게 된다. 해마다 봄이면 '광주'를 상징하는 검은 만장이 건물 전면에 내걸렸고, 1층 로비와 4층 소극장에서는 회합과 농성, 단식이 일상이 되었다. 학생들에게 이 공간은 국가권력과 대학 관료들의 손길이 상대적으로 덜 미치는 일종의 안가 같은 공간이었다. 수배자 검거나 시위용품 압수를 위한 공권력의 침탈이 주기적으로 반복되긴 했지만, 웬만한 동아리방의 캐비닛 뒤편엔 쇠파이프 서너 개쯤은 늘 숨겨져 있었고, 박스에 담긴 푸른색 유리병들이 언제라도 투명한 인화물질을 담고 허공을 날 준비가 되어 있었다.

하지만 서서울을 벗어나 전국적으로 보면, 연세대가 당시 학생운동의 중심이라고 할 수는 없다.《건축 멜랑콜리아》의 저자 이세영의 표현을 빌리면, "이론과 전략의 생산력은 '관악'에 뒤졌고, 조직력과 전투력에선 라이벌인 '안암'에 못 미쳤기" 때문이다. 따라서 연세대 학생회관이라는 공간이 주는 의미 역시 서서울을 뛰어넘어 폭넓게 공유되지는 못했다. 이곳이 한국 학생운동과 민주화의 상징적 공간으로 떠오른 계기는 '1987년 6월'이었다.

1987년 6월 9일 오후 2시, 1,000여 명의 연세대생들이 총학생회가 주최한 '구출학우 환영 및 6·10대회 출정을 위한 연세인 결의대회'에 참가하기 위해 도서관 앞 민주광장에 모여 있었다. 광주 출신 이한열 열사는 그중 하나였다.

학생들은 집회를 마친 뒤 교문 앞으로 구호를 외치며 행진했고, 교문 밖에

• 미국 루스재단의 지원으로 건설된 이 예배당은 한국적 건축미를 적극적으로 도입한 인상적인 건축물이다.

서 대기 중이던 전투경찰과 부딪쳤다. 늘 그렇듯 학생들을 향해 수많은 최루 탄이 발사되었다. 그런데 최루탄은 사람이 아닌 공중을 향해 발사되어야 한 다. 허공에서 탄이 터지거나 포물선을 그리며 떨어져야 사람들이 피할 수 있 기 때문이다. 그러나 그날 한 전투경찰이 최루탄을 직접 쏘았다. 직선으로 날아간 탄이 이한열의 머리를 맞고 터지고 말았다. 시간으로는 오후 5시였 고, 쓰러진 장소는 연세대 오른쪽 교문(교정에서 교문을 향하는 방향)에서 학교 안 으로 50센티미터~1미터가량 떨어진 지점이다. 최근 이 피격지점에 기념 동판이 설치되었다.

이한열 열사는 1966년 8월 29일 전남 화순군에서 농협 직원이었던 아버 지 이병섭 씨와 어머니 배은심 씨 사이의 2남 3녀 중 장남으로 태어났다. 광 주 동성중학교와 진흥고등학교 재학 시절 그는 성적이 뛰어날 뿐 아니라 지 도력과 친화력도 인정받아 고교 3학년 때 총학생회장을 맡기도 했다. 예술 과 문학을 사랑해 많은 시와 일기를 썼던 그는 전문경영인의 꿈을 지닌 평 범한 젊은이였다. 그런데 재수를 거쳐 1986년 연세대 경영학과에 입학한 뒤, 사진과 비디오를 통해 1980년 광주항쟁을 알게 되면서 생각이 바뀌었 다. 광주항쟁 당시 중학교 2학년이었던 그는 부모님이 막아 집 마당에조차 나가보지 못했다. 몸은 광주에 있었지만, 대학에 들어올 때까지 광주항쟁에 대해 제대로 보거나 들은 적이 없었던 것이다.

광주의 진상을 알게 된 후 큰 충격을 받은 그는 사회에 대해 고민하기 시 작했다. '민족주의연구회'라는 동아리(나중에 '우리경제연구회'와 합쳐져 '만화사랑'이 됨)에 가입해 본격적으로 사회과학 공부를 하면서 학생운동에 발을 내딛게 되었다. 만화사랑은 학생회관 3층의 모서리에 있었다. 2학년이 되어서는 동 아리 활동뿐 아니라 경영학회 일에도 적극적으로 참여했다. 주위에서는 그 가 "평소에는 말수가 적어 과묵한 편이었지만, 한번 입을 열면 자신의 주장을 논리적으로 뚜렷하게 전개해 토론을 이끌곤 했다"고 회고한다.

6월 10일은 민정당의 전당대회 즉 노태우의 대통령 후보 지명을 규탄하고 저지하기 위한 '고문살인 은폐규탄 및 호헌철폐 국민회의'가 열리는 날로, 교내에서 열린 집회는 그 전초전 격이었다. 그날 오후에 열릴 집회를 앞두고 이한열은 만화사랑 동아리방에 운명처럼 다음과 같은 메모를 남겼다.

피로 얼룩진 땅. 차라리 내가 제물이 되어 최루탄 가스로 얼룩진 저 하늘 위로 날아오르고 싶다.

운명처럼, 그 글을 쓴 후 몇 시간 만에 그는 머리에 최루탄을 맞고 쓰러졌다. 몸에 최루탄 가루를 뒤집어쓴 채 몸을 발작하듯 떨었고, 뒷머리에서 피가 흘러내렸다. 동료 학생들은 즉시 그를 교문 옆 세브란스 병원으로 옮겼다. 자신을 업은 동료들이 땀을 비 오듯 쏟아내자 잠시 쉬었다 가자고 여유를 부릴 정도로 의식이 또렷했지만, 30분쯤 뒤에는 호흡장애를 일으키고 온몸의 신경이 마비돼 신경외과 중환자실로 옮겨졌다. 마지막으로 그가 남긴 말은 "내일 시청에 나가야 하는데…"였다. 그 후로 완전히 의식을 잃고 말았다.

학교에서는 '이한열 군 대책위원회'를 꾸렸다. 내과, 외과, 신경외과 등 전문의 12명으로 종합의료진을 구성했고, 학생들은 수십 명씩 경비조를 짜서 경찰의 병실 접근을 감시하며 병상을 지켰다. 그해 1월에 고문으로 숨진 박종철 열사의 경우, 경찰이 고문 사실을 숨기기 위해 화장을 한 뒤 뼛가루만 그 아버지에게 전했던 것처럼, 이한열이 숨을 거두면 시신을 빼앗길지도 모른다고 생각했기 때문이다. 경비조에는 놀랍게도 일반 학생들과는 거리가 있었던 축구부원들도 참가했고, 100킬로그램도 넘는 거구의 아이스하키 부원 백성기가 이한열 부모님의 경호를 맡기도 했다. 세브란스 병원 중환자실에서 삶과 죽음의 경계를 넘나들던 6월 한 달, 그가 짧은 20대의 대부분을 보낸 학생회관과 세브란스 병원은 내외신의 핵심 취재 포스트였다.

1987년을 여는 1월에 산화한 박종철 열사가 6월 항쟁의 문을 열었다면 이한열의 피격은 거대한 도화선이 되었다. 다음 날 그가 가고자 했던 시청에 수십만의 학생과 시민들이 몰려들었고, 서울을 비롯한 전국 14개 도시에서 '최루탄 추방대회'가 열렸다. 전국 각지에서 이한열의 회생을 기원하는 기도회와 집회가 개최되었고, 사건의 진상규명과 책임자의 공개사과와 처벌을 요구하는 목소리가 이어졌다. 이 같은 열기가 모여 헌법쟁취국민운동본부, 민주당, 민주화추진협의회(민추협), 종교계 등이 주도한 '6·26국민평화대행진'으로 이어졌다. 130만 명의 많은 시민들의 참여 속에 민주화를 요구하는 함성이 전국을 뒤덮었다. 결국 정권은 호헌을 철회하고 대통령 직선제를 수용하는 이른바 '6·29 선언'을 발표하기에 이르렀다.

이한열은 이 열기를 직접 몸으로 느껴보지는 못했지만, 뇌사 상태에서나마 이 나라의 민주화에 힘을 보태려는 듯 6월 항쟁을 끝까지 지켜보고 피격 27일째인 7월 5일까지 버티다가 그날 오전 2시 5분 세상을 뜨고 말았다. 자신의 메모처럼 '최루탄 가스로 얼룩진 하늘 위로 날아오른' 것이다. 22세였다.

장례가 열리기까지 나흘 동안 연세대 학생회관 1층 로비에 차려진 빈소에는 학생과 시민들의 끝 모를 조문 행렬이 이어졌다. 7월 9일 교정에서 열린 '애국학생 고 이한열 열사 민주국민장'에는 시민, 정치인과 재야단체 회원 등 7만여 명이 모였고, 만장輓章이 숲을 이루었다. 김대중을 비롯한 많은 저명인사의 추도사가 있었는데, 가장 압권은 바로 전날 진주교도소에서 출감한 문익환 목사였다. 그가 정문에 들어서자 군중들은 '모세의 기적'처럼 갈라져 길을 내주었다. 하늘을 향해 두 팔을 벌리고 "전태일 열사여!"부터 시작하여 박종철과 이한열로 끝난 그의 처절한 연호는 한국 대중연설 최고의 순간 중 하나로 꼽힌다. 김형수 시인의 표현에 따르면 당시 군중들은 숨을 쉴 수 없을 정도였다고 한다. 영화〈1987〉에서 이 연설 장면이 맨 뒤에 등장한다.

운구 행렬은 연세대에서 시청 앞까지 이어졌다. 백만 명 넘는 추도 행렬이 그가 가는 길을 배웅했다. 자동차만 다닐 수 있었던 아현고가도로는 처음으로 '인도교'가 되었다. 6월 10일, 시청 앞으로 가고자 했던 이한열은 그렇게 그곳으로 갈 수 있었다. 그는 광주 망월동의 5·18 묘역에 묻혔다.

한열동산을 거닐다

이한열 열사가 쓰러지고 1년 뒤인 1988년 9월 14일, 연세대 총학생회는 뜻있는 이들의 성금을 모아 학생회관 남쪽의 작은 동산에 그를 추모하는 기념비를 세웠다. '한열동산'이라고도 불리는 이곳에서 그가 활동했던 상경관, 중앙도서관, 학생회관과 그가 쓰러진 정문이 한눈에 들어온다. 추모비에는 "여기 통일 염원 43년 6월 9일 본교 정문에서 민주화를 부르짖다 최루탄에 쓰러진 이한열 님을 추모하고자 비를 세운다"는 취지문과 조각가 김봉조의 '솟구치는 유월'이라는 작품이 조각되어 있다. 이한열 열사가 남긴 시도 함께 새겼다.

그대 가는가
어딜 가는가
그대 등 뒤에 내려 깔린
쇠사슬을

마저 손에 들고

어딜 가는가

이끌려 먼저 간

그대 뒤를 따라

사천만 형제가 함께

가야 하는가

아니다

억압의 사슬은 두 손으로 뿌리치고

짐승의 철퇴는 두 발로 차버리자

그대 끌려간 그 자리 위에

민중의 웃음을 드리우자

2015년에도 어김없이 6월 9일을 맞이하여 연세대에서는 이한열 열사 추모제가 열렸다. 매년 열리는 추모제이지만 이날은 좀 더 특별했다. 보존 작업을 거친 기존의 추모비를 연세대 박물관으로 옮기고 그 자리에 기념비를 세웠기 때문이다. 그런데 추모비를 왜 기념비로 바꾸었을까?

첫 번째 이유는 27년 동안 비바람을 맞으며 자리를 지켰던 추모비의 내구성이 한계에 다다랐기 때문이다. 1988년에는 여러 사정으로 인해 인조대리석으로 만들었는데, 이 소재는 태생적으로 실외 공간에서 오랜 세월을 버티기에 적합하지 않다. 두 번째 이유로는 이한열 개인에 대한 추모를 넘어 1987년 6월 민주화항쟁 과정의 헌신과 희생들을 기억하자는 의미로 확대하기 위해, 이한열 기념사업회에서 기념비로 명칭을 바꾸었다고 한다. 이는 이한열 열사의 상징적 가치를 관성적으로 생산하는 데 그치는 것이 아니라 더욱 대중적인 가치로 승화하겠다는 의미일 것이다.

연세대 한열광장. 그의 이름은 대한민국의 역사가 계속되는 한 1987년과 함께 남을 것이다.

새로운 이한열 기념비는 충남 보령에서 가져온 육중한 오석을 높이 약 1.4 미터, 길이 약 4.5미터로 다듬어 만들었다. 세로로 만든 추모비와 다르게 가로로 넓고 길게 뻗어 있다. 시대의 변화를 상징하듯 현대 미술의 영향이 강하게 반영되었다. 기념비 앞 표석에 내장된 전자시계 역시 2015년임을 조용히 증명하고 있었다. 기념비 전면에는 '198769757922'라는 숫자와 그 의미를 설명하는 문구가 새겨져 있다. 이 숫자는 각각 열사가 최루탄에 맞아 쓰러진 1987년 6월 9일과 사망일인 7월 5일, 국민장이 치러진 7월 9일, 당시 그의 나이 22살을 나타낸다.

열사의 추모비와 기념비가 한열동산에 함께 있는 것이 더 좋지 않을까 싶기도 하지만, 물리적인 어려움을 알고 있는 이상 아쉬움으로 남길 수밖에 없다. 그전의 추모비와 비교하면 기념비는 한열동산에서 존재감이 더 강해졌으면서도 위압감은 없으니 다행이라는 생각이 든다.

시인 기형도의 우울한 도시

1980년대 신촌-연세대를 대표하는 시인은 누가 뭐래도 기형도다. 그는 1960년 경기도 옹진군에서 태어났지만, 1964년 일가족이 경기도 시흥군 소하리(현 광명시 소하동)로 이사했다. 당시 소하리는 급속한 산업화에 밀려난 철거민과 수재민의 정착지이자, 근교 농업이 번성한 농촌이었다. 1969년 아버지가 중풍으로 쓰러지면서 가계가 기울자 어머니가 생계를 맡게 되었다. 1975년 바로 위의 누이가 불의의 사고로 죽었는데, 그는 이 무렵부터 시를 쓰기 시작했다고 한다.

1979년 기형도는 연세대 정법대 정법계열에 입학했다. 교내 문학서클인 '연세문학회'에 들어가면서 본격적인 문학 수업을 시작했고, 그해 교내 신문인 〈연세춘추〉가 제정·시상하는 박영준문학상에 소설 〈영하의 바람〉으로 가작 입선되었다. '80년의 봄'을 맞아 그는 철야농성과 교내 시위에 가담했다. 교내지 기고문이 문제가 되어 조사를 받기도 했다. 1982년 전역 후, 이듬해 3학년으로 복학한 그는 〈연세춘추〉에서 제정·시상하는 윤동주문학상에 시 〈식목제〉로 당선되었다.

기형도는 연세로에 있는 독수리 다방의 단골손님이기도 했는데 동급생인 소설가 성석제도 이 다방에 자주 들렀다. 이 다방은 지금도 건재하지만, 그때의 건물은 사라진 지 오래고 그 자리에 들어선 현대식 건물 맨 위층을 차지하고 있다. 이 다방에서 보이는 캠퍼스가 볼 만하다. 이 시절 남긴 시가 〈대학 시절〉이다.•

> 나무의자 밑에는 버려진 책들이 가득하였다
>
> 은백양의 숲은 깊고 아름다웠지만
>
> 그곳에서는 나뭇잎조차 무기로 사용되었다
>
> 그 아름다운 숲에 이르면 청년들은 각오한 듯
>
> 눈을 감고 지나갔다, 돌층계 위에서
>
> 나는 플라톤을 읽었다, 그때마다 총성이 울렸다
>
> 목련철이 오면 친구들은 감옥과 군대로 흩어졌고
>
> 시를 쓰던 후배는 자신이 기관원이라고 털어놓았다
>
> 존경하는 교수가 있었으나 그분은 원체 말이 없었다
>
> 몇 번의 겨울이 지나자 나는 외톨이가 되었다
>
> 그리고 졸업이었다, 대학을 떠나기가 두려웠다

• 기형도,《입 속의 검은 잎》, 문학과지성사, 2000, 22쪽.

1970년대의 독수리다방.

1984년, 중앙일보사에 입사한 기형도는 1985년 시 〈안개〉로 〈동아일보〉 신춘문예에 당선됐다. 그해 2월 연세대 정치외교학과를 졸업한 그는 수습을 거쳐 정치부로 배속되었다. 1986년에는 문화부로 자리를 옮겨 왕성하게 작품을 발표했고, 관련 인사들과도 활발하게 교유했다. 하지만 1989년 3월 7일, 그는 서울 종로의 심야극장에서 숨진 채 발견되고 말았다. 사인은 뇌졸중이었다.

기형도의 시는 우울과 비관으로 가득하다. 거기에는 어두웠던 개인적인 체험 말고도 1980년대에 자행된 정치 사회적인 억압이 간접적인 원인이 되었다. 어떻든 그는 1979년에 입학하여 1989년에 세상을 떠난 완벽한 1980년대의 시인이었다.

지하철의 시대

1980년대는 6월 항쟁으로 대표되는 민주화운동의 시대이면서, 3저 호황에 따른 고도성장의 시대이기도 했다. 88서울올림픽 개최를 앞두고 서울은 지하철 시대로 진입한다. 서울 지하철 중 유일한 순환선이자 가장 붐비는 2호선은 서서울 개발 역사에서 빼놓을 수 없는 존재다.

1974년 초, 지하철 1호선 완공을 눈앞에 두었을 때만 해도 2호선의 예정 노선은 왕십리 – 을지로 – 마포 – 여의도 – 영등포였다. 그런데 구자춘 서울시장은 '3핵 도시론'에 매료되어 있었다. 이는 기존의 서울 도심을 첫 번째 핵으로, 여의도와 영등포 산업지대를 두 번째 핵으로 삼고, 세 번째 핵으로는 강남을 건설한다는 도시계획안이었다.

구 시장의 입장에서 여의도 개발은 김현옥, 양택식 두 전임 시장의 업적이었기에, 그는 이 지역에 대한 중복 투자를 피하고 싶었다. 더욱이 마포에 뚫어야 할 하저터널도 당시로서는 기술이나 자금 면에서 큰 부담이었다. 따라서 그는 기존의 지하철 2호선에 대한 구상을 바꿔 세 핵을 연결하는 순환선 쪽으로 사업 방향을 틀었다.

대다수 학자들과 서울시 간부들은 서울의 교통망이 역사적으로 방사형으로 형성되어왔으므로 지하철도 그렇게 만들어야 한다고 생각했지만, 3핵 도시론에 빠져 있던 구 시장에게 감히 도전하지는 못했다. 단 한 사람, 서울대 주종원 교수가 반대 의사를 표명했지만, 그는 곧 서울시 도시계획위원에서 해촉되고 말았다.

지하철 2호선의 길이는 54.2킬로미터에 달했다. 당시 서울시는 노선 길이가 10킬로미터도 안 되는 1호선의 부채도 갚지 못한 상황이었다. 1호선 건설에 절대적인 역할을 한 일본 측으로부터도 방사형 노선을 먼저 건설해야 한다는 메시지를 간접적으로 전달받았지만 무시되었다. 서울시는 지하철

공채를 발행하여 건설자금을 겨우겨우 충당해나갔다. 지금은 2호선이 타 노선의 적자를 메우는 데 큰 공헌을 하는 '황금노선'이니 결과적으로는 전화위복이 된 셈이다. 다만 지옥철이란 오명은 피할 수 없는 운명인 듯하다.

노선이 워낙 길어서 2호선은 단계적으로 개통될 수밖에 없었다. 서서울을 통과하는 을지로입구–신촌–신도림–서울대입구 구간은 1984년 5월 22일, 마지막으로 개통되었다. 큰 고개인 대현동을 통과하는 이대역은 자연히 심도가 깊어져서, 당시로서 국내 최장을 자랑하는 무려 40.1미터의 에스컬레이터°가 설치되었다. 지하철 2호선은 신촌 문화를 형성하는 데 큰 공헌을 했다.

이어 서울을 사선으로 횡단하는 3호선이 다음 해인 1985년 7월 12일 구파발–독립문(8킬로미터, 7개 역) 구간을 시작으로, 10월 18일에는 독립문~양재(18.2킬로미터, 16개 역) 구간이 뒤이어 개통되면서 은평구도 지하철 시대에 접어든다.

° 지금은 6위로 밀려나고 말았다.

12장

새로운 세대가
몰려온다

새 시대의 시작

1988년 서울올림픽에서 시작되어 1997년 연말에 일어난 IMF경제위기와 김대중의 대통령 당선으로 끝나는 1990년대는 또 다른 의미에서 격동기였다. 비록 5공의 핵심이었던 노태우에 이어 그들과 손을 잡은 김영삼이 집권하기는 했지만, 30년간 계속된 군인들의 시대가 마침내 끝났고, 무소불위의 위세를 자랑하던 하나회도 해체되었다. 노태우 비자금 사건이 터지면서 연희동 주민이기도 한 전두환과 노태우는 부족하긴 하지만 법의 심판을 받았다. 그 와중에 1995년 12월 연희동에서 전두환의 '골목성명'이라는 촌극이 벌어지기도 했다.

한편 1990년대 초까지만 해도 군부 다음으로 한국 정치에 가장 강한 영향력을 미치는 집단은 정반대 위치에 있던 대학생이었다. 이들의 힘도 군부의 몰락처럼 급격하게 쇠퇴했다. 그 계기는 1991년 4월 26일, 명지대생 강경대의 피살과 이어진 분신정국이었다.

이렇게 1980년대가 퇴조하는 가운데 해외여행 자유화와 공산권과의 수교, 수도권 5대 신도시 건설이라는 대사건은 한국사회를 결정적으로 변화시킨다. 사회 분위기의 변화는 '신세대 문화'를 낳았으며, 서서울이 그 중심 중 하나가 된다.

서대문형무소는 이러한 1980년대의 종언을 상징하는 존재다. 우리 현대사의 최대 증인답게 이곳은 1987년 6월 항쟁 기간에 수많은 청년 학생들을 가두었고, 항쟁에 승리하자 마지막 일을 다 했다는 듯 의왕교도소에 그 역할을 넘긴다. 감옥으로서는 수명을 다한 서대문형무소는 1998년 기념관으로 재탄생한다. 이 때문에 전두환과 노태우도 새 시대에 걸맞게 의왕교도소 신세를 지게 된다.

서대문형무소역사관의 개관

군사정권의 기묘한 연장이었던 6공화국 정부는 역할을 다한 서대문형무소를 민간에 불하해 아파트 단지로 만들려고 했다. 자신들의 죄상을 증거인멸하고 싶었던 것이리라.

하지만 독립운동가들의 격렬한 반대 덕분에 서대문형무소의 보존이 결정되었다. 다만 아쉽게도 '보존 가치'라는 기준 아닌 기준이 적용되면서 반 이상의 건물이 사라져버렸다. 망루는 두 개만 남았고, 담장도 대부분 사라져버렸다. 그 대신 군사정권의 후예들이 공원화를 열심히 추진해서, 꼭 필요한지 의심스러운 공원과 기념시설이 들어섰다. 그래도 근대적 형무소 건축의 전형, 즉 가장 감시하기 편하도록 만들어진 '파놉티콘Panopticon'(원형감옥) 형식을 갖춘 옥사는 남았다. 이 옥사는 세계에서 보기 드물게 원형을 보존한 사례라고 한다.

노태우 정권을 지나 김영삼 정권 때 역사관 사업이 시작되었다. 1998년 마침내 서대문형무소역사관이 문을 열었지만, 군사정권 후예들의 의도대로

서대문형무소의 전경. 왼쪽 하단의 부채꼴 모양의 '격벽장'은 수감자들의 운동 시설로, 중앙 단상에서 각 벽돌 공간을 한눈에 감시할 수 있는 구조다. ⓒ서대문형무소역사관

민주화운동의 흔적은 거의 남지 않았다. 다행히 2010년, 역사에 관심이 많은 문석진 서대문구 구청장이 취임하면서 조금씩 복원되고 있다. 많은 민주화운동가의 풋프린팅이 복도에 전시되었고, 민주인사들의 고초를 담은 안내판과 책자도 마련되었다.

한승헌 변호사의 에피소드를 소개하면서 이 꼭지를 맺고자 한다. 기념관으로 다시 열린 이곳을 방문할 때 입장료를 내면서 그는 이런 농담을 했다고 한다.

"전에는 공짜로 들어왔는데 이젠 돈을 내라니, 야박해졌구먼…."

강경대와 1991년 5월

1987년 이한열 열사의 죽음으로 시작된 '죽음의 사건화'는 1991년 봄, 다시 한 번 비극의 절정에 도달한다. 이번에도 비극의 주무대는 연세대 학생회관이었다. 4월 26일, 시위 도중 백골단이라 불리는 사복경찰들에게 집단 구타를 당해 숨진 명지대 경제학과 1학년생 강경대의 주검이 세브란스 병원 영안실로 들어왔다. 그렇게 시작한 그해 5월은, 한국 학생운동사의 정점이자 1980년대를 관통한 전투적 급진주의의 클라이맥스였다.

곧 연세대 학생회관 3층에 전국대학생대표자협의회(전대협), 전국노동조합협의회(전노협), 전국민족민주운동연합(전민련) 등 전국단위 운동조직의 연합체인 범국민대책회의가 꾸려졌다. 문익환과 백기완 등 재야인사들도 연세대 학생회관에서 농성에 돌입했다.

이들이 조직한 시위는 전국적으로 20~50만 명의 참가자를 동원했고, 4월 29일 전남대생 박승희를 시작으로 분신자가 속출하는 이른바 '분신정국'이 시작되었다. 분신뿐 아니라 성균관대생 김귀정 등 집회 중의 사망자가 나오기도 했다. 그중 5월 8일 분신한 전민련 사회부장 김기설은 이른바 '유서 대필 사건'으로 유명하다. 단국대 화학과 재학생 강기훈이 김기설의 유서를 대필하고 자살을 방조했다는 혐의로 기소되어 처벌당한 사건이다. 최근 재심에 붙여져 그 억울함이 다소 풀렸지만, 이 사건으로 심신을 소모한 강기훈은 현재 중병과 싸우고 있다. '법마'로 악명이 높았던 김기춘 당시 법무장관이 이 사건을 기획했는데, 그는 2016년과 2017년을 뒤흔든 '박근혜·최순실 국정농단' 사건으로 구속되었다.

강경대 열사의 영결식은 1991년 5월 14일, 명지대 서울캠퍼스에서 열렸다. 이한열 열사 때처럼 시청 앞에서 노제를 지내려 했지만 경찰에 의해 저지되어 연세대로 돌아와야 했다. 18일에 다시 노제를 시도했지만, 경찰의 방어를 뚫지 못해서 결국 신촌과 공덕로터리 노제로 대체되었다. 유해는 광주 망월동에 안장되었다.

그러나 전국적으로 일어난 시위의 동력은 점차 약해졌다. 6월 20일 치러진 광역의회 선거에서 민주자유당이 승리하면서 사실상 패배로 끝나고 말았다. 이후 학생 운동권 세력이 약화되었고 재야세력도 점차 제도권 내로 들어오면서 군부와 대학생이 정면으로 충돌하던 지난 30년간의 익숙한 풍경은 점차 역사 속으로 사라지게 되었다.

2년 후 문익환 목사의 추모글을 새긴 강경대 추모비가 세워졌다. 이 추모비는 다른 대학과는 달리 명지대 교내가 아니라 교정 앞 보도와 인접한 벽에 붙어 있어 눈길을 모은다.

홍대 앞의 성장[*]

일산 신도시가 개발되어 입주가 시작된 1992년 무렵부터 신촌이 서울의 관문 역할을 하게 되면서, 그레이스백화점이 있던 신촌로터리 일대는 서울 서북부의 교통과 상업의 중심지가 되었다. 모텔과 유흥업소가 범람하면서 대학가였던 기존의 성격이 변질되기 시작했다. 그 결과 이대와 신촌 일대 카페들이 집중 단속을 받으면서, 한때 100여 개의 업소가 영업정지를 당해 신촌 일대의 야간 유동인구가 격감했다.

1990년대는 우리 사회 전반에 이른바 '오렌지족'으로 대표되던 신세대 문화가 유행하던 시기였다. 압구정동 로데오거리를 중심으로 강남 부유층의 자녀들, 특히 해외유학파의 개방적인 성문화와 자유로운 소비에서 비롯된 오렌지족 문화는 압구정동과 방배동을 중심으로 카페, 로바다야키, 재즈바, 와인바, 컬렉트 숍 등을 발전시켜나갔다. 하지만 부정적인 여론으로 인

• 《홍대 앞 이야기》, 마포구, 2014 참조.

해 오렌지족은 점차 쇠퇴했고 성수대교 붕괴(1994)와 삼풍백화점 참사(1995), IMF 경제위기(1997)를 거치면서 분화되었다. 그중 일부는 홍대 앞으로 진출했다. 이들이 홍대 앞으로 온 이유는 복합적이지만, 강남과 강북을 잇는 강변북로가 1996년 상수동과 연결된 것이 중요한 역할을 했다. 이후 홍대 앞은 신촌을 대체하는 대학가로 부상하기 시작한다.

홍대 앞으로 진출한 오렌지족들은 패션, 음악, 영화, 커피 등 유학 시절에 경험한 다양한 외국 문화를 전파하는 이른바 트렌드세터였다. 1990년대 중반 피카소 거리(홍대 정문-극동방송국-주차장거리)를 중심으로 생긴 재즈바나 록카페, 레스토랑 등은 새로운 문화에 익숙한 유학파 오렌지족이 만들어낸 트렌드였다. 특히 1994년 역세권 재개발에 의해 홍대 앞이 원룸타운 지역으로 변신하면서, 이들은 더 자주 홍대 앞을 찾게 됐다.

한편 오렌지족을 반대하는 세력도 형성되었다. 1993년 시작된 '거리미술제'는 오렌지족의 향락 문화에 반대하여 건전한 대학문화를 보여주자는 취지에서 만들어졌다. 홍대 앞 놀이터를 중심으로 자생적으로 시작된 거리음악제에 대항하기 위해 나온 것이었다.

1994년에는 크라잉넛, 노브레인 등을 배출하며 펑크 음악의 기지가 된 라이브클럽 '드럭'이 문을 연다. 뒤이어 재머스, 프리버드, 블루데블, 스팽글, 피드백, 마스터플랜 등 여러 라이브클럽이 등장하면서 록, 힙합, 펑크 등 다양한 음악이 홍대 앞을 무대로 꽃을 피웠다. 1995년 5월, 크라잉넛을 비롯해 드럭 중심 밴드들이 참여한 '스트리트펑크쇼'는 큰 기점이 되었다. 9월에는 드럭에서 라이브클럽 최초의 컴필레이션 앨범인 〈아워네이션〉을 발매하기도 했다.

1980년대 신촌의 레드제플린에서도 신촌블루스가 공연 활동을 활발히 벌였지만, 이런 상설 공연장으로까지 이어지지는 않았다. 홍대 앞 라이브클럽은 다양한 음악의 진원지로 생산자와 소비자가 직접 만나 음악을 공유하면서 신인 뮤지션의 등용문으로도 자리 잡았다. 1997년에는 자우림의 전신인 미운 오리가 재머스에서 탄생했다. 당시 이 밴드의 보컬인 김윤아는 홍대 앞 '여신'으로 군림했다.

그러나 이러한 외적 성장과는 달리 '나이트클럽이나 룸살롱 외의 공연은 불법'이라는 식품위생법에 따라 클럽들은 활동에 제약이 많았다. 이에 '개방적 클럽 연대'라는 모임이 자생적으로 탄생했다. 이들은 '땅 밑 달리기' 공연을 통해 이 문제를 알렸고, 1998년 '라이브클럽 합법화 운동'을 추진한 끝에 이듬해 합법화를 쟁취했다.

지금까지도 '홍대 앞 인디=비주류 음악'이라고 생각하는 경향은 이들 라이브클럽에서 그 이유를 찾아볼 수 있다. 신촌의 락월드가 헤비메탈 계열의 해방구였다면 라이브클럽의 선구자인 홍대 앞의 드럭은 한국 펑크음악의 산실이었다. 펑크와 헤비메탈, 심지어 1990년대 후반 전 세계적으로 인기를 끌었던 모던록까지도 댄스와 발라드가 주류를 이루던 당시 한국 음악시장에서 보자면 언더그라운드(비주류) 음악이었다.

홍대 앞에서는 인디와 언더그라운드의 혼용이 굳어졌다. 대부분 인디뮤지션들이 주류 음악보다는 장르 음악을 지향했기 때문에 지금까지도 많은 인디뮤지션들이 원하든 원치 않든 언더그라운드에 머물게 되었다.

1990년 중반, 홍대 앞의 또 다른 문화적 흐름은 홍대 미대 출신들이 중심이 되어 만든 록카페였다. 당시 록카페는 공연, 퍼포먼스, 전시를 아우르는 실험공간에 가까웠다. 1992년 등장한 발전소를 시작으로, 언더그라운드, 곰팡이, 황금투구 등이 대표적이었다.

난지도 쓰레기 매립장의 대변신

21세기를 눈앞에 둔 1990년대 초, 서서울의 가장 큰 치부는 1978년부터 1993년까지 15년간 쌓인 높이 95미터, 길이 2킬로미터, 총 1억 2천만 톤에 달하는 난지도의 쓰레기 산이었다. 서울시는 정도 600주년과 21세기를 맞이할 뿐 아니라 2001년 개항 예정인 인천국제공항과의 연결을 생각하지 않을 수 없었다. 신공항에서 도심으로 들어오는 입구에 있는 난지도 일대를 대북교류 거점 및 서북부 지역 부도심으로 개발하기로 결정했다.

서울시는 더 구체적인 계획을 만들기 위해 1995년 명지대와 제일엔지니어링에 의뢰하여 '상암지구 개발 기본계획'을 만들었다. 이 계획의 골자는 난지도 쓰레기 매립장 지역을 모두 들어내고 상암동과 함께 미래지향적인 신시가지로 개발하는 것이었다.

하지만 조순 시장이 이끄는 1기 민선시장 시대가 출범하면서 만들어진 '상암지구 개발 기본계획'을 비롯한 5개 거점개발사업은 제대로 평가받지 못했다. 당시 대규모 미개발지에 대한 개발사업 추진은 여의도공원 조성 등 '환경친화적인 도시의 지향'을 표방한 시정방향에 맞지 않았을 뿐만 아니라, 그동안의 대형 개발사업들이 선심성 행정관행에 불과하다고 판단하여 5개 거점개발사업은 재검토되었다.

서울시는 상암 지역의 일부를 이루고 있는 난지도 쓰레기 매립장에 대해서는 오염된 환경 개선이 우선임을 내세워 1996년 난지도 안정화사업을 착수했다. 1997년에는 상암 지역이 갖고 있는 전략적 요충지로서의 잠재력을 감안하여, 기존의 '유보지' 관리 정책에 큰 변화가 생기게 되었다. 그해 3월 난지도를 제외한 상암동 일대는 택지개발예정지구로 지정되었고, 서울도시개발공사에서 현대적인 주거 개념을 적용한 첨단 주택단지 건설을 추진했다.

1996년 영종도 신공항철도의 입지가 결정되고, 지하철 6호선과 경의선

예전에 난지도에는 쓰레기를 주워 생활하는 사람들이 많았다.

역사도 들어서기로 결정되면서 상암 지역에 대한 매력이 더 커졌다. 더욱이 1998년에는 월드컵 주경기장 유치까지 결정되면서 많은 주목을 받게 되었다. 이러한 상암 지역에 대한 평가는 1998년 7월 민선 2기 자치단체의 출범을 계기로 새롭게, 제대로 이뤄지게 되었다.

상암지구는 168만 평(난지도 91만 평, 주변지역 77만 평) 중 64퍼센트인 108만 평이 국·공유지여서 개발이 용이했다. 공영개발 방식으로 이루어져 토지 매입비 6,600억 원, 기반시설 1,700억 원이 들었고, 최초의 사업비는 8,300억 원이었다. 이렇게 서서울 지역 최초이자 최대 신도시가 21세기를 앞두고 개발되었다.

서울내부순환도로의 개통

서울내부순환도로는 마포구 성산대교 북단에서 시작하여 홍제천 위를 지나 정릉터널을 통과하여 성동구 성동교 남단까지 연결되며 다시 동부간선도로, 강변북로를 통해 성산대교로 돌아오는 총연장 40.1킬로미터의 고속화도로다. 강변북로와 동부간선도로를 제외한 내부순환로 자체 구간은 19.73킬로미터이다. 서서울에는 성산, 연희, 홍제, 홍은의 4개 인터체인지가 있고, 은평구를 지나지는 않지만 홍제 인터체인지를 통해 거의 바로 진입할 수 있다.

왕복 6차로인 서울내부순환도로는 1999년 1월 완공되어 서울 시내 순환도로의 역할을 하고 있다. 서서울에서 서울 동북부와 강변북로, 올림픽대로로 갈 경우 최단 거리를 연결하지만, 상습 정체구간으로 악명이 높다. 우연이겠지만 이 도로의 위치는 조선 초기 성저십리와 비슷하다고 한다. 사실상이 도로의 내부가 서울의 도심인 셈인데, 프랑스 파리의 외곽순환도로인 페

리페릭périphérique과도 비슷하다.

건설경비를 최소화하기 위해 홍제천, 정릉천 등 서울 시내 하천과 복개도로 위로 건설되어 선형이 좋지 않고 다소 위험하다는 것이 중평이다. 또 거의 모든 구간이 터널과 고가도로여서, 앞서 말했듯 유진상가의 일부가 사라져버리기도 했다. 이후 서부간선도로와 서해안고속도로가 성산대교를 종점으로 삼으면서 그 일대를 교통지옥으로 만들어버리고 말았다.

13장

서서울,
문화를 선도하다

상암 월드컵경기장

2002년 5월 31일부터 6월 30일까지 31일 동안 '새 천년, 새 만남, 새 출발' 이라는 슬로건 아래 21세기 최초의 월드컵 축구대회가 열렸다. 2002한일 월드컵은 아시아에서 개최된 최초의 월드컵이자 최초의 공동개최라는 의미도 함께 남겼다.

6만 6,704명을 수용할 수 있는 우리나라 최대의 축구전용구장인 상암 월드컵경기장은 우리에게 최초로 월드컵 4강 진출이라는 잊지 못할 위업을 달성시켜준 꿈의 공간이다. 그런데 따지고 보면 이곳에서 프랑스와 세네갈 간의 개막전, 중국과 터키 간의 C조 예선전, 한국과 독일 간의 준결승전까지 고작 세 경기만 열렸다는 사실은 그리 잘 알려져 있지 않다.

하늘에서 상암 경기장을 내려다보면 커다란 방패연이 떠 있는 듯한 착각을 불러일으킨다. 이는 경기장이 위치한 마포를 상징하는 옛 마포나루와 황포돛배를 모티브로 삼아 전체적인 이미지를 잡았기 때문이다. 방패연은 한강 백사장에서 날리고 놀던 것으로 돛과 함께 수륙 양방향에서 한강을 상징하는 전통 요소다. 돛과 연은 모두 강바람을 타야 살아나는 것이기에 상징성을 살리기 위해서 구조 전체를 가능한 한 가볍고 투명한 모습으로 처리했다. 대표적인 것이 관중석을 덮은 막인데, 테프론 유리섬유로 가능한 한 돛과 연과 비슷하게 만들었다. 경기장 안에서 이 막을 올려다보면 마치 잠자리 날개처럼 가볍고 투명해보인다.

이와 함께 우리나라 전통 소반과 팔각모반을 겹쳐놓은 듯한 이미지도 보인다. 이는 손님을 맞이하는 정성을 표현한 것이라고 한다. 야간 경기 때에는 지붕 끝에 있는 조명을 밝힌다. 매우 아름다워서 낮 경기 때와는 완전히 다른 느낌을 준다.

서울FC의 홈구장인 상암 월드컵경기장에는 축구경기장 외에도 영화관, 대형마트, 예식장, 게임센터, 푸드코트, 찜질방과 사우나, 실내수영장, 피트니스센터 등 다양한 편의시설이 입점해 있다. 경기장 동쪽에 있는 2002년 월드컵 기념박물관에서는 한국과 일본 대표팀 유니폼 등 당시의 숨결을 느낄 수 있는 물건들을 전시하고 있다. 경기장 서쪽과 남쪽에도 마포 농수산물센터와 하늘공원, 평화의공원 등 시민들이 즐겨 찾는 쉼터가 있다.

이렇듯 구장 내외에 즐길거리와 볼거리가 많아서 경기가 없는 날에도 많은 시민들이 찾는다. 이러한 상업시설과 편리한 교통, 주변 환경 덕분에 상암 월드컵경기장은 월드컵이 끝난 바로 다음 해부터 흑자를 내기 시작해 지금까지 매년 90억 원 가량 흑자를 기록하고 있다고 한다.

제2기 지하철의 개통

1996년 12월 30일, 제2기 서울 지하철 가운데 최장거리를 자랑하는 5호선의 왕십리-여의도 구간이 개통되면서 15년 전 계획된 '2호선 원안'이 뒤늦게나마 실현되었다. 하지만 서서울 입장에서 가장 중요한 노선은 역시

하늘에서 내려다본 상암 월드컵경기장. ⓒtbs

6호선이다. 5호선에는 서서울을 통과하는 역이 5개에 불과하지만 6호선은 전체 38개 역 중 거의 절반인 18개에 달하기 때문이다. 서서울과 서울 동북부를 이어주는 6호선은 21세기가 열리는 2000년 12월에 개통되었다. 지금까지 6호선은 은평구의 대부분과 마포구의 상암지구, 서강 지역을 다른 노선과 연결하는 역할을 충실히 수행하고 있다.

'응암순환선'으로도 유명한 6호선은 북한산에 막혀 복선으로 운행할 수 없기 때문에 단선으로 운행하고 있다. 일반적으로 양쪽 끝에 차량기지가 있는 다른 지하철과 달리 6호선은 동쪽 끝인 봉화산에만 있다. 이 때문에 응암역의 승강장은 독특한 Y자형이다. 응암역은 주변에 주거단지와 상업지역이 같이 있어서, 하루 평균 이용객이 3만 명 정도로 6호선 38개 역 중 공덕역 다음으로 이용객이 많다.

북한산 서쪽 출입구의 관문인 독바위역은 6호선이지만 3호선과의 환승역들 사이에 끼어 있는 특이한 역이다. 3호선에서는 불광역 바로 다음 역이 연신내역이지만 6호선에서는 불광역 다음 역이 독바위역이고 그다음 역이 연신내역이다. 3호선은 불광역에서 연신내역으로 일직선으로 가지만 6호선은 우회해서 지나기 때문에 북한산 중턱에 있는 불광동에 독바위역을 건설했던 것이다. 재미있게도 행정구역상 불광역은 대조동에 있고, 정작 독바위역이 불광동에 있다. 앞서 소설가 이호철이 불광동에 살았다고 했는데, 그의 이름을 딴 이호철길이 이 역과 인접해 있다. 독바위역은 앞뒤 역인 불광역, 연신내역과의 거리가 짧기 때문에 이용객이 그렇게 많지는 않았지만, 2010년대에 북한산 힐스테이트 3차 아파트 단지가 생기면서 이용객이 많이 늘어났다. 또한 독바위역은 출입구가 하나밖에 없고, 승강장도 매우 깊은 지하 6층에 있어 여러 모로 특이한 역이라 할 수 있다.

6호선 새절역은 신사동에 있는데, 3호선 신사역에게 '신사'라는 이름을 선점당해 새절이라는 순우리말 이름을 달게 되었다. 중심가에서 술에 취한 주민들이 '신사동'으로 가자고 하면 강남구 신사동으로 가는 일이 종종 있어 다툼이 벌어지기도 한다.

제2기 지하철과 경의선, 공항철도가 연속적으로 개통된 21세기 서서울에서 공덕역과 디지털미디어시티역은 3, 4개 노선이 통과하는 중요한 역으로 부상했다. 특히 공덕역은 5, 6호선과 경의선, 공항철도가 통과하는 서서울 교통의 핵심으로 외국 관광객을 상대하는 호텔들도 성업 중이다. 당연히 대대적인 개발이 이루어졌다.

그런데 개발 과정에서 한 가지 큰 아쉬움을 남기고 말았다. 2011년 말까지도 공덕오거리 남단에는 근대 한옥 집단지구가 건재했는데 이곳이 보존되지 못한 것이다. 이곳은 중산층 이하 서민들이 사는 동네로, 한옥의 보존 상태가 좋지 않았기에 고위 공무원이 볼 때는 반드시 철거해야 할 대상이었을지 모른다. 하지만 2000년 이전까지만 해도 북촌도 보존 상태가 나쁘기는 매한가지였다.

만약 공덕동의 한옥들을 게스트하우스로 만들었으면 어땠을까? 같은 가격이면 외국 관광객에게도 어필했을 것이다. 어쩌면 서울의 난뤄구샹*이 될 수 있었던 가능성은 거의 사라졌다. 그 자리에는 서울 어디에서나 볼 수 있는 고층 건물이 들어서고 있다. 대로에서는 보이지 않고 규모도 작지만 한옥 밀집지구가 아직 남아 있다는 사실이 그나마 위안이 될 뿐이다.

---

* 南锣鼓巷. 중국 베이징의 전통 주택양식인 사합원四合院이 밀집해 있는 골목. 베이징 시의 집중 보호를 받고 있다. 독립운동가 이회영이 1920년대 베이징 체류 시절에 거주한 곳이기도 하다.

'원더풀' 디지털미디어시티

200만 평에 달하는 상암지구에는 쓰레기 매립지에서 재탄생한 하늘공원과 월드컵경기장 외에도 월드컵공원, 7,000여 세대의 친환경 주거단지, 디지털미디어시티 등이 들어섰다. 그중 핵심은 정보통신 강국인 한국의 IT산업을 더 발전시키기 위해 들어선 디지털미디어시티다.

디지털미디어시티, 약칭 DMC는 10년 만에 수색이라는 이름을 밀어버릴 만큼 눈부시게 성장했다. 1998년에 입안되고 2000년에 계획안 발표와 개발을 시작해서 2010년에 완료되었다. 이 과정에서 수색의 터줏대감이었던 벽돌제 수색역사가 사라진 사실은 안타까운 일이다.

이곳은 2000년 이후 서울에서 최신 오피스 빌딩이 가장 많이 지어진 지역이다. 초고층은 아니지만 100미터 안팎, 20층 내외의 건물들이 줄지어 들어서 있다. 대부분 디지털과 미디어 관련 기업들이다.

미디어 기업으로는 2014년 새롭게 이곳에 신사옥을 짓고 본사를 이전한 MBC를 위시하여 JTBC, YTN뉴스스퀘어, CJ E&M, KBS미디어센터, 오마이뉴스, SBS프리즘타워, OCN, tvN, tbs 등이 있다. 이제는 여의도를 압도할 정도다. 기존의 방송-연예의 중심인 여의도와 가깝고, 인접한 고양시에도 이미 MBC일산드림센터, SBS탄현제작센터가 들어서 있었으며, 서울 문화의 중심인 홍대 앞이 지척이기에 상암동은 적지가 아닐 수 없었다. 많은 작가의 거주지나 활동지역이고, 출판사가 많이 모여 있는 서서울의 문화적 분위기도 디지털미디어시티의 조기 정착에 긍정적인 역할을 했다.

또 디지털 관련 기업으로는 LG유플러스, 삼성SDS데이터센터, 펜텍 등이 있다. 한국영화박물관, 한국영상자료원, 전쟁과여성인권박물관, DMC산학협력 연구센터 등 공공시설도 들어섰다. 최근 동상 건립 문제로 시끄러운 박정희대통령기념·도서관도 약간의 거리를 두고 자리 잡고 있다.

디지털미디어시티에는 인상적인 건축 구조물들이 여럿 눈에 띈다. 서울산업진흥원 제공.

그중 주목할 만한 시설은 한국영상자료원이다. 디지털미디어시티 한복판에 있는 이곳은 1974년 재단법인 한국필름보관소로 출발해 2002년 지금의 이름을 얻었는데, 국가 차원에서 영상자료를 수집하고 보관하는 일을 하고 있다. 2008년에는 1934년에 만들어진 흑백 무성영화인 〈청춘의 십자로〉의 원본이 기적적으로 발굴되기도 했다. 이 영화는 조선극장에서 개봉해 많은 인기를 끈 것으로 알려져 있다. 1933~1934년경 서울 사람들의 의복과 주거 상황을 살필 수 있어 생활문화적으로 가치가 높은 정보를 담고 있다. 필름이 아니라 시나리오 형태로 남아 있는 대부분 무성영화와 차원이 다르기에, 2012년 등록문화재로 지정되기에 이르렀다. 이는 2007년 양주남 감독의 1936년 작품인 〈미몽〉 등 영화 7편이 국내 최초로 동시에 등록문화재로 지정된 이후 5년 만의 일이었다. 한국영상자료원에서는 이러한 옛 영화를 전문적으로 상영하는 시네마테크라는 극장도 운영하고 있다.

디지털미디어시티의 빌딩들은 전반적으로 최첨단 이미지를 강조하기 위해서, 더구나 주변에 고려해야 할 역사적 전통도 없기 때문에, 튀는 재료인 유리를 주로 사용했다. 유리 자체를 특별하게 사용하기도 하고, 조형미를 강조하고 유리를 부각시키는 경향을 융합하여 최대한 멋을 냈다. 대표적인 건물로 트루텍 빌딩, 디지털 매직스페이스, 누리꿈 스퀘어 등을 들 수 있다.

2007년에 들어선 12층 규모의 트루텍 빌딩은 독일의 바르코우＆라이빙거가 아시아에서 만든 첫 빌딩으로, 유리 자체를 특별하게 사용했다. 한눈에 봐도 육면체 표면이 매우 특이한데, 반사유리를 사용했기 때문에 반사되는 장면은 더 변화무쌍하다. 주변 경치가 파편처럼 조각이 나서 반사되는데, 이어붙일 수도 없는 무수한 파편들이 마치 만화경을 보는 것 같다. 하지만 크게 보면 같은 종류의 풍경이기 때문에 서로 연관성을 가지면서 머릿속에 하나의 큰 경치를 연상시킨다. 주변의 분위기에 순응하기보다 그 반대로 주변 풍경을 끌어들였다가 반사시킴으로써 자신을 중심으로 시각적 흐름을 재편한다. 뒤에 들어선 큰 건물들 사이에 묻혀 있는 작은 건물인데도 이런 반사만으로도 자신의 존재를 부각시키는 독특한 건물이다.

이와 달리 국내 업체인 희림건축의 작품인 디지털 매직스페이스와 누리꿈스퀘어는 유리 자체보다는 형태에 더 치중한 건물이다. 두 건물은 거의 같은 시기에 완공되었다. 디지털 매직스페이스의 건립 취지를 보면 "첨단 방송 제작의 메카로 계획된 건물로서 디지털 시대에 맞는 다양한 콘텐츠를 개발하고 디지털 방송이 조기에 정착하도록 방송 제작, 전시, 관람, 이벤트, 홍보, 상담, 유통 등 방송산업 전반의 다양한 기능을 원스톱으로 처리하는 건물"로 관제 홍보의 냄새가 강하긴 하지만 디지털미디어시티의 개발 목적을 잘 보여주기는 한다. 1~5층은 방송 제작 영역, 6~12층은 사무실이고, 외부 스튜디오가 있다. 세 영역은 아트리움 로비와 옥상정원 테라스로 연결된다. 이 건물에는 가능한 한 큰 유리판을 사용하고 이음새도 최소화해서 투명도를 극대화했다. 디지털미디어시티는 이런 새로운 유행을 도입하는 중요한 통로가 되고 있다.

누리꿈스퀘어는 누리꾼들이 꿈을 펼치는 광장이라는 의미이다. 네 동으로 구성되는데 IT비즈니스센터와 IT연구개발센터가 정면에서 두 개의 탑을 이루며, IT캡슐이라 불리는 브리지가 두 건물을 연결한다. 그 뒷편에 전시실과 영상전시관이 들어가는 디지털 파빌리온과 공동제작센터라는 두 건물이 위치한다. 네 건물은 ㄷ자 형을 이루면서 뒷면에 광장을 형성하고 있다.

상암지구의 디지털미디어시티는 쓰레기 매립장과 연탄공장이었다는 과거를 완전히 딛고 명실상부한 디지털과 미디어의 본산으로 자리 잡고 있다. 선배격인 여의도가 그렇게 탄생했듯이 말이다.

상암지구 개발은 아직 끝나지 않았다. 상암·수색 역세권 개발이 남아 있기 때문이다. 2030서울 플랜에서 7대 부도심에 포함된 이 개발사업은 수색·증산 뉴타운과 연결되어 있고, 은평·서대문·마포 3구가 모두 포함된 만큼 서서울의 미래와 직결되어 있다.

불광천, 시민의 품으로 돌아오다

연신내, 모래내라고도 하는 불광천은 본래 갈수기에 말라버리는 건천이었다. 주변에 조성된 주택가와 상가에도 생태하천의 역할을 전혀 하지 못했고, 폐수가 흘러 악취를 풍기는 서서울의 골칫거리였다. 불광천뿐 아니라 양재천, 안양천, 중랑천, 탄천 등 서울 시내 대부분 하천이 대동소이한 상태이기는 했다.

그랬던 불광천이 현재의 모습으로 변신한 계기는 20세기 말에 이루어진 양재천 복원과 월드컵이었다. 양재천 복원의 성공에 고무된 데다가 한일월드컵을 앞둔 서울시는 경기장 인근의 불광천과 홍제천을 자연생태하천으로 복원하기로 결정하고, 1999년 11월에 불광천 복원 계획을 발표하였다. 이 계획의 목표는 '불광천을 포함해 상암동 월드컵경기장 부근 난지천, 홍제천을 2002한일 월드컵 개최 이전까지 생태지구로 조성하는 것'이었다.

하천 복원은 자연환경 보전과 친수환경 조성을 병행하는 방향으로 이루어졌다. 자생식물 군락지를 조성해 악취를 줄였고, 수질개선과 정화기능을 통해 스스로 자생하는 불광천으로 거듭났다. 물길을 곡선형으로 만들어 유속을 일정하게 유지하고, 물고기가 서식할 수 있는 환경을 제공했다. 연신내역 등 주변 4개 지하철 역사에서 배출되는 지하수와 독바위의 계곡수 등을 끌어들여 수량을 확보했다. 나중에 복원된 청계천의 물도 절반가량이 지하

매년 불광천에는 벚꽃이 흐드러지게 피어 시민들을 반긴다. Ocsi818 제공.

철에서 나오는 지하수이다. 불광천 하천 복원과 함께 은평구 최대의 번화가
인 연신내역 앞에 물빛공원을 조성했다. '물빛'은 수색에서 딴 이름이다.

이제 불광천은 서서울 시민들의 휴식공간으로 변모했다. 산책로와 자전
거 도로, 벚꽃길이 조성되었다. 그중에 벚꽃길은 원조격인 여의도 윤중로
를 능가하는 규모여서 벚꽃축제가 열린다. 불광천 주변은 북한산의 11개 봉
우리가 한눈에 들어오는 해담는다리, 레인보우다리 등 멋진 인도교들이 놓
이면서 진화를 거듭했고, 아트컨테이너로 만들어진 작은 도서관까지 들어
섰다.

서서울 대학들의 변신

21세기에 들어서자 서서울의 대학들은 눈부실 정도로 변신을 한다. 홍익대, 명지대, 서강대, 이화여대, 연세대는 각자 파격적인 건물을 올리면서 서서울의 외관을 일신시켰다. 그 면모를 가볍게나마 살펴보고자 한다.

홍익대 홍문관 2006년 12월, 새로 지은 홍익대 정문이 화제가 되었다. 건물 자체를 문으로 사용하는 새로운 개념의 건축물이기 때문이었다. 폭 56미터, 높이 45미터의 세계 최대 규모인 이 대학 정문의 이름은 넓은 문이라는 뜻의 '홍문관弘門館'이다. 앞서 이야기했듯 홍익대가 '재단법인 홍문대학관弘文大學館'으로 시작했기에 여기서 한자만 바꾸어 이름을 지은 것으로도 보인다.

이 문 위에는 5층 건물이 올라 있는데, 연결동까지 합하면 지하 6층, 지상 16층이다. 연면적 1만 8,600평에 달하며, 건축 기간 4년간 1천억 원의 예산이 투입되었다. 홍익대는 기존의 철문 대신 이 아치형 건물을 정문으로 삼은 이유를 대학과 지역사회의 벽을 없애 이 공간을 공연이나 전시 같은 문화 공간으로 활용하기 위해서라고 했다. 부지가 좁기에 정문에까지 건물을 지은 것이기도 하다. 그러나 이 건물은 건축가들이 뽑은 해방 후 최악의 건축 29위에 올랐으니 최소한 전문가들에게 그리 좋은 평을 받지는 못했다.

명지대 방목학술정보관 홍익대처럼 캠퍼스가 좁은 명지대도 2010년 파격적인 도서관 겸 국제회의장인 방목학술정보관을 선보였다. 유리로 처리한 자유곡선, 1층에서 4층까지 연결된 실내 정원, 천장의 창을 통해 자연스럽게 들어오는 자연광, 유리 엘리베이터 등 훌륭한 시설을 갖추었다. 또 단순한 도서관이 아니라 최고 수준의 유비쿼터스 환경을 구축했다. 도서관이

캠퍼스 중앙에 위치하는 다른 대학들과 달리 인근 주택가와 인접해 있다는 점도 파격적이다.

서강대 캠퍼스의 변화 캠퍼스가 좁은 편인 서강대도 21세기 들어 많은 건물을 새로 올리거나 리모델링했다. 게페르트 남덕우 경제관, 곤자가플라자, 정하상관, 금호아시아나 바오로 경영관, 토마스모어관, 하비에르관, 곤자가 국제학사, 포스코 프란시스코 인공광합성연구센터, 리치 과학관 등이다. 그중 이공학부가 사용하는 리치 과학관은 세계사 시간에 한번쯤 들어봤을 법한 선교사이자 과학자인 마테오 리치의 이름을 딴 곳으로, 2006년 12월에 완공되었다.

서강대는 본의는 아니었지만 이렇게 새단장한 상태로 프란치스코 교황을 맞았다. 2014년 8월 15일 오후 8시, 방한 중이던 프란치스코 교황은 일정에 없이 갑자기 서강대 사제관을 방문하여 예수회 한국관구 신부·수사 100여 명과 40여 분간 이야기를 나누었다. 잘 알려진 바대로 프란치스코 교황은 예수회 출신이다. 이렇게 서서울은 30년 만에 장소를 달리하여 교황을 맞이하게 된 것이다.

이대 김옥길 기념관 1999년 이화여대 한 구석에 독특한 건물 하나가 들어선다. 18년간 이화여대 총장을 지낸 김옥길을 기리는 작은 '기념관'이다. 따옴표를 붙인 이유는 이름만 그럴 뿐 동판을 제외하면 이곳에 기념시설이 아무것도 없기 때문이다.

즉 김옥길 기념관에는 김옥길이 없다. 1, 2층은 차를 마시고 음식을 먹는 공간인데, 이 카페의 수입금은 '굿네이버스'라는 자선단체에 기부된다고 한다. 지하는 전시 등을 할 수 있는 다목적 홀로 쓰이다가 현재는 작은 교회가 되었다.

한국건축가협회상, 서울시건축상, 건축문화대상을 받은 '걸작'이지만 면적이 62.64제곱미터밖에 되지 않는 정말 작은 건물이다. 장식도 없고 페인트도 바르지 않았다. 형태는 같고 크기가 다른 콘크리트 벽이 연속적으로 서있을 뿐이다. 다섯 개의 ㄱ자 벽체를 반복해서 나란히 세웠고, 벽체 사이의 틈에 유리를 한 장씩 끼워놓았다.

《서울의 건축, 좋아하세요?》의 저자 최준석은 이 건물에 대해 이렇게 이야기한다.

> 김옥길 기념관은 인간 김옥길을 기억할 만한 어떠한 것도 드러내놓고 자랑하지 않는, 아무것도 기념하지 않는 기념관입니다. 이 장소가 기억하려는 김옥길은 사람과 차, 이야기를 좋아했던 검박한 사람이었을 것 같습니다. 아마도 외형보단 내면이 강한 사람이었을 테고요. 부드러운 표면과 단순한 형태 속에 그 삶이 들어 있습니다. 이 공간은 조용한 목소리로 우리에게 말을 겁니다. 소박하지만 누구보다 강한 내면에 대해서 말이지요. 이 집은 연주 없는 연주곡입니다.[●]

이화캠퍼스복합단지(ECC) 9년 후인 2008년, 김옥길 기념관과는 정반대의 거대하고 충격적인 건축물인 이화캠퍼스복합단지 즉 ECC가 과거의 운동장 터에 등장했다. 지하 건축물을 선호하기로 유명한 건축가 도미니크 페로의 작품이다. 그는 "튀는 건축물이 아닌 캠퍼스와 어울리는 풍경"을 만드는 작업이었다고 말했다. 그의 말대로 ECC는 앞서 소개한 이대의 상징인 파

● 최준석, 《서울의 건축, 좋아하세요?》, 휴먼아트, 2012, 30쪽.

이화여대 ECC. 2017년 대한민국을 뒤흔든 학생시위가 일어난 중심지로서, 공간의 역사를 새로 썼다.

이퍼 홀을 잘 드러나게 하는 역할을 한다. 하지만 과거와 미래를 완전히 단절 시키듯 쪼개진 교정의 대지가 생소한 공간처럼 보이는 느낌은 어쩔 수 없다.

ECC는 한쪽이 경사로로 되어 있고, 다른 한쪽은 거대한 계단이면서 원 형극장의 역할도 할 수 있도록 설계되었다. 자연광을 잘 받아들이는 유리벽 과 지열에너지를 사용하여 냉난방이 가능한 친환경 건축물이기도 하다. 연 면적 6만 6,000제곱미터에 달하는 거대한 지하공간에는 강의실, 도서관, 세 미나실 같은 학습공간은 물론이고 피트니스센터, 영화관, 공연장, 레스토랑, 카페, 편의점, 꽃집 등 교정 밖의 상점들 즉 정문 앞길의 상업적 흐름을 그대 로 끌고 들어왔다.

이 파격적인 건물은 전문가들에게서 호평과 악평을 동시에 받은 문제작 이다. "유서 깊은 여대 캠퍼스에 과감하게 개입해 옛 건물과 긴장감을 만들어내면서도 학교 건물의 현대적인 기능을 잘 수용하고 있다"(정다영, 국립현대 미술관 학예연구사), "닫혀 있던 캠퍼스 공간이 공공의 공간으로 탈바꿈했다"(신성우, 한양대 교수)는 호평으로 걸작 리스트에서 7위를 차지한 반면, "폭압적 건축", "기존의 역사성과 캠퍼스의 맥락을 커다란 회칼로 크게 썰어놓은 듯한", "자본이 학교를 점령함을 상징성으로 보여주는 신자유주의 시대의 총아"라는 악평도 들으면서 태작 리스트에서도 27위에 올랐다.•

과거 '금남의 구역'이던 이화여대는 대변신을 하면서 다른 학교와는 확실한 차별성을 지니게 되었다. 그 덕분에 21세기에 어울리는 '열린 대학'이 된 점은 확실히 긍정적이다. 다만 이 때문에 '이대 앞'에 얽혀 있던 수많은 남성의 추억과 이야기가 거의 소멸된 점은 아쉽다.

ECC의 중앙을 가르는 거대한 계단은 2016년 한국을 뒤흔든 박근혜-최순실 국정농단 사태를 드러내는 데 중요한 역할을 했다. 11월 3일 저녁, ECC 계단 앞에서 '이화 민주화 모두의 가치'라는 이름의 집회가 열렸다. 이화여대 교수협의회와 재학생, 졸업생들이 공동 주최한 이 집회에는 약 2,500여 명(경찰 추산)이 참석했다. 교수들과 학생들은 이 자리에서 지난 7월 28일부터 10월 19일까지 86일간 진행된 이화여대 점거농성 과정을 되짚고 학교 측에 정유라의 입학과 학점 특혜 의혹에 대한 진상규명을 요구했다. 폐쇄적인 총장 선출 방식의 개선 등 학내 제도개혁도 촉구했다.

결국 총장은 바뀌었을 뿐 아니라 구속되는 신세가 되고 말았다. 이화여대생과 동문들의 투쟁은 입시에 민감한 대중들의 정서를 건드려 촛불혁명의 중요한 동인으로 작용했는데, 이는 공간적으로도 의미가 있다. 박근혜-최순실 게이트의 공간적 배경은 거의 강남 그것도 압구정, 청담, 논현, 삼성동

• "2013 한국 현대건축 태작(Worst) 30선", 〈SPACE〉·〈동아일보〉.

등 이른바 '테북'*이었지만, 이화여대는 청와대를 제외하면 이 사건이 일어난 수많은 공간 중 유일한 강북이었다. 이는 현재 우리나라의 부와 권력의 지형이 공간적으로 어떻게 다른지 보여주는 장면이라고 하면 지나친 상상일까?

연세대 백양로 재창조 프로젝트 이화여대의 변신에 충격을 받아서일까, 이웃 연세대도 대변신에 나섰다. 백양로 재창조 프로젝트는 연세대의 주도로인 백양로를 보행전용도로로 바꾸고 지하에 거대한 공간을 만들어 편의시설과 주차장을 대거 확보한다는 계획이었다.

이 과정에서 많은 충돌이 일어났다. 세브란스 병원 이용객들을 위한 주차장 확보가 진정한 목적 아니냐는 주장이 힘을 얻었다. 백양로를 상징하는 가로수인 은행나무의 보존도 쟁점으로 떠올랐다. 마침내 교수들이 몸으로 막는 사태까지 벌어졌다.

그럼에도 이 사업은 2013년 8월에 시작되어 2015년 10월에 완공되었다. 6만 6,000제곱미터가 넘는 지상공간을 차가 다니지 않는 녹지로 만들고, 지하공간은 2개 층으로 나눠 유료 차량 이동로와 주차공간을 조성하는 대공사였다. 1천억 원이 넘는 공사비 가운데 480억 원은 동문 등 각계의 모금으로 조달했다. 동문회장인 박삼구 금호그룹 회장의 출연으로 금호아트홀이라는 최신 공연시설이 들어서면서 백양로는 완전히 새롭게 태어났다.

하지만 과거 모습을 기억하고 싶은 이들에게는 아쉬움이 남을 수밖에 없다. 백양로의 은행나무들도 옮겨 심어 살아남기는 했지만 가지치기로 인해 예전의 모습은 잃어버렸다.

• 강남 중의 강남이라고 하는 땅, 즉 테헤란로 북쪽을 뜻하는 은어.

이렇게 연세대를 마지막으로 21세기 서서울 대학들의 리모델링은 막을 내렸다. 이 변화가 역사적으로 어떤 평을 받을지는 더 지켜봐야 할 것이다.

홍대 앞의 팽창●

대학 내부의 변화와는 별도로 대학 주변도 바뀌기 시작했다. 가장 주목할 곳은 역시 홍대 앞이었다.

20세기 끝자락인 1999년에는 Club101, Club108, nbinb 등 댄스클럽들이 홍대 앞에 연이어 등장했다. 2001년부터 그 유명한 '클럽데이'가 시작됐다. 매달 마지막 주 금요일이면 티켓 한 장으로 대부분 클럽들을 출입할 수 있는, 세계 어디에서도 유례를 찾아볼 수 없는 행사다. 클럽데이는 홍대 앞을 찾는 유동인구를 비약적으로 증가시켰고, 외국인도 주말이면 홍대 앞을 찾게 만드는 요인이 되었다.

클럽데이 열풍으로 대형 댄스클럽들은 더욱 승승장구했지만, 홍대 앞 상업화를 부추겼다는 비판과 향락문화의 주범이라는 비난을 받기도 했다. 클럽데이는 강남이나 이태원 클럽 문화와 차별화를 이루지 못하면서 2011년에 폐지되었다가 2015년에 부활했다. 어쨌든 클럽데이가 홍대 앞 유동인구를 증가시키는 데 크게 공헌한 것만은 틀림없다.

이로 인해 홍대입구역과 걷고 싶은 거리, 서교로, 어울마당로로 이어지는 길목에 각종 상업시설이 생겨났다. 다른 한편으로는 홍대 놀이터를 중심으로 프리마켓과 희망시장이 탄생했다. 2002년부터 시작하여 매주 주말에 소규모 창작자들의 핸드메이드 제품을 판매하는 예술장터로 지금까지 이어져

● 《홍대 앞 이야기》, 마포구, 2014 참조.

내려오고 있다.

2000년대 중반에는 인디음악을 전문으로 하는 각종 공연장이 홍대 앞에서 순차적으로 문을 열었다. 2000년 쌈지스페이스, 2006년 공연장 쌈지스페이스 바람, 그리고 2007년 상상마당 라이브홀이 문을 열었다. 1995년부터 이어져 내려오던 롤링스톤즈가 2004년 롤링홀이란 이름으로 주차장길로 이전하여 오픈했는데, 물론 시설은 훨씬 좋아졌다.

이런 분위기 속에 대기업들도 홍대 앞에 진출하기 시작했다. 2007년 9월 KT&G 상상마당을 시작으로, 롯데카드 아트센터(2012), LIG 아트홀 합정(2013), 예스24 무브홀(2013) 등 중대형 공연장들이 문을 열었다. 현재 홍대 앞의 소형 공연장과 라이브카페는 50여 개가 넘는다.

클럽데이를 계기로 많은 이들이 홍대 앞을 찾으면서 프랜차이즈 음식점과 카페, 중저가 화장품 로드숍 등 상업시설도 계속 들어섰다. 그러자 2000년대 후반부터 거주지로서의 면모는 크게 약해졌다. 2010년대에는 특히 공항철도와 경의선 전철이 개통하면서 상업화가 더욱 가속화되고 있다. 패션 브랜드, 카페 및 음식점, 노래방, 주점 등 대로변의 상업시설만이 아니라, 다복길, 오복길, 송내길 등의 골목에도 카페와 옷가게가 밀집하면서 이제 주거 공간은 거의 남아 있지 않을 정도가 되었다.

《서울시 문화특화 및 밀집 지역을 대상으로 한 정책연구 및 개발 보고서》(서울포럼, 2010)에 따르면, 홍대 앞은 행정적으로 서울시 마포구 서교동(365~411번지 일대), 창전동(5, 6~436번지 일대), 상수동(64~318번지 일대), 동교동(162~189번지 일대)을 포괄하는 지역을 일컫는다. 지대와 임대료가 폭발적으로 오른 2010년 이후 구 경의선 지하화, 용산선 철거, 공원 조성, 당인리발전소의 변신 등 하드웨어적 변화가 일어났고, 이 시기 홍대 앞을 '홍대 앞답게' 만들어 온 예술가들이 젠트리피케이션이라고 불리는 지대 상승 즉 비싼 임대료를

연남동 경의선숲길공원 주변에는 트렌디한 가게가 여럿 눈에 띈다.

피해 인근 지역으로 이동하게 되었다. 그러면서 '홍대 앞'은 앞서 언급한 지역은 물론 합정동, 망원동 등 한강변과 연남동까지 확장되었다. 말장난 같지만 '앞'만이 아니라 '옆'으로도 확장된 것이다.

이런 지역적 유연성은 홍대 앞의 무한한 발전 가능성을 시사한다. 그중 가장 주목해야 할 지역은 연남동이다. 본래 연남동은 화교들이 많이 살아서 '리틀 차이나타운'이라고 불리던, 비교적 조용하고 땅값도 싼 지역이었다. 이런 연남동이 주목받게 된 것은, 2010년 공항철도 개통으로 접근성이 좋아지자 외국인 관광객을 대상으로 하는 게스트하우스와 홍대 앞의 비싼 임대료를 피해 온 작은 가게들이 임대료가 비교적 저렴한 이곳에 생겨나면서부터다. 게다가 경의선 지하화 덕분에 탄생한 경의선숲길공원이 '대박'을 치면서 더욱 주목받았다. 동진시장 뒷골목과 연남동 주민센터로 이어지는 공원길 일대에는 새로운 트렌드를 선도하는 맛집과 가게들이 속속 들어서고 있다.

경의선변 서서울의 이러한 변화는 외관과 분위기뿐 아니라 그 역사적 의미도 작지 않다. 제국주의 침략의 보급로였고, 전쟁과 분단의 비극을 상징했던 경의선 일대가 제국주의 시대와 냉전, 분단 시대를 지나 새로운 변화를 맞이하고 있음을 보여주기 때문이다. 더 나아가 이 일대는 통일과 번영의 시대를 상징하는 공간이 될 수도 있다. 지금은 북한 핵과 미사일 시험으로 남북관계가 얼어붙어 있지만 언젠가 경의선이 명실상부하게 남북을 연결하고 나아가 유라시아 횡단철도로 이어진다면, 그 입구에 자리 잡은 서서울이 곧바로 세계와 연결될 날이 오지 않을까?

일본음식의 메카

앞서 20세기 후반 서서울을 대표하는 음식으로 서민들이 즐기는 마포 돼지갈비와 응암동 감자탕을 들었는데, 21세기에는 국제화 열풍으로 새로운 음식이 등장했다. 바로 홍대 앞에 생겨난 '한국식 일본음식'이다.

20세기 말 해외여행 자유화가 시작되고 21세기에 들어서면서, 회, 스시, 복어나 장어요리 같은 고급·고가 이미지가 강한 정통 일식과는 달리 젊은 층이 즐기는 라멘, 카레, 돈가스, 돈부리, 꼬치구이, 오코노미야키, 다코야키, 우동 등 대중적인 일본음식이 홍대 앞, 청담동, 압구정동, 대학로 등을 중심으로 빠르게 퍼져나갔다. 그중 일본음식의 메카는 단연 홍대 앞이다. 심지어 오키나와 가정식을 맛볼 수 있을 정도이니, 웬만한 일본음식은 다 있다는 말이 실감난다. 최근에는 일본 가정식 요리를 내는 작은 식당도 늘어나고 있고, 일본인이 직접 운영하는 식당도 적지 않다. 최근 '혼밥 시대'를 맞아 더욱 각광받고 있다.

홍대 앞의 오니기리는 밥 속에 일본풍의 구운 명란젓, 연어 등은 물론 김치, 베이컨, 불고기, 참치 같은 우리 입맛에 맞는 재료를 넣고, 참기름을 사용해 일식이라는 느낌이 들지 않을 정도로 토착화되었다. 가격도 1,000원에서 3,000원 사이여서 간단하고 저렴하게 밥으로 한 끼를 때울 수 있다. 뒤돌아서면 배가 고픈 젊은 학생들이 이곳의 주 고객이다.

또한 일본식 선술집이라고 굳이 설명할 필요도 없을 정도로, 이자카야가 대중화되었다. 어느 동네 골목이나 지하철역 근처에 한두 군데는 있을 정도다. 20대의 학생들로부터 40~50대의 직장인들까지 손님층이 두텁다. 일식집이나 횟집보다 저렴하고 서민적인 분위기이지만, 과거에 비해 안주의 수준도 높아지고 일본 술인 사케의 종류도 다양해졌다. 특히 홍대 앞에서는 이자카야를 막걸리집보다 찾기 쉽다. 심지어 일본인들도 한국화된 일본음식을 즐겨 홍대 앞을 많이 찾을 정도가 되었다.

20세기 후반 서서울의 음식이 마포 돼지갈비와 주물럭, 응암동의 감자탕이었다면 21세기는 홍대 앞의 한국식 일본음식이라고 할 수 있다. 20세기 끝자락에 이루어진 해외여행 자유화와 국제화가 음식문화에도 엄청난 변화를 가져온 것이다.

일부 언론에서는 홍대 앞을 상업 자본에 잠식된 지역이거나, 퇴폐적인 소비문화가 이루어지는 장소로 묘사한다. 일부는 사실이지만, 홍대 앞을 특정한 얼굴 하나로 정의내리기는 어렵다. 지금까지의 변화만큼이나 앞으로도 홍대 앞은 다양한 인물과 사건들을 맞이할 것이다. 예술인들의 긍정적인 에너지로 탄생하고 성장해온 곳이니만큼, 앞으로도 독창적이고 실험적인 문화예술명소로 발전해나갔으면 하는 바람이다.

책문화가 살아 숨 쉬다

파주출판도시 조성 이후 많은 대형 출판사가 서서울을 떠났지만, 2008년부터 최근까지 10여 개에 달하는 출판사가 파주에서 다시 돌아왔다. 21세기 들어서는 새로운 변화가 나타나고 있다. 1인 출판사를 비롯한 여러 소규모 출판사가 등장했고, 유어마인드, 피노키오 책방처럼 독립출판물을 유통하는 독립서점, 땡스북스 같은 편집서점도 나타났다. 또한 2009년부터 해마다 언리미티드 에디션과 같은 독립출판물 축제도 열린다. 이화여대 앞 뒷골목에는 추리소설 전문서점인 미스터리유니온이, 마포구 염리동에는 음악도서를 전문적으로 다루는 초원서점이 문을 열었다.

후마니타스 책다방, 카페 꼼마, 인문카페 창비, 자음과모음, 나와 나타샤와 흰 당나귀 같은 출판사 직영 북카페들도 모여들었다. 그 대표주자로서 연남동 경의선숲길공원 입구를 지키던 문학동네의 카페 꼼마는 아쉽게도 최근 폐점하고 말았지만, 인상적인 인테리어와 독특한 문화적 분위기, 다양한 책 관련 문화 이벤트로 나름대로 자리를 잡은 서서울의 북카페들은 책과 독자를 가깝게 이어주는 역할을 하고 있다.

서서울에는 공씨책방, 글벗서점 등 전통적인 헌책방은 물론이고 알라딘, 예스24 등 대형 인터넷서점의 오프라인 중고매장도 연신내, 신촌, 홍대, 합정동에 네 군데나 있다. 국내 정상급 책 관련 팟캐스트인 '이동진의 빨간 책방'도 합정동에서 녹음되고 있다.

21세기에 들어서 서서울의 도서관 문화도 독특한 면모를 보여준다. 그 첫 주자는 2001년 6월 불광동에 문을 연 은평구립도서관이다. 이 도서관 건물은 한국건축문화대상을 수상한 수작이기도 하다. 회색 상자 모양의 노출콘크리트가 건물의 전부이지만, 묘하게도 새파란 하늘과 주변의 산, 나무와 잘 어울린다. 특히 옥상 쉼터에서 마주하는 회색 벽 사이의 공간에서 보이는 풍

도서관 내부 벽면에서 고 이진아 씨의 모습을 볼 수 있다(왼쪽). 건축적으로도 빼어나고 주변 경관도 좋다. ⓒ이진아기념도서관

경이 매력적이다.

　2005년 9월 15일, 서대문형무소 기념공원과 같은 주소인 현저동 101번지에 이진아기념도서관이 문을 열었다. 미국 유학생활 중에 불의의 교통사고로 세상을 떠난 이진아(李珍阿, 1980~2003) 씨의 가족이 그녀를 오래도록 잊지 않고 마음속에 간직하고자 사재를 내놓아 설립된 기념도서관이다. 건축미가 빼어난데, 열람실에서는 인왕산을 바로 바라볼 수 있다. 한국에서 가장 아름다운 도서관 10곳 가운데 하나로도 선정된 인상적인 도서관이다.

　2015년 구산동에는 도서관마을이 들어섰다. 2016년 제10회 대한민국 공공건축상 대상을 받은 이곳은 마을 안 골목길을 둘러싼 노후 다가구, 다세대주택을 수리해서 만들었다. 기존의 마을 공간구조와 주민 생활을 그대로 유지할 수 있는 도서관마을을 만들고자 한 것이다. 구청과 마을N도서관 등 지역 내 5개 단체가 참여한 사회적 협동조합인 '은평 도서관마을 협동조합'이 중심이 되어 주민들의 뜻을 모은 설립 과정도 훌륭했다. 주민 의견을 충분히 수렴하여, 설계 발주 이전에 기본 계획을 수립하여 도서관의 지향점을 설정한 점이 돋보인다.

초대 관장 이종창 씨도 도서관마을에 의미를 더한다. 1987년을 뒤흔든 그 유명한 사진 속에서 쓰러진 이한열 열사를 부축하고 있던, 마스크를 쓴 학우가 바로 그이기 때문이다.[*] 당시 연세대 도서관학과에 재학 중이었던 그는 졸업 후 전공을 살려 모교 도서관 직원으로 근무하다가 퇴직 후에 구산동 도서관마을 관장을 맡았다. 그는 현재 파주 가람도서관 관장으로 일하고 있다.

도서관 일도 지역 공동체 발전에 기여한다는 점에서 학생운동과 궤를 같이한다. 한 인터뷰[**]에서 이종창 씨는 "도서관은 마을 공동체의 중심"이라면서 "우리나라 공공도서관은 이제 막 체계를 갖추는 단계"라고 애정을 보였다.

은평 뉴타운 이야기

'뉴타운'은 2002년 서울시장에 당선되어 7월에 취임한 이명박의 주요 정책 중 하나였다. 강북의 '강남화'라고도 할 수 있는 뉴타운 사업은 길음과 왕십리, 은평 세 곳을 시범사업지로 지정하면서 시작되었다. 그중 서서울에 적지 않은 변화를 가져온 은평 뉴타운은 진관내·외동과 구파발동 일대이며, 면적으로는 349만 5,248제곱미터(105만 7,000평)이다. 이 사업은 2004년 12월에 1단계가 착공되어 지금까지 이어지고 있다.

은평 뉴타운이 들어선 진관동 일대는 서울의 주산인 북한산을 동쪽으로 바로 접하고, 서쪽으로는 서오릉이 받쳐주며, 북으로는 서울시와 경기도의 경계인 창릉천이 가로질러 한강으로 흘러간다. 남쪽으로는 서울의 서북관

- 〈연합뉴스〉, 2017년 6월 7일자.
- ●● 같은 곳.

문인 박석고개와 갈현근린공원이 있고, 폭포동, 물푸레골, 못자리골 등 이름만으로도 그 뜻을 알 수 있는 개천과 습지가 우수한 자연생태계를 구성하고 있다.

이 지역은 1971년 그린벨트로 지정된 이후 개발에서 소외될 수밖에 없었고, 슬럼화된 불량주택이 많았다. 이 때문에 그린벨트를 풀어 이 집들을 밀어버리고 주변까지 묶어서 도시 재개발사업을 하기로 한 것이다. 그래서 은평 뉴타운은 길음과 왕십리와는 달리 재개발사업이라기보다는 신도시 사업에 가깝다고 할 수 있다.

서울시는 뉴타운 사업을 주거중심형 뉴타운(길음), 도심형 뉴타운(왕십리), 신시가지형 뉴타운(은평)으로 구분했다. 그중 주거중심형 뉴타운은 주택재개발구역과 노후 불량주거지 밀집지역 등을 중심으로 인근 동일생활권 지역에 대해 전체적인 도시기반구조를 개선하는 사업이다. 도시기반시설은 공공부문이 담당하고, 주택 재개발은 전체 개발계획에 의거하여 주민이 직접 개발하거나 희망하는 경우에는 공영개발이 추진된다. 도심형 뉴타운은 도심이나 인근 지역에 주거, 상업, 업무기능 등을 복합적으로 개발하는 사업이다. 대형 상가, 문화시설, 관공서, 업무시설은 물론 아파트, 주상복합빌딩 등을 함께 배치하여 직주 근접형 도심커뮤니티를 만드는 것이다. 신시가지형 뉴타운인 은평 뉴타운은 대규모 미개발지 등을 대상으로 주거, 상업, 생태, 문화기능 등을 갖춘 신도시를 조성하는 사업이다.

이러한 은평 뉴타운의 개발 목적은 크게 두 가지로 볼 수 있다. 그중 하나는 비슷한 시기에 계획되어 건설된 판교신도시와 마찬가지로, 강남권의 수요를 흡수할 만한 주거지역을 강북에 만들겠다는 목표였다. 이런 이유에서 중대형 평형의 수요가 적은 지역인데도 대형 평수를 많이 배치했고, 자립형 사립고등학교 즉 현재의 하나고등학교의 유치를 처음부터 목표로 잡았다.

하지만 이 목표는 사실상 실패했다. 은평 뉴타운의 중대형 아파트들, 특히 50평대는 주거지역 개발이 사실상 완료된 2012년 이후부터 현재까지도 미분양 물량이 있을 정도이기 때문이다. 그중 한 채를 박원순 서울시장이 1년 동안 공관으로 사용하기도 했다.

두 번째 목적은 은평 뉴타운 개발사업으로 임대주택을 대규모로 공급하려는 것이다. 서울 서북권에는 상대적으로 공공임대주택의 공급이 부족하기 때문이었다. 2008년부터 입주가 시작된 은평 뉴타운에는 이제 7만 명이 넘는 인구가 살고 있다. 그 덕분에 진관동은 은평구에서 가장 인구가 많은 동으로 올라섰다.

은평 뉴타운 내 대부분의 상가지구는 개발이 끝나면서 입주가 이루어졌다. 그런데 구파발역 옆에 오피스텔과 호텔, 대형마트, 멀티플렉스, 스파, 오피스, 메디컬센터, 산악커뮤니티센터 등 다양한 생활편의시설이 들어설 예정이었던 1.3조원 규모의 알파로스 사업은 2013년 7월 무산되고 말았다. 이는 다른 형태로 재추진되어 2016년 12월 롯데몰이 오픈했다. 이곳 4층에 들어선 식당가는 이름이 '홍스트리트'인데, 여기서 '홍'은 홍대 앞이라는 의미다. 또한 800병상 규모의 가톨릭대 성모병원도 공사에 들어가 2019년 개원 예정이다. 지하 5층, 지상 16층, 연면적 13만여 제곱미터로 서울 서부권 최대 규모이며, 대형병원이 없었던 은평 일대의 의료 수요를 충족시킬 예정이다.

은평 뉴타운은 이렇게 늦기는 했지만 다른 신도시에 손색없는 인프라를 갖추게 되었다. 다만 건설 이전부터 안고 있는 만성적인 교통정체는 여전히 해결하기 어려운 난제다.

최근 은평 뉴타운은 이명박-오세훈 시대가 지난 후에 들어선 1만 평 규모의 한옥마을과 은평역사한옥박물관 덕분에 특유의 색깔을 지니게 되었다. 인위적으로 만들기는 했지만, 미래형 전통가옥이 대거 들어선 은평한옥

마을은 서울 사대문 밖에서는 유일한 한옥마을이다. 은평역사한옥박물관도 구 단위 박물관으로서는 아주 드문 곳이다. 이렇게 은평한옥마을과 박물관은 잘 어울리면서 은평구의 이미지를 향상시키는 데 큰 공헌을 하고 있다.

그렇지만 은평 뉴타운은 서울에서 보기 드문 문화를 지닌 마을이었던 한양주택과 기자촌을 말살하고 세워졌다는 원죄를 안고 있는 것도 사실이다. 이제부터는 그 이야기를 하고자 한다.

면적 1만 7,100평, 단독주택 214채와 마을회관으로 이루어진 한양주택은 은평 뉴타운 사업이 시작되기 불과 8년 전인 1996년에 서울시의 '제1호 아름다운 마을'로 지정된 바 있었다. 그래서 주민들은 한양주택 마을은 사업에서 제외될 것이라고 믿고 2003년 5월, 주민 90퍼센트의 동의를 받은 존치 요구 진정서를 건설교통부와 서울시, 은평구청에 제출했다.

초기에는 서울시가 주민들의 요구를 들어주는 듯싶었다. 하지만 당시 서울시장이던 이명박은 훗날 대통령이 되어서도 대운하를 4대강 사업으로 바꾸고, 행정중심복합도시를 번복하려 한 인물이었다. 그러니 200세대를 겨우 넘는 한양주택 주민들의 의사는 그리 중요한 것이 아니었다. 주민들을 회유하고 압박을 병행하면서 저항을 무너뜨리자, 결국 서울시가 지정한 제1호 아름다운 마을은 그로부터 불과 10년도 안 된 2007년 4월, 이명박의 후계자인 오세훈에 의해 완전히 철거되고 만다.

이 마을 자체가 한 세대 전인 1979년, 권력자의 의지에 따라 강제수용으로 탄생했다는 사실을 회상해보면, 한국 현대사에서 도시의 개발이 참으로 다이나믹하게 움직여왔음을 알 수 있다. 어떤 형태든 한양주택을 기념하는 시설을 뉴타운 내에 세울 필요가 있다고 생각한다.

한양주택에 비해 기자촌은 비교적 쉽게 은평 뉴타운에 편입되었다. 초기 거주자 구성이 80퍼센트가 언론인이었던 것에 반해 2004년에는 겨우 9퍼

은평역사한옥박물관 외부 풍경(위)과 내부 전시물(아래).

센트만이 남아 있었다. 기자촌 운영회 측은 "기자촌을 재개발 지역에서 빼달라!"는 내용의 청원서를 제출했다. 이에 덧붙여 언론인 단체인 관훈클럽의 김영성 사무국장은 이렇게 말했다. "재산권을 행사할 수 있는 그린벨트 해제만을 원할 뿐이다."

기자촌 주민들도 현재 좋은 생활환경과 넓은 집에서 살고 있으니 은평구 뉴타운 건립을 반대한다고 주장했다. 또 개발을 하게 되더라도 시가 주도하는 뉴타운이 아니라, 주민들이 독자적으로 개발하겠다는 뜻을 밝혔다.

사실 주민들이 개발을 반대한 이유 중 하나는 자그마치 30년 동안 그린벨트로 묶인 상태라 땅값이 저렴해 보상을 제대로 받지 못할까 하는 염려 때문이었다. 이에 서울시는 은평구 뉴타운 개발 지역에 포함되는 기자촌을 개발 유보지로 남겨 두겠다고 발표했다. 타 지역에 대해 지역의 기반시설이 잘 갖춰져 있고 주민들의 개발 반대가 강하다는 것이 이유였다.

그러나 기자촌과 은평구 주민들은 곧 기존의 입장을 바꾸었다. 은평 뉴타운 사업이 활기를 띠고 1지구 보상이 완료되는 등 사업이 진행되는 것을 보면서, 점차 찬성 쪽으로 마음이 기울었기 때문이다. 또한 뉴타운 개발 유보지라도 개발 구역에는 속하기 때문에 건물 신축이나 증축 등이 제한되었던 것도 찬성으로 돌아선 이유 중 하나였다. 주민들은 입장을 번복하여 서울시에 기자촌 일대를 은평 뉴타운에 포함시켜줄 것을 요청했다.

기자촌 개발 문제를 확정짓기 전에 서울시는 2005년 10월에서 2006년 2월까지 은평구와 기자촌 주민들 569명을 대상으로 설문조사를 실시했다. 이 조사 응답자의 70퍼센트 이상이 재개발에 찬성했다.

은평구 뉴타운 중에서 일부가 개발되지 않고 남아 있는 것은 바람직하지 않으므로 기자촌을 개발 유보지에서 해제하기로 했습니다. 토지 보상 등은 주민들과 협의 하에 처리할 방침입니다.

…기자촌은 원래 뉴타운 지구에 포함되어 있던 지역이므로 별도의 절차 없이 바로 편입될 수 있습니다.

2006년 9월 은평구청을 방문한 오세훈 시장과 서울시 관계자는 위와 같이 발표했다. 오랜 기간 이어진 공사를 마무리하고, 부실공사도 이겨내고, 그린벨트의 시간을 견뎠던 기자촌은 그렇게 은평 뉴타운 지역으로 편입되면서 그 흔적마저 사라지고 말았다.

문화 중심지를 향한 은평구의 도전

사라진 다음에야 그 가치가 드러나는 것일까? 최근 은평구는 기자촌의 정신과 은평의 문학적 자산을 연결하는 '기자촌 문화예술창작마을 사업'을 추진하고 있다.

이 사업은 사라져버린 기자촌 일대를 '문학 테마파크'로 만드는 일이다. 은평구의 중요한 무형자산으로 재평가된 기자촌 옛터인 은평구 진관동 3-13B 일대에 문화예술인촌을 조성하여 한국 문학의 새로운 중심지로 거듭나려는 것이다. 사업기간은 2022년까지이며, 조성할 시설은 국립한국문학관, 고전번역원, 언론기념관, 동북아역사관, 문인·명인 마을 등이다. 고전, 근대, 현대 문학 및 문화를 아우르는 다양한 문화 시설물을 조성하고 주변 경관의 개선 사업을 통해 문학 관광 벨트를 구축하고자 한다.

가장 핵심은 국립한국문학관의 유치였다. 은평구는 집현전 학사들이 활동했던 진관사에서부터, 정지용, 이호철, 기자촌과 은평클럽으로 이어지는 문학적 전통을 내세워 강력하게 도전했다. 은평 뉴타운 건설 지역 공사장의 차단벽에 그려진 수많은 문인 사진도 그 상징 중 하나다. 앞서 소개한 문인들 외에도 〈님을 위한 행진곡〉의 작사자 백기완, 소설가 서기원과 신경숙, 복거일 등이 그 긴 벽을 장식하고 있다.

아쉽게도 최근 문화부는 서울시의 반대에도 불구하고 용산공원을 그 부지로 잠정적으로 결정했다고 한다. 그러나 국립한국문학관은 은평의 문학전통을 지니고 있고, 더욱이 도서와 출판, 작가들의 주요 활동 무대였던 서서울에 세우는 것이 더 합당하므로 유치가 이루어지기를 희망한다.

걷고 싶은 서서울의 거리들

개발시대의 산물이었던 고가도로는 1994년 삼각지를 시작으로 하나둘 철거되었다. 미아고가도로, 회현고가도로 등이 철거되었고, 국내 최초의 고가도로인 아현고가도로도 철거 대상이 되었다.

2014년 2월 8일, 해체 작업을 하루 앞두고 아현고가도로 걷기 행사가 열렸다. 27년 전 이한열 열사의 장례식 이후 두 번째이자 마지막이었다. 아현고가도로는 그해 8월에 예술품으로 바뀐 3개의 교각만을 그 흔적을 남겨두고 철거되었다. 그 뒤를 이어 다음 해에는 서대문고가도로가 철거되었는데, 형님뻘인 청계고가도로나 아현고가도로와는 달리 구조 때문에 그 흔적을 남기지 못했다. 두 고가도로가 철거되면서 마포와 신촌, 세종로를 연결하는 버스전용도로가 크게 확대되었다.

1970년대 이후 이어졌던 자동차 위주 교통은 이렇게 대중교통 위주로 변화되었다. 서서울의 이면도로도 보행자 위주로 변신하기 시작했다. 서대문구에서는 신촌로터리에서 연세대 앞까지 550미터 구간의 '연세로'를 2014년 1월에 버스와 같은 대중교통수단이나 긴급차량, 보행자만 통행할 수 있도록 바꾸었다. 이전에는 만성 정체지역으로 매연가스에 시달리던 연세로는 이제 시민들과 상인들 모두에게 만족감을 주는 길로 변신했다. 민폐 논란이 있기는 하지만 서울의 대표적인 여름축제로 자리 잡은 신촌물총축제와 가을에 열리는 맥주축제의 무대이기도 하다.

마포에서는 홍대 앞부터 보행전용거리가 시작되었다. 홍대 앞 주차장 골목, 즉 홍익로에서 와우산로 21길에 이르는 300미터 길이의 어울마당로도 주말 보행전용거리가 되어 성공적으로 운영되었고, 최근에는 금요일까지 확대되었다.

은평에서는 연신내의 연서로29길이 대표적인 보행전용거리이다. 이 길은 연신내 인근 주민이 이용하는 길로서, 100여 개 상가가 집중되어 있는 데다 주변에 학교, 학원, 공원이 많이 자리 잡고 있다. 특히 이 거리는 주변 상인들이 먼저 보행전용거리 조성을 요구했다는 점에서 주목할 만하다. 천천히 걷는 사람들이 많아지면 차를 타고 지나가는 것보다 상권 활성화에 도움이 된다는 점을 알기 시작한 것이다.

이렇게 최근 서울 거리에는 차량 위주에서 보행자를 위한 정책으로 변화의 바람이 불어오고 있다. 무분별한 외국 모델의 도입, 교통약자를 위한 배려 부족 등 미진한 부분이 아직 많지만, 걷기 좋은 서울을 만들어나가는 것은 시대적 요청이고 대세이다.

문화공간으로 변신한 석유비축기지

21세기 서서울은 상암동과 은평 뉴타운이라는 두 신도시의 건설로 시작되었다. 마곡신도시와 함께 이 두 곳은 서울의 마지막 신도시로 기록될 것이다. 2010년대에 들어서면서 돈의문, 아현, 북아현, 가재울 뉴타운 등 대규모

주택재개발 사업이 진행되면서 서서울의 많은 지역이 아파트 숲으로 변모했지만 소외된 지역이 더 많았다. 개발 위주의 산업화 시대가 저물어가면서 시대적으로도 도시재생 사업이 새로운 대안으로 떠오르기 시작했다.

언제나 새로운 사상과 개념을 받아들였던 서서울은 도시재생에서도 돋보이는 지역이다. 은평구의 신사동 산새마을과 불광2동 향림마을, 서대문구의 개미마을, 천연·충현동, 신촌동, 마포구의 행화탕과 성미산마을 등이 대표적이다. 그중 옛 석유비축기지를 재생한 문화비축기지는 독특함과 함께 큰 규모를 자랑한다.

정부는 1973년 제1차 석유파동을 계기로 석유공사의 주도로 곡성, 구리, 용인 등 곳곳에 석유파동을 대비한 석유비축기지를 건설했다. 세계 정세의 변화에 따라 석유 수입이 어려운 상황이 벌어지거나 전시가 되더라도 어느 정도 안정적인 석유 공급이 가능하도록 만든 것이다. 그중 하나였던 마포 석유비축기지는 난지도가 쓰레기 매립장으로 결정된 1979년 그 부근에 지어졌다. 마포 석유비축기지는 지름 15~38미터, 높이 15미터의 탱크 5개에 131만 배럴의 석유를 저장할 수 있다. 휘발유, 디젤, 벙커씨유를 분산 저장했음은 물론이다. 서울시민의 하루 석유 사용량에 해당되며, 승용차 410만 대를 한꺼번에 주유할 수 있는 양이라고 한다.

석유안보를 위한 곳인 만큼 1급 보안시설로 분류되어, 일반인의 접근을 통제했다. 탱크가 모두 지하에 묻혀 있고, 철저하게 위장해서 코앞에 가도 기지의 존재를 전혀 느낄 수 없을 정도였다. 하지만 2002 한일 월드컵을 위해 상암동에 월드컵경기장을 건설하면서 혹시나 벌어질지 모르는 대형사고의 위험성이 제기되었고, 석유를 용인기지로 옮긴 후 2000년 11월 폐쇄되면서 10여 년 남짓이나 방치되고 말았다.

잊혀져가던 마포 석유비축기지는 2012년 박원순 서울시장의 현장 답사

문화비축기지의 외관(위)과 내부 통로(아래). 안보공간에서 문화공간으로 놀라운 변신에 성공했다.

후 문화공간으로 완전히 변신하게 된다. 필자(김미경)도 당시 서울시의회 도시계획 위원장으로서 이 사업의 진행에 많은 노력을 기울였다. 서울시는 2014년 국제현상설계공모를 통해 RoA건축사사무소의 '땅으로부터 읽어낸 시간'을 선정하고 대대적인 공사에 들어갔다. 14만 22제곱미터에 달하는 이곳에 470억여 원을 투자해 공원, 공연, 장터 등을 만들어 시민을 위한 공간으로 바꾸는 공사였다.

마침내 2017년 9월 1일, 마포 석유비축기지는 '문화비축기지'라는 새로운 이름으로 시민들에게 개방되었다. 석유를 채웠던 거대한 탱크는 현대적인 문화의 장으로 놀라운 변신을 했다. 1.3킬로미터의 산책로엔 상수리나무와 잣나무 등 고운 숲과 정원이 이어지고, 길 끝 매봉산 꼭대기는 한강까지 보이는 전망을 자랑한다. 걷기만 해도 즐거워지는 길이다.

이곳은 전 세계적인 화두인 '도시재생'과 '친환경' 콘셉트를 적용해 기존의 석유비축탱크는 물론 콘크리트 옹벽, 내외장재 등 석유비축을 위한 구조물들을 재활용했다. T1~T6까지 일련번호로 불리는 문화탱크들은 다음과 같다. 유리 돔이 있는 T1, 실내와 야외 공연장 T2, 기존 탱크 원형을 살려둔 T3, 복합문화공간 T4, 석유비축 역사를 한눈에 보여주는 이야기관 T5, 철거한 탱크 자재로 새로 지은 커뮤니티센터 겸 카페 T6, 모두 하나하나 흥미로운 구조물이다. 그 앞에는 드넓은 문화마당 T0도 있다. 분단과 고도성장의 산물이었던 마포 석유비축기지는 이처럼 놀라운 변신을 하게 되었다.

행화탕과 산새마을

앞서 정교회 성 니콜라스 성당 이야기를 하면서 다루었지만, 마포대로 양쪽 아현동 일대는 아파트로 재개발되었다. 그런데 이 성당 건너편에서 50년 동안 자리를 지키다가 문을 닫았던 마을 목욕탕 '행화탕'이 문을 닫은 지 6년 만인 2016년 초 카페와 공연·전시장을 갖춘 복합문화예술공간으로 완전히 변신했다.

이곳에선 목욕탕답게 아이스커피를 냉탕, 핫커피를 온탕이라고 부르고, 커피 잔을 쟁반 대신 세숫대야에 담아 준다. 건축조형물 감상도 가능하다. 행화탕에서는 지역특화 프로그램 '예술로 목욕하는 날' 등 다양한 문화·예술 프로그램을 진행하고 있다. 2년 후에는 재개발 사업에 의해 헐릴 시한부 프로젝트라는 사실이 아쉬운 점인데, 더 알려져서 이후에도 볼 수 있었으면 하는 바람이다.

은평구 신사2동에 위치한 산새마을®은 1960년대 후반 망원 지역 수재민들이 이주해온 곳이다. 1968년 토지구획 정리사업으로 만들어진 서울의 대표적인 달동네였다. 20년 이상 된 노후주택이 약 80퍼센트에 달하고, 2012년 기준으로 월소득 200만 원 이하 가구가 절반이 넘는, 공동체 의식이 낮은 낙후 지역이었다. 당연히 고령층 주민이 많았다. 그러던 중 이곳은 2011년 은평구의 마을공동체사업인 '두꺼비하우징' 시범사업지역으로 선정되고, 2012년 서울시 주거환경관리사업지로 지정되어 사업비 27억 3,700만 원이 투입되었다. CCTV(6곳)와 보안등(신규 11개, 교체 31개)을 설치하여 가로 환경을 개선하고, 주민공동시설을 조성하자 마을은 탈바꿈하기 시작했다.

무엇보다 이 사업을 계기로 주민공동체가 형성되었다. 주민들은 30년간 방치됐던 개 사육장과 도축장, 쓰레기와 오물로 인한 악취와 해충 등으로 심하게 오염된 나대지를 직접 정비해 1,600제곱미터 규모의 공동 텃밭인 '산새텃밭'(산새마을농원)으로 일구어냈다. 이 마을의 자랑거리는 고구마 캐기,

---

● 필자(김미경)가 시의원 재임 8년간 가장 보람을 느낀 일이었다.

행화탕. 아날로그적인 느낌이 물씬 묻어나는 곳이다.

배추심기 등 활력 있는 체험활동인데, 수확물의 일부는 무료급식소에 지원한다.

   산새텃밭 한쪽에는 조선조의 내시 심득인의 묘가 있다. 상석에 그의 직책과 이름이 적혀 있다. 이 일대를 '고자골'이라고 전하는 이유가 여기 있는 듯 보인다. 퇴역한 내시는 궁궐을 떠나야 했는데, 많은 이가 궁궐과 가까운 북한산 서북쪽인 은평구 일대에 자리를 잡았다고 한다.

   마을회관인 '산새둥지'는 마을공동체 활성화의 거점공간이자 마을 관리, 일자리 창출, 집수리 지원 등 마을의 사회·경제적 재생지원공간의 역할을 톡톡히 한다. 산새둥지 1층에는 북카페와 공동육아방, 2층에는 청소년을 위한 배움 교실, 3층에는 게스트하우스 등이 들어섰고, 둘레길 탐방객의 쉼터로도 쓰인다. 지역 육아 모임과 청소년 동아리, 어르신 노래교실 등도 이곳에서 열린다. 화요밥상, 목요일 마을회 등 다양한 공동체 프로그램도 운영하고 있다.

또 적은 비용으로 집을 고쳐 사용하는 '맞춤형 집수리 지원 사업'을 벌여 주거환경을 개선했다. 공사 범위와 공사비 등을 상담해주는 서울시 집수리 닥터단이 투입됐고, 주민이 직접 간단한 문제를 해결하도록 돕는 집수리 아카데미도 운영한다. 최근에는 청년들이 마을에 들어와 활기를 높이도록 도시재생에 참여할 청년활동가를 위한 셰어하우스형 두레주택이 들어섰다.

서울시 미래유산으로 지정된 산새마을은 이제 도시재생에 나선 많은 이들이 견학을 올 정도로 은평구의 대표적인 도시재생 사례로 자리 잡았다.

산새마을●

산새들이 살며시 내려와
물 한 모금 마시고
푸드덕 푸드덕
노래하며 하늘을 난다

따뜻한 사람들이
땀 흘려 일구어놓은 텃밭에는
이웃 간의 정을 먹은 어린 새싹들이
무럭무럭 자라 저마다 키를 잰다

산새소리 그득한 동네 사랑방

─────────────

● 조봉임의 시로, 산새마을에는 이 시와 그림이 어우러진 벽화가 있다.

왁자지껄 웃음소리
여기는 사람 사는 동네
산새마을

홍대 앞 이야기를 하면서 언급했지만, 서서울의 도시재생 지역 중 가장 '핫'한 곳은 총 길이 6.3킬로미터의 경의선숲길공원이다. 새로운 벚꽃 명소로 등장한 대흥동 구간, '연트럴 파크'라는 별명이 붙은 연남동 구간, 홍대 앞을 바로 연결하면서 기차를 연상시키는 책 부스가 들어선 동교동 구간, 직장인들의 휴식처인 염리동 구간 등 구간마다 분위기도 조금씩 다르다. 숲과 잔디밭 같은 녹지시설과 수변 공간, 광장, 운동시설, 자전거 길 등이 조성되어 있다. 예술가와 시민들이 주도하는 축제와 볼거리가 사계절 열린다. 야외음주를 즐기는 청년들 때문에 골머리를 앓고 있지만, 어디서나 시야가 트인 개방된 공간이어서 탈선이나 탈법 행위는 거의 일어나지 않는다고 한다. 앞으로 경의선숲길공원은 수색까지 연장될 예정이어서 명실상부한 서서울의 중심 공원으로 발돋움할 것이다.

서울시의 거대한 실험, 서울혁신파크

북한산 자락이 바로 올려다 보이는 지하철 6호선 불광역 바로 옆, 옛 국립보건원 부지 3만여 평에 들어선 서울혁신파크는 도시재생에만 '올인'하는 공간은 아니지만, 이 분야에서 주목할 만한 시설이다. 울창한 수목에 뒤덮인 낡아 보이는 건물들만 드문드문 보이는 공간이어서, 외관상으로 이곳은 '혁신'이라는 단어와는 그리 어울려 보이지 않는다. 하지만 저성장, 인구절벽과 고령화, 양극화, 다문화, 장애·인권 등 다양한 사회문제에 대해 고민하고 해결하기 위해 수많은 활동가들이 생태·환경의 복원, 대안에너지, 도시재생, 업사이클링 등 다양한 대안을 현실에 적용하고 있는 아주 특별한 공간이다.

2010년 국립보건원 산하 질병관리본부가 충북 오송시로 이전하기 전부터, 이 자리에 어떤 시설이 들어올 것인지에 대한 계획들이 많았다. 2008년부터 장기전세주택인 '시프트' 건립 방침이 발표되기도 해서 뜨거운 논란을 불러일으키기도 했다. 민간자본으로 40층 규모의 랜드마크 빌딩을 올리고 상업과 문화시설을 만드는 방안도 제안되었다. 이러한 전통적인 방식의 개발계획들은 경기 침체로 인해 탄력을 받지 못했다. 2011~2012년에는 한국예술종합학교나 서울시립대 제2캠퍼스 유치 계획이 논의되기도 했고, 민간자본을 끌어들여 박람회장을 조성하자는 방안도 나왔지만 오래가지는 못했다. 여기까지의 과정은 서울시와 은평구의 행정 또는 정치적 고려에 따라 제안되고 시민이 여기에 반응하는 방식이었다.

박원순 시장의 취임과 시정 방향의 변화는 이 땅의 운명을 전혀 다른 방향으로 바꿨다. 서울혁신파크라고 하는, 기존의 흐름과는 완전히 다른 성격의 시스템이 들어오기로 결정되었기 때문이다. 그런데 이는 워낙 실험적인 시도인 데다 개념 자체도 낯설었기에, 주민들과의 절차적인 의견 수렴 과정을 거치기보다는 전략적 차원에서 갑자기 결정되었다고 보아야 한다. 호불호를 떠나 대부분 시민들은 서울시의 혁신파크 조성 방침에 대해 유보적인 태도를 보였다. 따라서 서울혁신파크가 사전에 민주적인 여론 형성 과정을 거쳐서 기획되었다고 말하기는 어렵다.

좋은 방향이건 나쁜 방향이건 서울혁신파크가 천편일률적인 산업단지나 '밸리'나 '파크' 등과는 본질적으로 다른 공간인 것만은 명확하다. 서울혁신파크 홍보실의 자료에 따르면, 이곳에 대한 공식적인 설명은 다음과 같다.

서울혁신파크에는 혁신가의 사무공간이 밀집된 미래청을 중심으로, 시민과 혁신가가 함께 사용하는 특성화동이 자리 잡고 있습니다. 생활 목공 기술을 배울 수 있는 공유 작업장인 '목공동'을 비롯하여, 인간을 닮은 적정기술과 3D프린터 등을 통해 일상에 필요한 것을 직접 만드는 '메이커'들의 공간 '제작동', 도시 안에서 건강한 먹거리의 가치를 나누는 '맛동', 버려진 자원의 새로운 쓸모를 고민하는 '재생동' 외에도 예술동, 참여동, 극장동, SeMA창고 등 8개의 공간입니다. 이런 공간과 사람 자원을 통해 서울혁신파크는 시민이 생각하는 혁신 장벽을 낮추고 시민과의 접점을 늘려가고 있습니다.

정문 앞 피아노 숲과 혁신광장, 혁신가의 놀이터 등 365일 변화무쌍한 야외공간에서는 메이커페어, 재미난 장, 빤짝 놀이터 등 놀이와 공유, 연결과 만남을 통해 새로운 변화의 가능성을 실험하고 꿈꿔 보는 다양한 축제가 열립니다.

이밖에도 더 나은 청년의 삶을 꿈꾸는 '서울시청년허브', 50플러스 세대의 인생 2막을 다방면으로 지원하는 '서울시50플러스서부캠퍼스', 마을공동체의 연결과 성장, 사회적경제조직의 네트워크, 협동조합 생태계의 발전을 촉진하는 '서울시마을공동체종합지원센터', '서울시사회적경제지원센터', '서울시협동조합지원센터' 등 서울혁신파크의 주요 조직이 더욱 단단하고 끈끈한 서울시의 혁신 생태계를 함께 가꿔 나가고 있습니다.

이 글에 나오는 서울혁신센터 내의 모든 기관은 기존의 건물을 리모델링하여 사용하고 있다. 곧 완공될 예정인 서울기록원 등 새로 짓는 건물도 있기는 하지만, 땅값을 올리는 최첨단 랜드마크와는 거리가 멀다. 이러한 공간들은 주민들에게 새로운 비전과 가능성을 보여줌으로써 지지를 얻게 될까?

그래서 서울혁신파크의 조성과 활동 과정에 자발적으로 참여할 의지를 갖게 될까? 서울혁신파크의 부족한 절차적 정당성과 미래의 비전은 여기에 달려 있을 것이다.

서서울은 중국의 문물, 천주교와 개신교, 전기를 비롯한 근대 문물을 비롯해 대학교, 민주주의, 새로운 음식과 음악을 받아들여 자신의 것으로 새롭게 만들어왔다. 그렇듯 서울혁신파크도 이러한 서서울의 기풍과 어울리는 공간으로 자리 잡을 것으로 기대된다.

아름다운 자연이라는 하늘의 선물, 은평뉴타운과 상암이라는 두 신도시와 대학가, 문화유산 같은 인간의 작품을 골고루 지닌 서서울의 이야기를 이렇게 맺는다. 이 땅을 풍요롭게 만들어준 이들이 수많은 역사를 만들어왔듯, 앞으로도 서서울이라는 공간에서는 수많은 이야기가 펼쳐질 것이다.

이 책 안에서도 살짝 언급했지만 제가 태어난 곳은 세브란스 병원입니다. 어머니가 서대문 토박이시기에 외갓집이 있는 서대문로터리 일대도 너무나 익숙한 곳이었지요. 대여섯살 때는 짧지만 기자촌에 살기도 했습니다. 이런 서서울과 저의 인연은 마포고등학교 입학에 이어, 21세기 초반부터 지금까지 마포 일대에서 10년 동안 거주하면서 계속 이어졌습니다(2015년 9월부터는 세종시에 주소를 두고 생활하고 있지만 주말은 여전히 마포에서 보내고 있습니다).

어릴 때부터 지리와 역사에 유난히 관심이 많았습니다. 여행사 직원이 되고, 도시개발 관련 회사에 다니게 된 것은 그 때문이었는지도 모르겠습니다. 그 과정에서 한국 전체를 뒤덮다시피 한 신도시에 대한 문제의식을 품게 되어, 그 원조 격인 강남의 개발 역사를 다룬 《강남의 탄생》을 쓰게 되었습니다. 어느 정도 기대는 했지만 독자들의 반응이 좋아서, 1만 부가 넘게 팔렸습니다. 인문서로는 '대박'이라고 할 만했습니다.

자연스럽게 서울의 다른 지역을 다룬 작품을 구상하게 되었습니다. 그러던 중, 은평을 지역구로 한 김미경 서울시의원을 알게 되었고, 자그마한 책을 준비하고 계신다는 이야기를 듣게 되었습니다. 그리하여 '은평과 서대문,

마포구를 써보면 어떨까?'라는 생각이 들었고, 결국 공동 작업에 들어가 이 책이라는 결과물로 이어지게 된 것입니다.

서울을 다룬 책은 많지만 사대문과 그 주변 또는 전체, 아니면 특정 분야를 다루는 책이 대부분입니다. 제가 과문한 탓인지는 모르겠지만 권역으로 나누어 쓴 책은 거의 보지 못했습니다. 이런 '개척자'적 입장이어서 그랬는지 어려움도 있었지만 서서울의 교통망, 산업, 대학, 인물, 건축물에 대해 하나하나 알아보고 정리하는 집필 과정은 즐거운 시간이었습니다.

하지만 설명이 부족한 부분도 있고 더 다루지 못한 내용도 많습니다. 특히 토박이를 대상으로 한 인터뷰가 부족했던 점이 아쉽습니다.

가장 먼저 서대문 토박이이시면서 2002년에 세상을 떠나신 어머니, 2년 후 경교장이 있는 강북삼성병원에서 어머니를 따라가신 아버지께 이 책을 바치고 싶습니다. 공저자이자 많은 자료를 제공해주신 김미경 시의원과 부족한 원고를 다듬고 지도와 자료를 찾아 보충해준 프시케의 숲 성기승 대표에게도 감사드립니다. 출판사 입장에서 국내 저자로는 첫 작품인데, 제 책을 선택해주어서 더욱 고마웠습니다.

흔해빠진 표현이지만, 책에 부족함이 있다면 오로지 부족한 저자의 책임입니다. 모자란 부분이 있으면 충고 부탁드리며, 앞으로 더 좋은 작품으로 찾아뵙겠다는 약속을 드리면서 글을 마칩니다.

여덟 번째 책을 내면서
한종수

김미경의 에필로그

초등학교 2학년 때 고향 전남 영암을 떠나 수색에 자리 잡은 지 40년이 넘었습니다. 상경한 후 다닌 수색초등학교는 당시 서대문구였지만 마포 학생들도 많이 다녔고, 동생이 마포구 염리동에서 태어났기에 자연스럽게 은평은 물론 서대문과 마포도 제게 익숙한 공간이 되었습니다.

조금만 깊이 들여다보면 어느 곳이나 나름의 특성과 아름다움, 자랑거리를 지니고 있게 마련입니다. 나태주 시인은 풀꽃을 보며 "자세히 보고, 오래 보아야 예쁘다"고 했습니다. 서서울도 그렇습니다. 자세히 들여다보면 우리가 지금까지 보지 못했던 아름다운 자연이 있고, 알지 못했던 역사와 인물, 문화, 이야기가 풍부합니다. 교통이 편하고, 문화의 근거지이기도 합니다. 물론 사각지대도 있고 앞으로 개선해야 할 부분이 없지는 않지만, 서서울에 자리 잡고 40년 넘게 살면서 지역에 공헌하는 의정활동을 할 수 있었던 것은 제게 무엇보다 큰 행운이었습니다.

책을 쓰다 보니 그동안 얼마나 많은 일이 있었는지, 그리고 서서울에 근거를 둔 훌륭한 분들과 함께 보낸 시간이 얼마나 행복했는지도 알게 되었습니다. 너무 이야기가 많아서 이 책에 다 담을 수 없을 정도입니다.

과거도 중요하지만 서서울의 미래는 더욱 중요합니다. 언젠가 오고야 말 통일 때문에라도 더욱 그러합니다. 끊어진 경의선과 통일로를 지나면서 만약 우리나라가 분단국가가 아니었다면 하는 생각을 늘 하곤 합니다.

도시계획관리위원회 위원장 시절, 서울시 지역발전본부에 3개 구를 묶어 서북권 균형발전 업무를 맡는 '서북권사업과'를 신설했습니다. 여러 사업을 진행하지만 상암동 개발의 연장인 수색 역세권 개발이 가장 중요합니다. 특히 이 사업은 은평, 서대문, 마포 3개 구에 모두 걸쳐 있습니다. 이를 잘 마무리하기 위해서는 세 구의 협력이 절실합니다. 이 책이 수색 역세권 사업 추진에 작으나마 도움이 될 수 있었으면 하는 바람도 있습니다.

제 이름 미경은 공교롭게도 아름다울 '미美' 자와 서울 '경京' 자를 씁니다. 그래서인지 문화체육관광위원회와 도시계획관리위원회에서만 활동했고, 그 인연과 경험을 살려 이렇게 책까지 쓰게 되었습니다. 앞으로 더 좋은 활동을 통해, 서서울을 시작으로 서울을 더욱 문화적으로 풍요롭고 편리하고 안전한 도시로 만들기 위해 노력하겠습니다.

저번에 냈던 《미경이의 특별시》에서는 지면을 통해 정말 많은 분들께 인사드렸지만, 이번 책에선 성격상 그러지 못해 죄송하다는 말씀을 전합니다. 그저 감사할 뿐입니다. 다만 좋은 땅에 자리 잡게 해주신 부모님과 공저자로서 수고해주신 한종수 작가님, 편집과 발간을 맡아 애써주신 프시케의 숲 성기승 대표에게는 감사의 말을 전하지 않을 수 없습니다. 부족한 책이지만 많은 성원 부탁드립니다.

더 아름다운美 은평과 서울京을 만들고자 하는
김미경

서서울 연표

1897	11월 20일, 독립문 준공.
1898	2월 22일, 홍선대원군 이하응 마포 아소정에서 별세.
1908	10월 21일, 서대문형무소 준공.
1910	4월 5일, 일산역 열차 투석 사건.
1912	공덕동에 경성형무소 준공.
1919	3월 1일, 마포종점에서 만세시위 시작.
1924	연희전문 이전.
1930	11월, 당인리발전소 준공.
1935	동양극장 개관.
1937	수색변전소 준공.
1948	11월 11일, 박정희 서대문형무소 수감.
1950	9월, 연희고지 일대 전투. 한미 해병대 서울 탈환.
1954	홍익대, 와우산 기슭으로 이전.
1957	서교택지조성사업 시작.
1958	1월, 이승만, 불광동 주택단지 시찰.
1960	4월 19일, 연세대 시위대 돈화문으로 진출. 의예과 2년 최정규 순국.
1961	12월 21일, 조용수 〈민족일보〉 사장 서대문형무소에서 억울하게 사형 당함.
1962	프랑스 대사관 준공.
1963	4월, 김대중 동교동으로 이사.
	6월 16일, 김수영 시인 교통사고로 사망.
1964	6월 3일, 6·3 항쟁. 이명박 서대문형무소 수감.
1965	1월 25일, 제2한강교(양화대교) 개통.
1966	12월, 극동방송국 이전.
1967	절두산 순교성지 개관.
1968	9월 19일, 아현고가도로 준공.
	11월 30일, 마포전차 폐선.
1970	3월, 와우아파트 참사.
1972	3월, 기자촌 완공.
1975	4월 9일, 인혁당 관계자 8명이 서대문형무소에서 억울하게 사형 당함.
1979	8월 11일, 마포 신민당사에서 YH노조원 농성이 강제 해산되고 김경숙이

희생됨.

1980	5월 17일, 김대중 내란음모 사건으로 김대중, 한승헌, 송건호 등이 체포됨.
1984	5월 22일, 지하철 2호선 서울대입구–을지로입구 구간 개통.
1985	2월 8일, 김대중 귀국, 동교동 자택에 연금.
	10월 18일, 지하철 3호선 개통.
1987	6월 9일, 이한열 열사 피격.
	7월 9일, 이한열 열사 장례식.
1989	3월 7일, 기형도 시인 별세.
1991	4월 26일, 강경대 열사 백골단의 테러로 희생.
1993	홍대 앞 거리미술제 시작.
1994	홍대 앞에 라이브클럽 드럭 개장.
1995	5월, 홍대 앞 '스트리트 펑크쇼' 시작.
1998	11월 5일, 서대문형무소 역사관 개관
1999	1월, 서울내부순환도로 개통.
2000	12월, 지하철 6호선 개통.
2001	10월, 은평구립도서관 개관.
	12월 21일, 송건호 별세.
2002	5월 31일, 한일 월드컵 개막전.
2004	12월 23일, 은평 뉴타운 기공.
2005	9월 15일, 이진아도서관 개관.
2006	12월, 홍익대 홍문관 개관.
2007	4월, 한양주택 완전 철거.
2008	4월, 이화캠퍼스복합단지(ECC) 개관.
2009	5월, 진관사에서 태극기 발견.
2010	3월, 명지대 방목학술정보관 개관.
2013	12월, 진관사 수륙재가 중요문화재로 지정됨.
2014	2월 9일, 아현고가도로 철거.
2015	10월, 연세대 백양로 재창조 프로젝트 준공.
2016	11월 3일, ECC에서 '이화 민주화 모두의 가치' 집회가 열림.
2017	9월 1일, 마포문화비축기지 개관.

참고문헌

권기봉,《권기봉의 도시산책》, 알마, 2015.

_____,《다시 서울을 걷다》, 알마, 2012.

_____,《서울을 거닐며 사라져가는 역사를 만나다》, 알마, 2008.

기자촌운영위원회,《기자촌과 나》, 2000.

김건우,《대한민국의 설계자들》, 느티나무책방, 2017.

김광식,《백초월》, 민족사, 2014.

김대중,《김대중 자서전》, 삼인, 2010.

김미경,《미경이의 특별시》, 평사리, 2014.

김삼웅,《송건호 평전》, 책보세, 2011.

김성운 외,《토박이와 함께 하는 은평 산책》, 은평향토사료집 15, 은평문화원, 2016.

김우영,《은평에서 살고 싶은 202가지 이유》, 비타베아타, 2013.

남재희,《남재희가 만난 통 큰 사람들》, 리더스하우스, 2014.

마포구,《처음 만나는 마포》, 2016.

_____,《홍대 앞 이야기》, 2014.

박완서,《그 산은 정말 거기 있었을까》, 웅진지식하우스, 1995.

박형우,《연세대학교는 어떻게 탄생했는가》, 공존, 2016.

서대문구 도시관리공단 편,《독립과 민주의 현장 서대문형무소역사관》, 서대문형무소
    역사관, 2010.

서대문구청 지역활성화과 편,《서대문구 스토리북, 아주 특별한 10가지 여행이야기》,

서대문구청 지역활성화과, 2017.

서울역사박물관 편,《언덕을 살아가는 사람들, 아현, 염리》, 서울역사박물관, 2010.

서울역사편찬원 편,《근현대 서울의 집》, 서울역사편찬원, 2017.

서울특별시사편찬위원회 편,《서울의 누정》, 서울특별시사편찬위원회, 2012.

_____ 편,《서울교통사》, 서울특별시, 2000.

손정목,《서울 도시계획 이야기 1~5》, 한울, 2003.

송수환,《'지하철 덕후'의 지하철 탐구 리포트(2011-2017)》, 출판시대, 2017.

송우혜,《윤동주 평전》, 서정시학, 1988.

안동일,《새로운 4·19》, 예지, 2010.

은평구청 도시환경국 도시계획과 편,《물빛 고운 동네: 수색, 증산》, 은평구청, 2011.

은평문화원,《은평문예》제25호, 2017.

은평역사한옥박물관,《한국문학 속의 은평전》, 2016.

이세영,《건축 멜랑콜리아》, 반비, 2016.

이정은,《고양독립운동사》, 광복회고양시지회, 2013.

임석재,《개화기-일제 강점기 서울건축》, 이화여대출판문화원, 2011.

_____,《서울 건축의 도시를 걷다 2》, 인물과사상, 2010.

전남일,《한국주거의 공간사》, 돌베개, 2010.

조한,《서울, 공간의 기억 기억의 공간》, 돌베개, 2013.

최완기,《한양, 그곳에 살고 싶다》, 교학사, 2006.

한명기,《병자호란》, 푸른역사, 2013.

한승헌,《피고인이 된 변호사》, 범우, 2013.

황교익·정은숙,《서울을 먹다》, 따비, 2013.

서서울에 가면 우리는

1판 1쇄 펴냄 2018년 2월 2일
1판 2쇄 펴냄 2018년 3월 1일

지은이   한종수·김미경
펴낸이   성기승
편집   안민재
디자인   JUN(표지), 한향림(본문)
제작   공간

펴낸곳   프시케의 숲
출판등록   2017년 4월 5일 제406-2017-000043호
주소   (우)10874, 경기도 파주시 책향기로 441
전화   070-7574-3736
팩스   0303-3444-3736
이메일   pfbooks@pfbooks.co.kr
페이스북   fb.me/PsycheForest
트위터   @PsycheForest

ISBN   979-11-961556-2-9   03900

이 도서의 국립중앙도서관 출판시도서목록CIP은
서지정보유통지원시스템 홈페이지 http://seoji.nl.go.kr와
국가자료공동목록시스템 http://www.nl.go.kr/kolisnet에서 이용하실 수 있습니다.
CIP제어번호: 2018001636

＊저작권자를 찾지 못한 사진은 추후 확인되는 대로 합리적 출판 관행에 따라 게재 허락을 구하겠습니다.